VIE

DE

L'ABBÉ D'AULNOIS

MISSIONNAIRE APOSTOLIQUE A GENÈVE

PAR

LE CHANOINE FLEURY

ANCIEN RECTEUR DE SAINT-GERMAIN, VICAIRE GÉNÉRAL DE GENÈVE

SECONDE ÉDITION

REVUE ET AUGMENTÉE

BOURGES

TYPOGRAPHIE PIGELET ET FILS ET TARDY

15, RUE JOYEUSE, 15

1882

VIE DE M. L'ABBÉ D'AULNOIS

MISSIONNAIRE APOSTOLIQUE A GENÈVE

VIE

DE

L'ABBÉ D'AULNOIS

MISSIONNAIRE APOSTOLIQUE A GENÈVE

PAR

LE CHANOINE FLEURY

ANCIEN RECTEUR DE SAINT-GERMAIN, VICAIRE GÉNÉRAL DE GENÈVE

SECONDE ÉDITION

REVUE ET AUGMENTÉE

BOURGES

TYPOGRAPHIE PIGELET ET FILS ET TARDY

15, RUE JOYEUSE, 15

1882

'A LA MÉMOIRE

DE

NOTRE VÉNÉRÉ AMI

CHARLES-ANTOINE-AUGUSTIN D'AULNOIS

MISSIONNAIRE APOSTOLIQUE

LETTRE DE MGR MERMILLOD A M. FLEURY

La Trappe de N.-D. d'Aiguebelle, 15 octobre 1869.

Fête de sainte Thérèse.

Monsieur le Recteur et cher ami,

C'est au milieu de la solitude d'une retraite prêchée aux Trappistes que m'arrivent les épreuves de votre nouvel ouvrage. Vous avez su trouver dans votre cœur et dans votre zèle des loisirs pour écrire la vie du cher abbé d'Aulnois, que nous pleurons toujours ; vous continuez cette histoire du catholicisme à Genève que vous avez commencée avec M. Martin, cet écrivain qui honore et sert l'Église avec tant de succès. Votre biographie de l'abbé d'Aulnois est la suite de l'histoire du vaillant et glorieux restaurateur du catholicisme à Genève, l'illustre M.Vuarin. M. d'Aulnois a été mêlé à tous les événements et à toutes les luttes religieuses de notre cité depuis un quart de siècle. Il était tour à tour l'inspirateur, le conseiller, l'instrument de toutes les œuvres accomplies, ne demandant qu'une chose : le triomphe de Jésus-Christ et le plus parfait oubli de lui-même. Vous avez étudié son âme vraiment sacerdotale ; vous l'avez peinte d'après ses intimes confidences, vous nous racontez avec charme sa vie intérieure et ses travaux apostoliques. Vos pages le font revivre tel qu'il était ; le prêtre austère pour lui, aimable pour tous, l'homme des dévouements obscurs et cachés, l'ouvrier que rien n'arrête dans le bon et doux service de l'Église et des âmes. Votre volume sera lu par les fidèles avec édification ; les catholiques de Genève conserveront avec amour cette sainte page de leur histoire ; le clergé contemporain y verra la biographie d'un grand et humble serviteur de Dieu. Votre récit a le don le plus désirable : vous vous effacez pour ne laisser apercevoir que l'apôtre dont vous révélez l'âme et redites les nombreuses missions.

Je bénis votre livre ; puisse-t-il susciter des prêtres qui aiment l'Église jusqu'à se faire tuer, et les âmes jusqu'à se tuer pour elles.

Croyez, mon cher ami, à mon tendre et respectueux attachement en Notre-Seigneur.

† GASPARD, Évêque d'Hébron,
Auxiliaire de Genève.

AVANT-PROPOS

Le temps, dit-on, amène l'oubli et cicatrise les douleurs. Cependant, en s'enfuyant, il n'a pas effacé de notre mémoire le souvenir du bon abbé d'Aulnois. La plaie faite à notre cœur est encore saignante. Il nous semble le voir les mains jointes, le front baissé, récitant son bréviaire près de la balustrade de la chapelle de saint François, où il attendait quelque âme à diriger ou de pauvres pécheurs à convertir. Ne reviendra-t-il plus à cette place solitaire, se demandent avec larmes tous ceux qui ont connu cet excellent prêtre? Ah! du moins qu'on nous parle encore de lui!

Nous pensions avoir rempli toute notre tâche envers notre ami, lorsque, le cœur ému, nous jetions une fleur sur sa tombe encore fraîche, en écrivant le récit de ses derniers moments. Il nous était facile alors de raconter cette douloureuse agonie, dont nous avions été le témoin attristé. Un de ses amis les plus dévoués avait retracé dans une intéressante notice la part prise par M. l'abbé d'Aulnois au développement de la vie catholique à Genève [1]. C'était un juste hommage rendu au zèle de l'infatigable ouvrier dont les jours se sont consumés au service de l'Église.

Mais qu'était donc M. d'Aulnois avant de paraître à Genève comme prêtre? Comment se sont écoulées dans le monde les quarante années qui ont précédé son sacerdoce? Comment se fait-il qu'il se soit décidé si tard à embrasser une vocation à laquelle on se voue ordinairement dans la jeunesse?

Telles étaient les questions qui nous étaient posées, sans qu'il nous fût possible de satisfaire cette légitime curiosité, qui s'attache à la mémoire des hommes de bien.

M. l'abbé d'Aulnois parlait peu de lui : il laissait dans l'ombre les années qui avaient précédé son entrée dans le sacerdoce. Quel-

---

1. *M. l'abbé d'Aulnois.* Notice sur sa vie et ses œuvres, par M. D...
Genève, 1869.

quefois seulement, il rappelait les incidents de ses nombreux voyages, et en redisait les joyeux épisodes. Nous savions aussi que des revers de famille l'avaient obligé à soutenir par son travail sa mère et sa sœur, et qu'il s'était livré à l'enseignement, à Genève d'abord, ensuite en Pologne, pour leur créer une honorable existence. C'était la cause de son entrée tardive dans le saint ministère. Mais nous ne connaissions aucun détail ; nous n'avions pas plongé dans son âme, alors que, employé dans les bureaux du ministère, il se livrait déjà avec ardeur à toutes les bonnes œuvres qui ont rempli le cours de sa vie.

Aujourd'hui le voile est déchiré. Grâce à des notes prises par M. l'abbé d'Aulnois dans chacune de ses nombreuses retraites, et trouvées après sa mort, il nous apparaît sous un nouveau jour. Son humilité l'avait porté à désirer que nul n'y jetât les yeux, mais un regard investigateur nous a révélé ce trésor inconnu.

O vénérable et saint ami ! vous avez demandé qu'après votre mort tous vos papiers personnels fussent livrés aux flammes. C'était sans doute dans le désir de laisser à jamais ignorées vos longues années d'attente et de préparation au sacerdoce. Pardonnez si je trahis quelques-uns des secrets de votre vie. C'est pour Dieu et la sainte Église, et non pour vous, que je vais écrire ; pour Dieu, que vous avez toujours aimé d'une ardeur si vive ; pour Dieu, en qui vous aviez mis toute votre confiance, et qui a exaucé vos vœux ; pour la sainte Église, dont vous avez été le fils soumis et au triomphe de laquelle vous avez consacré vos talents et vos forces.

Payer la dette sacrée de la piété filiale, puis être à Dieu, et sauver les âmes ; telle fut l'ambition suprême de M. d'Aulnois. Un tel exemple est bon pour tous. Les prêtres comprendront ce qu'était dans la pensée de M. d'Aulnois la vocation sacerdotale. Il en parlait dans les retraites avec un saint enthousiasme, fruit d'une conviction sincère.

Les fidèles de tout pays ne pourront qu'être édifiés d'une vocation aussi persévérante. Les catholiques de Genève seront confirmés dans la haute opinion qu'ils avaient des vertus du saint prêtre, suscité par la Providence pour soutenir l'œuvre de leur vénérable curé, M. Vuarin, et seconder le vaillant M. Dunoyer son successeur.

En lisant ces pages, quelques personnes trouveront peut-être que nous avons donné trop de place aux notes intimes de M. l'abbé d'Aulnois. Mais qui pourrait mieux faire connaître les sentiments de ce serviteur de Dieu que les élans de son cœur? Les vives flammes qui en jaillissaient comme des éclairs, jetées rapidement sur le papier, sont une photographie parlante de notre excellent ami.

D'ailleurs, il s'agit ici d'édifier les âmes, et non de livrer à la postérité des faits généraux de l'histoire. Une partie des annales paroissiales trouvera naturellement sa place dans notre travail; mais avant tout, ce que nous nous proposons, c'est de montrer en M. d'Aulnois le modèle du bon prêtre.

Si nous atteignons ce but, nous serons amplement dédommagé de nos labeurs, qui, nous le déclarons, ont été pour nous un sujet perpétuel d'édification.

Fête de saint François d'Assise, 1869.

VIE

DE

M. L'ABBÉ D'AULNOIS

MISSIONNAIRE APOSTOLIQUE   GENÈVE

CHAPITRE PREMIER

Les premières années de M. d'Aulnois.

Charles-Antoine, fils de Charlemagne-Louis, dit Augustin d'Aulnois, et de Jeanne-Sophie Deschamps, naquit à Paris le 17 novembre 1802. Le Concordat venait d'être signé, et le culte était officiellement restauré dans toute la France. Le père du nouveau-né remplissait un emploi aux Tuileries, qui dépendaient de la paroisse de Saint-Roch. Ce fut dans cette église que Charles fut présenté au baptême le 9 du mois de décembre de la même année. Devenu prêtre, M. d'Aulnois ne manquait jamais de célébrer cet anniversaire.

Nous ne possédons d'autres détails précis sur les premières années de M. d'Aulnois que la lettre suivante de M. Benoît d'Azy : « Je l'ai connu depuis son enfance ; mon père con-
« naissait sa famille, et, dans ma jeunesse, je l'ai vu souvent,
« d'abord aimable enfant, puis écolier laborieux, ensuite
« jeune homme de très-bonne conduite et très-désireux de

« venir par son travail au secours de sa famille. » A cette époque, on s'occupait plus de combats que d'étude. Les lycées retentissaient du roulement des tambours ; les colléges étaient convertis en écoles militaires. Aussi les parents qui n'ambitionnaient pas pour leurs enfants la carrière militaire les gardaient-ils au foyer de la famille, leur donnant toutefois une éducation mâle dans le cas où la conscription les leur enlèverait pour les jeter sur les champs de bataille. Telle fut celle du jeune Charles d'Aulnois. Son père l'accoutuma à manier l'épée et à dormir sur la dure. Un lit de camp était sa couche ordinaire. Il contracta ainsi des habitudes de vie austère, qu'il garda jusqu'à la fin de ses jours.

Doué d'une heureuse intelligence, Charles d'Aulnois se rendit de bonne heure utile à son père, qui l'employa comme secrétaire. Il l'accompagna dans la plupart des missions politiques et militaires qui lui furent confiées en 1814 et en 1815.

Le père de M. d'Aulnois, fidèle aux traditions de sa famille, était royaliste, dévoué à l'ancienne dynastie. Il fut choisi par M. le duc de Damas pour organiser la compagnie de chevaux-légers destinée à la garde du roi. Aux Cent-Jours, il accompagna Louis XVIII à Gand, avec le titre de lieutenant-colonel de cavalerie. Le jeune Charles suivit son père dans ses diverses pérégrinations. Il fut même parfois chargé, comme estafette, de porter d'importantes missives, car on ne pouvait supposer qu'un enfant de son âge fût muni de dépêches ; aussi le laissait-on circuler librement dans les camps. Une fois cependant, à Auxerre, il fut sur le point d'être fouillé et arrêté ; mais il échappa heureusement à la poursuite de ceux qui avaient reçu son signalement.

Plus tard, nous le retrouvons sur le champ de bataille de Waterloo, non comme militaire, mais comme écuyer de son père. Tenu à distance pendant le combat, il en visita le lendemain le théâtre ensanglanté. Depuis, il parla souvent des trente mille morts ou blessés qui gisaient sur cette plaine où s'était joué le sort de l'Europe, et où furent tranchées les destinées de la France et de Napoléon.

Charles d'Aulnois, par le charme de sa conversation autant que par son humeur enjouée, faisait, tout jeune encore, les délices de la société qu'il récréait par des récits variés accompagnés de gestes enfantins. Un de ses amis nous a assuré qu'il fut quelque temps page à la cour. Formé aux manières les plus distinguées, il aurait pu y rester, grâce aux avantages qui lui étaient offerts ; mais déjà il avait des goûts qui s'alliaient peu aux fêtes mondaines. Désireux de venir par son travail au secours de sa famille, qui, quoique très-honorable, était dépourvue de fortune, il se tourna vers la carrière administrative. M. d'Azy, ayant été nommé sur la fin de 1820 directeur général des contributions indirectes, lui donna une place dans ses bureaux. Il ne tarda pas à se distinguer par son esprit d'ordre et par son intelligence, ce qui lui mérita de l'avancement. Il devint plus tard secrétaire intime du chef de bureau. C'est ainsi que nous pouvons nous expliquer l'aptitude spéciale qu'il a eue pour la comptabilité. Elle étonnait tous ceux qui ignoraient qu'avant d'être prêtre, M. d'Aulnois avait été un employé distingué dans les finances.

Que fut le jeune d'Aulnois jusqu'à l'âge de dix-huit ans sous le rapport de la piété ? Nous ne pourrions le dire. Nous savons toutefois que, sur la fin de l'Empire, les idées religieuses n'étaient point en faveur. S'il y avait un culte officiel, les hommes ne fréquentaient pas les sacrements. M. d'Aulnois lui-même avouait que, durant sa jeunesse, il avait peu entendu parler de Dieu et de l'Église, mais dès le moment qu'il songea à sa vocation, il nous apparaît comme un modèle de solide piété. En 1822, nous le voyons se préoccuper de la manière la plus sérieuse du salut de son âme et viser à acquérir une dévotion éclairée.

CHAPITRE II

M. d'Aulnois à Paris.

L'époque à laquelle M. d'Aulnois fit son entrée dans le monde fut marquée par les attaques les plus violentes contre les Associations catholiques. Celle qui devint surtout le point de mire de ce qu'on appelait alors le libéralisme fut la congrégation dirigée par les PP. Jésuites. Il n'y eut sorte de fables qu'on n'inventât pour la faire tomber dans le discrédit. Journalistes, pamphlétaires cherchèrent d'abord à ridiculiser les hommes les plus marquants qui en faisaient partie. C'étaient, disaient-ils, des conspirateurs mystérieux, s'occupant de ruiner le trône et marchant à l'assaut du pouvoir, obstruant les avenues du palais, accaparant les places à leur profit et à celui de leurs adhérents. Le P. Ronsin surtout, qui était à la tête de la congrégation de Paris, fut dépeint comme un personnage tenant en ses mains les destinées de la France, dirigeant les Tuileries par ses intrigues, et disposant à son gré des emplois. Chaque jour les colonnes du *Constitutionnel* retentissaient de ces bruits absurdes, qui trouvaient malheureusement trop de lecteurs crédules.

Qu'était au fond cette congrégation patronnée par les de Montmorency, les de Noailles et les docteurs Buisson et Feseau? C'était une pieuse Association érigée en l'honneur de la très-sainte Vierge, instituée par le P. Delpuits pour sauvegarder les croyances religieuses et l'innocence des jeunes gens qui affluaient à Paris pour y faire leurs études de droit ou de médecine, ou s'y adonner à la culture des arts.

Tous les quinze jours les membres de la congrégation se réunissaient dans une chapelle située au-dessus de l'église des Missions étrangères. Ils chantaient un hymne à la Vierge, et priaient en commun. Le P. Ronsin célébrait la sainte messe, et à la fin il adressait aux assistants de bonnes et saintes paroles, pour les exhorter à se garder dans la pureté, le travail et l'honneur. On procédait parfois à la réception de quelques nouveaux membres. Après s'être édifiés dans une commune prière, tous se retiraient avec la volonté de bien faire.

Les diatribes des journaux contre la congrégation passèrent sous les yeux de M. d'Aulnois sans qu'il pût trop se rendre compte de la vérité. Il eut occasion de s'en expliquer avec M. Benoît d'Azy, qui l'éclaira sur cette question, en affirmant qu'il connaissait à fond l'esprit de la congrégation, puisqu'il en faisait partie.

Un instant, le jeune d'Aulnois fut hésitant. Il avait promis à son père de ne jamais entrer dans une société secrète. Il se demandait si dans celle-là il n'y avait point quelque engagement ou quelque promesse mystérieuse. On lui répondit que les statuts de la congrégation étaient publiés, et qu'ils se résumaient dans un livre de prières qui contenait de pieuses méditations et la marche à suivre dans les élections du préfet de la congrégation et de ses deux assistants. Il y avait si peu de mystère, que les noms de tous ceux qui faisaient partie de la congrégation étaient affichés à la porte de la chapelle. Il n'en fallut pas davantage pour décider le jeune d'Aulnois à se porter comme candidat. Il fut admis, et il entra en relation avec le P. Ronsin, qui fut le guide de son âme et l'aida à acquérir la plus tendre et la plus solide piété.

Nul ne fut plus assidu que lui à toutes les réunions. A chaque fête de la Sainte-Vierge, il se faisait un plaisir de parer l'autel de fleurs, et il servait habituellement la messe à laquelle répondaient d'ailleurs tous les assistants, s'unissant ainsi aux acolytes. Ce fut dans ces pieuses réunions que M. d'Aulnois puisa la dévotion qu'il eut toute sa vie pour le Sacré-Cœur de Jésus.

Jusqu'en 1820, la congrégation s'était concentrée dans l'intérieur de la chapelle de l'église des Missions étrangères. Les jeunes gens qui en faisaient partie pratiquaient isolément les œuvres de charité ; ils visitaient quelques pauvres honteux et soutenaient les malades. Mais leur cœur sentit bientôt le besoin d'une expansion plus active. Ce fut alors que l'abbé Legris-Duval, dont le nom rappelle le zèle et la charité, sous l'inspiration du P. Clorivière, fonda la Société des Bonnes-Œuvres.

Voici quel fut son programme. Il était simple :

« Nous sommes réunis au nom de Jésus-Christ, considéré comme le bon Pasteur, et sous la protection spéciale de la Sainte-Vierge, pour procurer autant qu'il est en nous, la gloire de Dieu, par notre sanctification personnelle et celle de nos frères, principalement par celle des pauvres.

« La fête principale de notre Société est le second dimanche après Pâques, dit du Bon-Pasteur.

« Nous avons choisi pour patronne la Sainte-Vierge, mère des douleurs et consolatrice des affligés, saint François et saint Louis.

« Chaque section a aussi son protecteur particulier.

« La section des hôpitaux : saint Vincent de Paul ;

« La section des Savoyards : saint François de Sales ;

« La section des prisons : saint Pierre-ès-Liens.

« Persuadés que nous ne saurions travailler avec fruit à la sanctification des autres, si nous ne commençons par nous sanctifier nous-mêmes, notre premier soin sera de nous conserver dans la fidélité aux lois de Dieu et de son Église, dans la pureté du cœur et la ferveur de la piété. Nous donnons chaque jour un temps réglé à la prière, aux saintes lectures, et aux autres exercices de piété. Nous fréquentons les sacrements avec assiduité, nous fuyons les bals, les spectacles et les assemblées profanes du monde, et nous nous appliquons à fortifier en nous la piété par l'exercice des bonnes œuvres.

« Immédiatement après nos devoirs envers Dieu nous plaçons la charité fraternelle ; notre concorde est celle qui doit unir des frères.

« Dans les bonnes œuvres, nous évitons avec soin tout ce qui pourrait en troubler la paix et l'harmonie. Nous cédons volontiers ; nous obéissons avec joie, nous rappelant cette parole de Notre-Seigneur : *Si quelqu'un veut être le premier parmi vous, qu'il soit le dernier et le serviteur de tous.*

« Dans les délibérations, nous tâchons de n'oublier jamais cet avis de l'apôtre : *Si quelqu'un veut disputer, nous n'avons pas cette coutume, non plus que l'Église de Dieu.*

« Nous parlons sans amertume et sans passion ; nous proposons notre avis avec franchise, modestie et tranquillité, et nous laissons la décision à qui elle appartient.

« Nos œuvres sont humbles ; elles consistent à consoler les malades dans les hôpitaux, à instruire les ignorants, à visiter les prisonniers.

« Nous nous appliquons à agir en esprit de foi, comme doivent le faire des chrétiens ; nous n'avons d'autre fin que de glorifier Jésus-Christ, l'envisageant dans ses membres souffrants, et tâchant de pratiquer les conseils et les exemples qu'il nous a laissés dans son Évangile.

« L'expérience nous a démontré d'ailleurs, que l'autorité est nécessaire pour des œuvres étendues et multipliées, qui demandent unité dans les vues, concert parfait dans l'exécution, continuité dans l'action, persévérance invariable et uniformité dans les moyens.

« Des laïques ne pouvant se mêler seuls et sans direction de l'instruction chrétienne, notre règle première et invariable est de nous gouverner par l'autorité que Jésus-Christ a établie dans son Église. La Société ne [peut s'établir nulle part sans l'autorisation des supérieurs ecclésiastiques. Elle doit être régie par un prêtre approuvé par eux à cet effet. Dans les paroisses, dans les prisons et les hôpitaux, la Société honore spécialement MM. les curés et les aumôniers ; elle s'étudie spécialement à entrer dans leurs vues, et à ne rien faire qui puisse leur déplaire. »

A peine cette Société fut-elle fondée qu'elle compta parmi ses membres des hommes de toutes les classes ; des généraux, des magistrats, des professeurs, des étudiants, des fonctionnaires et des artistes. Ils n'avaient tous qu'un seul but : celui d'être utiles aux petits, aux pauvres et aux infortunés. M. d'Aulnois avait l'âme trop tendre pour ne pas s'enrôler sous cette bannière de la charité. Aussi, de la Congrégation dont il resta un membre des plus édifiants, passa-t-il dans la Société des Bonnes-Œuvres, au moment où M. Borderies, alors grand vicaire de l'archevêché de Paris, en prit la haute direction. Il fut d'abord membre de la section dite des Petits Savoyards, qui avait pour but de réunir le dimanche, dans une des chapelles souterraines des quatre principales églises de Paris, les pauvres ramoneurs venant de la Savoie et de l'Auvergne. C'était une joie pour M. d'Aulnois de leur apprendre à prier, et de les disposer par les leçons du catéchisme à leur première commuuion. Dans la conversation, il s'informait d'eux si dans leur quartier il n'y avait pas quelques enfants de leur pays, et il encourageait ses petits auditeurs à les lui amener. Il leur enseignait la probité, la patience, et il cherchait à leur inculquer la crainte du Seigneur.

Bientôt il fut chargé de visiter les prisonniers de la Force et de Sainte-Pélagie. Après les avoir abordés avec bonté dans leur cachot pour leur parler de leurs souffrances et leur inspirer la résignation, il gagna bientôt leur affection et les décida à assister à l'office ; il consistait dans le chant d'un cantique et une courte allocution. Le prédicateur était ordinairement M. d'Aulnois, qui, quoique laïque, préludait ainsi à son ministère de missionnaire, qu'il exerça, comme nous le verrons plus tard, jusqu'à la fin de sa vie.

Un jour, les détenus de la Force s'étaient mis en révolte. Les procédés des sbires avaient excité la fureur dans l'âme de ces malheureux, qui refusaient de se soumettre aux ordonnances du règlement. Déjà la gendarmerie avait été mise sur pied pour réduire les plus indisciplinés et les charger de chaînes, lorsque le chef de la prison, connaissant l'heureux ascendant qu'avait acquis sur eux M. d'Aulnois, eut l'heureuse idée de le faire appeler.

« Eh quoi donc ! mes amis, leur dit-il en entrant, vous voulez donc me faire de la peine ? Ne vous ai-je pas prêché la résignation et la patience ? » Au bout de quelques instants, ces hommes devinrent doux comme des agneaux. M. d'Aulnois demande et obtient grâce pour eux. Tout était rentré dans l'ordre. Ainsi par les enseignements des vérités de la foi souvent répétés, il rendait à ces malheureux un peu de cette dignité dont le crime les avait dépouillés.

C'était là l'œuvre du dimanche. Pendant la semaine, M. d'Aulnois sut encore trouver deux heures à donner à la visite des malades et des hôpitaux.

« Plusieurs fois par semaine, m'écrivait naguère un de ses « collègues, nous nous trouvions encore réunis le soir à l'hô-« pital de la Charité. Nous faisions chacun dans une salle la « prière du soir et une lecture ou une instruction aux mala-« des, puis nous allions les veiller et les exhorter indivi-« duellement auprès de leur lit. »

Il était assurément très-beau de voir ces jeunes gens du monde sortant, qui d'un brillant salon, qui de son atelier, remplir le rôle d'infirmiers, et parler aux malades avec un cœur d'apôtre. Voilà ce que faisait M. d'Aulnois à vingt ans, et ce qu'il continua durant les dix années qu'il passa au ministère des finances.

Sa piété n'avait rien d'austère ; il savait allier à ses devoirs de chrétien fervent toutes les exigences de sa position. A une heure fixe il était à son bureau, et à telle autre dans l'intérieur de sa famille. S'il trouvait sur sa route une église, il y allait adorer le très-saint Sacrement, et y faisait une courte prière. Le soir, s'il le fallait, il paraissait dans le monde avec toutes les grâces et les amabilités d'un parfait gentilhomme, gardant toujours une sage réserve.

En trois ans M. d'Aulnois avait déjà conquis sa position. Il était estimé de ses chefs et environné de toute la protection des hommes les plus éminents de l'époque. Une carrière brillante s'ouvrait devant lui. Cependant, parvenu à l'âge où le jeune homme dans la plénitude de la liberté se demande : Que vais-je faire ? M. d'Aulnois réfléchit et hésite.

L'affaire du salut est devenue la grande affaire et le but de son existence. Il se demande : Suis-je bien dans le chemin qui doit me conduire au ciel ? Est-ce que Dieu n'attend pas autre chose de moi ? Dois-je rester dans le monde ? Cette grave question, M. d'Aulnois se la pose à vingt ans, et il prie le Seigneur de l'éclairer. Il se la pose encore à vingt et un ans, et voilà qu'à vingt-deux ans, nous ne savons dans quelles circonstances, il fait un vœu. Mais quel vœu ? Nous croyons que ce fut celui qui était le plus en harmonie avec la pureté de son cœur et la délicatesse de son âme : celui de virginité. Car un petit billet de sa main datant de 1824 porte ces mots : *Pepigi fœdus cum oculis meis ut ne cogitarem quidem de virgine.* « J'ai fait un pacte avec mes yeux, afin de ne pas même penser à une vierge. » D'ailleurs, nous le voyons à cette époque, préoccupé de la pensée de sa vocation, commencer une retraite chez les Pères Jésuites de Paris, afin de consulter Dieu sur sa destinée.

Ici, nous avons le bonheur de posséder les résolutions fondamentales prises par notre vénérable et saint ami. Dieu a permis qu'elles échappassent au feu auquel il les avait vouées. Nous lui laisserons la parole, et, le suivant pas à pas dans sa vie, nous interrogerons sa pensée, et il nous apparaîtra dans toute l'ingénuité de son âme, avouant ses défauts et cherchant à les combattre ; nous le verrons aussi avec les rayonnements de sa foi et les expansions vraies de sa tendre piété pour Notre-Seigneur.

Les retraites, telles que les pratiquait M. d'Aulnois dans le monde, ne duraient pas moins de huit jours. Il passait tout ce temps dans la solitude et dans le plus complet silence. Habituellement, il choisissait le mois de septembre, où les administrations ont leurs vacances. Il se retirait dans la maison des Jésuites à Paris, afin d'y être plus rapproché du R. P. Ronsin, son directeur.

Sa première retraite eut lieu en 1824. Il la commença le dimanche 19 septembre, fête de Notre-Dame des Sept-Douleurs. Il la plaça sous la protection du Cœur adorable de Jésus, des saints de la Compagnie saint Ignace, de saint François Régis et de ses patrons saint Antoine et saint Charles.

Laissons-le nous dire lui-même dans quel but il l'entreprit :

« Le motif et la fin de cette retraite sont la grande affaire
« de mon salut, le besoin des lumières de l'Esprit-Saint pour
« accomplir UN VŒU et connaître où Dieu m'appelle, enfin
« solliciter les grâces du Ciel dans la position où je vais me
« trouver pendant plusieurs années.

« J'espère être venu avec une intention droite et pure ; je
« demande au Seigneur de la rendre encore plus conforme à
« sa sainte et adorable volonté. »

A la fin de sa première méditation sur la fin de l'homme, il s'écrie : « O mon Dieu, faites-moi la grâce de ne jamais ou-
« blier la fin pour laquelle vous m'avez tiré du néant ; que
« toute ma vie je remplisse par amour les obligations que
« vous m'avez imposées, pour que je jouisse de la félicité du
« ciel. »

Après avoir considéré le néant des créatures, il prend la résolution de fuir particulièrement celles qui habituent à la vanité.

« O mon divin Jésus! dit-il, faites-moi la grâce de ne
« point m'attacher aux choses de la terre ; que je pèse dans
« la balance du sanctuaire ces faux plaisirs, ces vanités, ces
« biens périssables, avec une seule goutte de votre sang,
« une seule affection de votre cœur, un seul instant de la
« bienheureuse éternité. »

A la fin de cette première journée, ses pensées s'élèvent :

« O mon Père! je me consacre à vous absolument ; non, le
« monde et le démon ne m'auront jamais sous leur tyranni-
« que empire. »

Le lendemain, il médite sur le péché. Il lui apparaît avec un tel caractère de monstruosité qu'il termine par ces mots :

« Préservez-moi, Seigneur, du plus grand des maux. Que
« je meure cent fois plutôt que de commettre un seul péché
« mortel. »

Naissent un instant dans son âme de salutaires terreurs à la pensée de la mort, du jugement et de l'enfer. Mais, se tournant vers le Sauveur, il s'écrie :

« Jésus! votre mort me donne la vie ; votre sacrifice de-
« vient le mien ; le Saint-Esprit habite en moi, car j'ai la foi
« et l'espérance : je veux travailler à écarter la justice qui
« punit, pour attirer la miséricorde qui pardonne. » .

Enfin viennent des considérations sur sa vocation.

« Dans quel état le bon Dieu me veut-il ? Y suis-je ? Où
« faut-il entrer ? Quand y entrerai-je, si je n'y suis pas ?
« Questions sérieuses ! Elles demandent encore de la matu-
« rité. Prions, ô mon âme ! Prions, ô mon âme ! »

Alors jaillissent de son cœur ému ces brûlantes aspirations dans une visite au Saint-Sacrement.

« Quelle ingratitude de ne pas aimer notre divin Sauveur
« dans ses tabernacles ! Quelle lâcheté de l'aimer si peu !

« Retirez-moi, ô mon Jésus ! du nombre de vos tièdes ser-
« viteurs : brisez mon cœur, mettez-y le feu de l'amour divin,
« pour qu'il répare autant que possible par ses ardeurs les
« ingratitudes des mauvais chrétiens. Vous n'êtes pas seule-
« ment parmi nous pour recevoir des adorations, mais aussi
« pour répandre des bénédictions. Je vous les demande de
« toutes mes forces, de tout mon esprit, de tout mon cœur.

« O mon Sauveur et mon Dieu ! je voudrais vous aimer, et
« je ne vous aime pas ; je voudrais vous servir, et je reste lâche-
« ment dans l'inaction. »

Mais le souvenir de l'Incarnation l'enflamme de reconnaissance ; la vie de Jésus-Christ l'entraîne, et il lui semble entendre une voix sortir du tabernacle qui lui dit :

« Tu veux servir Dieu, eh bien ! renonce à toutes les vani-
« tés du siècle ; prends la croix de Jésus et suis ce divin Maî-
« tre. Vois les brebis égarées du troupeau du bon Pasteur,
« vois les nations qui dorment encore du sommeil de la mort.
« Vois l'hérésie, l'incrédulité, le libertinage saper les fonde-
« ments de l'édifice éternel ; prends d'une main la croix et de
« l'autre l'Évangile ; nourris ton âme de la prière et de la pré-
« sence du Seigneur ; soumets ton corps à la mortification,
« embrase ton cœur de l'amour divin en l'unissant à celui de
« Jésus-Christ par la sainte Eucharistie, et tu trouveras de
« quoi servir le Seigneur... Mais il faut le vouloir et le vouloir
« sincèrement, franchement, fortement. »
Que répond M. d'Aulnois à la voix de Dieu ?

« Donnez, ô mon Dieu ! à une chétive créature, cette volonté
« qui surmonte tous les obstacles, de manière qu'au moment
« où l'heure sonnera, où vous l'appellerez à vous, elle puisse
« dire : Seigneur, me voilà. Parlez, votre serviteur écoute. »

Une heure s'est à peine écoulée dans la méditation sur
la royauté de Jésus, que la même main qui avait écrit ces lignes continue :

« Mon Dieu et mon Roi ! je vous ai dit, il y a une heure :
« Parlez, votre serviteur écoute. Il me semble, ô mon divin
« Maître, que vous avez fait entendre votre voix. *Tuus ero.*

« Mais est-ce dans la Compagnie de Jésus que vous me vou-
« lez avoir ?

« Ou plutôt, vous me dites comme à saint Paul : Allez à
« Ananie ; c'est à votre ministre que vous ferez connaître
« votre volonté. Qu'il parle, Seigneur, votre serviteur l'écou-
« tera. »

Le directeur de M. d'Aulnois vit sans doute des difficultés
pratiques dans l'exécution de ce projet. Il se contenta de
lui recommander de le mûrir devant Dieu, de continuer à
vivre dans le monde avec une régularité parfaite et de se livrer à des études de latin, qui lui seraient nécessaires, quelle
que fût la vocation à laquelle Dieu l'appellerait.

Le septième jour, après avoir médité sur le zèle apostolique,
il fait à Dieu cette prière :

« Il me semble, ô mon Dieu ! que je désire ardemment d'ar-
« river à ce moment où, mes chaînes étant brisées, je serai
« entièrement et absolument à vous. Il me semble encore que
« je veux déjà me consacrer à cette belle œuvre que vous
« attendez de ceux à qui vous faites tant de grâces, je veux
« dire le salut des âmes. Dans quelque position que je sois, ô
« mon divin Maître ! donnez-moi tout votre secours pour que
« je travaille à votre vigne, m'appuyant avec confiance sur
« votre croix, repoussant toute prudence humaine, tout res-
« pect humain, toute faiblesse [1]. »

1. Retraite de 1824.

CHAPITRE III

Résolutions de M. d'Aulnois. Ses relations et ses amis.

La décision de M. d'Aulnois pour son avenir était prise : à vingt-deux ans, il voulait être tout au Seigneur. Cette détermination avait été mûrie dans la retraite, pendant huit jours consécutifs, sous le regard de Dieu et dans la prière.

En quittant sa solitude, il traça les résolutions suivantes qui nous montrent qu'il avait pris au sérieux l'œuvre de sa sanctification.

« Aujourd'hui dimanche 26 septembre 1824, fête de saint Cyprien, après avoir imploré les lumières et les grâces de Dieu pendant une retraite de huit jours dans la maison des Pères de la Compagnie de Jésus, à Paris, j'ai pris les résolutions suivantes sous la protection du Cœur sacré de Jésus, de la Sainte-Vierge, de saint Joseph et de mes saints Patrons.

Pepigi fœdus cum oculis meis, ut ne cogitarem quidem de virgine. Je prends les résolutions suivantes :

1° De sanctifier toutes mes études, toutes mes récréations, en les offrant à Dieu.

2° D'avoir en tout une grande pureté et simplicité d'intention.

3° Dans les conversations d'éviter le *je* et le *moi*, et de fuir les compliments.

4° D'assister à la sainte messe tous les jours et de m'approcher des sacrements tous les huit jours, particulièrement aux fêtes du Sacré Cœur de Jésus, de la Sainte-Vierge, du saint scapulaire, etc.

5° De faire une retraite le premier vendredi de chaque mois, de réciter le chapelet toutes les semaines, de faire l'oraison tous les jours, une demi-heure le matin et un quart d'heure le soir ; et chaque jour l'examen de conscience.

6° De pratiquer la pénitence corporelle une fois la semaine ; de ne pas boire de vin et d'observer en secret une grande sobriété dans les repas ; de ne prendre que sept heures de sommeil.

7° D'étudier le latin une heure et demie par jour.

8° De me servir peu des domestiques et de les traiter avec beaucoup de douceur. »

Telles furent les principales résolutions prises par M. d'Aulnois dans sa retraite, et il y fut fidèle. Nous en avons pour preuve les examens qu'il faisait au commencement de chaque mois sur la manière dont il s'était acquitté de son règlement de vie. S'il y avait eu quelques légères infidélités, il se les reprochait comme des manquements sérieux. Ainsi nous lisons dans ses notes :

« Le mois de mai a été passé avec moins de relâchement
« que le précédent : je le dois sans doute à la multiplicité des
« fêtes de l'Église et à la protection de la très-sainte Vierge.
« J'ai encore à me reprocher plusieurs négligences dans mes
« devoirs de piété et d'état, ce qui est grave : ainsi souvent
« j'ai mal fait ma méditation ; quelquefois je l'ai faite dans
« mon lit sous le spécieux prétexte de fatigue. L'attention
« à la sainte messe et dans la prière s'en est souvent ressen-
« tie. Le chapelet et les quinze *Ave*, je les ai dits avec trop
« de distraction pour que la Sainte-Vierge en ait été contente.
« Trop souvent j'ai été paresseux, en me levant tard. Je me
« lèverai donc à six heures au plus tard, et je ferai la médita-
« tion d'une heure à genoux.... [1]. »

---

1. Retraite du premier vendredi du mois de juin 1827.

Le mois suivant, nouvel examen.

« Le mois de juin s'est mieux passé que le précédent. Il y
« a eu plus de fidélité à mon règlement et à mes œuvres de
« piété. J'ai à me reprocher quelques négligences dans mes
« devoirs d'état, en n'arrivant pas à l'heure fixée à mon bu-
« reau.

« Je ferai mes exercices de piété, comme il est dit dans
« mes précédentes résolutions. Je tâcherai de conserver, au-
« tant que possible, le souvenir de la présence de Dieu [1]. »

Le mois de juillet avait été rempli de sollicitudes. Il avait
été question de déplacer M. d'Aulnois et de l'envoyer en pro-
vince avec de l'avancement. Il n'en fait pas moins sa revue
mensuelle.

« Le mois de juillet s'est moins bien passé que le précédent :
« moins de fidélité à mon règlement, moins d'attention à
« l'oraison. Trop de temps perdu. Beaucoup de pensées inu-
« tiles et vaines. J'ai manqué quelquefois l'examen particu-
« lier dans la journée. L'étude du latin n'a pas été faite avec
« soin. Le *moi* m'a trop souvent occupé dans mes conversa-
« tions. Je n'ai pas assez recherché la solitude.

« Pour le mois qui commence, je m'appliquerai à acquérir
« l'humilité. Je dirai mieux mon chapelet et mes prières de
« dévotion. Je ne m'occuperai plus du tout de mes intérêts
« temporels ; je ne penserai plus à avoir une place en pro-
« vince. Ce sera une inquiétude de moins [2]. »

Ces aveux candides nous montrent que M. d'Aulnois se regardait lié par son règlement de vie, et bien loin d'en retran-
cher un seul article, il en ajouta plusieurs. Ainsi, en 1826, il
s'astreint à un examen particulier sur la présence de Dieu et
sur l'humilité comme étant le meilleur moyen d'avancer dans

1. Retraite du premier vendredi de juillet 1827.
2. Retraite du mois d'août 1826.

la perfection, et à lire chaque jour quatre chapitres de la Sainte-Écriture.

Quand le mois s'est bien écoulé, il en bénit le Seigneur avec une vive effusion de reconnaissance. « Quel beau mois « je viens de passer! écrit-il, un renouvellement dans le « service et l'amour du Seigneur ! Aussi, par la grâce de « Dieu, j'ai été plus fidèle à mon règlement. Il me semble « que j'aime davantage mon divin Maître qui me comble de « consolations et de bénédictions [1]. »

Le livre qui lui servit pendant assez longtemps pour ses lectures spirituelles fut celui du P. Surin. « Le P. Surin « m'a fait bien méditer sur la vie intérieure, sur l'abnégation « et le renoncement à soi-même. Le fruit que j'espère en « avoir retiré est une grande paix de l'âme. C'est de ne plus « rien désirer absolument sur la terre, et de n'être attaché à « rien que selon la volonté de Dieu. »

Évidemment, de son naturel M. d'Aulnois était porté à la recherche de lui-même. Il l'avait compris, et il l'avouait avec ingénuité. « Les deux vices que je dois combattre sont l'or- « gueil et la paresse. » Aussi travailla-t-il sans cesse à se sur-veiller.

« Le sujet habituel de mes oraisons pendant ce mois sera « la présence de Dieu et l'humilité. » Pour s'aider, il choi-sit comme lecture le traité de Rodriguez sur cette vertu.

En rentrant en lui-même, il dit : « J'ai encore trop pro- « noncé ce *moi* qui attire des compliments et nourrit l'orgueil. « Je m'imposerai une légère pénitence lorsqu'on me fera un « compliment ou un éloge. J'éviterai de parler de moi, ex- « cepté dans les cas de nécessité. »

C'était le premier vendredi du mois, jour consacré au culte du Sacré-Cœur, que M. d'Aulnois faisait cette retraite men-

1. Retraite du premier vendredi du mois de novembre 1826.

suelle; ce jour-là il se levait plus matin que d'habitude,
et donnait trois quarts d'heure à l'oraison. Il allait ensuite au
couvent du Sacré-Cœur ou à celui des Oiseaux. Il y entendait
deux messes consécutives. A la première il recevait la sainte
communion, et, durant la seconde, il faisait son action de
grâces. Mais ce n'était pas assez pour ce fervent congréganiste;
il continuait pendant une demi-heure sa lecture de piété, ordinairement accompagnée de pieuses réflexions. A neuf heures il prenait le chemin de son bureau, où il restait jusqu'à
quatre heures. De là il passait à l'église de Saint-Thomas
d'Aquin, où il consacrait encore une demi-heure à l'adoration du Saint-Sacrement. C'est là qu'il renouvelait son
vœu de consécration au Sacré-Cœur, tel qu'il l'avait fait en
1824 d'après le conseil du P. Ronsin. Pour ne pas être distrait
de ses ferventes méditations, il prenait son repas en compagnie de quelques pieux collègues, appelés *ses frères en saint
Louis de Gonzague*, Ozanam, Legris et Drevet, avec lesquels
il conversait sur quelque sujet édifiant. La journée se terminait habituellement par l'assistance à la bénédiction du très-
saint Sacrement qui se donnait chez les Sœurs de la Charité
ou à l'Hôtel-Dieu. Le soir, avant de se coucher, il rédigeait le
bulletin de sa conscience, et il consignait ses résolutions sur
de petites feuilles volantes.

Ces vendredis étaient pour M. d'Aulnois des jours pleins de
douceur, de joie et de consolations intérieures. « Mon Dieu,
« s'écriait-il, quelle belle journée! Le Seigneur m'a accordé
« de grandes grâces spirituelles aujourd'hui. Faites, Seigneur,
« que je vous serve toujours mieux, que je vous aime tou-
« jours plus, avec ou sans consolations intérieures, avec ou
« sans croix. Je ne veux, je n'aime que votre sainte et ado-
« rable volonté. »

« O Jésus! que je devrais être saint avec tant de grâces que
« vous me faites; je me perds dans les bénédictions spiritu-
« elles que vous m'envoyez malgré mon orgueil, ma lâcheté.

« O mon Dieu! je désire du moins vous aimer et vous servir
« parfaitement. Soutenez ma faiblesse. »

Nous venons de nommer quelques-uns des amis que
M. d'Aulnois appelait ses *frères en saint Louis de Gonzague*.
Qu'était donc cette douce fraternité? Ici nous laissons la pa-
role à M. l'abbé Ozanam qui était un des collègues de
M. d'Aulnois, et membre avec lui, de cette association plus
intime encore que celle des Bonnes-Œuvres.

« En 1825, nous écrivait-il, nous avions formé à Paris
« une petite association composée de sept membres dont
« quatre étaient étudiants en droit : MM. Bernard, Des-
« mousseaux, Labbé, Lacouture; un cinquième, M. Drevet,
« fréquentait l'atelier de M. Hersault. Il voulait devenir
« graveur. Le sixième était M. d'Aulnois qui travaillait
« aux ministère des finances; le septième, M. Ozanam, étu-
« diait la médecine. Tous sept nous faisions partie de la
« Société des Bonnes-Œuvres, présidée par M. Borderie, et
« nous allions tous les dimanches visiter ensemble les prison-
« niers de Sainte-Pélagie. Tous les lundis nous nous réunis-
« sions chez celui d'entre nous dont le domicile était le plus
« central, et que nous nommions la PAROISSE.

« Nos séances commençaient par la prière, puis, à tour
« de rôle, chacun lisait la conférence qu'il avait préparée.
« Ces conférences roulaient sur les différentes parties du
« dogme ou de la morale, sur la philosophie chrétienne, l'his-
« toire sainte, etc. On était libre de choisir le sujet le plus
« en harmonie avec ses études Après la lecture du travail
« chaque membre faisait librement ses observations; enfin la
« conférence était remise à un membre chargé de faire une
« critique plus détaillée sur le fond et sur la forme. Il devait
« mettre en marge toutes ses observations qui étaient lues
« dans la séance subséquente.

« A cette première partie de nos réunions, présidée par
« M. d'Aulnois en succédait une autre. C'était celle où l'on

« s'occupait spécialement de l'œuvre de Sainte-Pélagie. On
« commençait par faire en toute liberté la critique de la glose
« et de l'instruction faites le dimanche précédent; puis l'on
« désignait les deux orateurs qui devaient parler le dimanche
« suivant. Le président choisissait ensuite un des membres
« pour faire la lecture de la vie de l'un des saints de la semai-
« ne. A la fin, le même membre devait improviser quelques
« réflexions pieuses, afin de s'exercer à parler en public.

« La prière du soir servait de clôture à ces réunions. Pen-
« dant les deux années que subsista cette petite association,
« nous allions, chaque année, tous ensemble, passer une jour-
« née entière à la campagne. Le rendez-vous était fixé à six
« heures du matin. On partait en silence, faisant la médita-
« tion. On arrivait à une paroisse de la banlieue de Paris, où
« un prêtre averti à l'avance nous attendait pour célébrer la
« sainte messe. Nous y recevions tous la sainte communion.
« De là nous allions déjeûner. Venait ensuite une promenade
« dans le bois, où nous faisions un dîner champêtre. Le
« soir, nous revenions ensemble en chantant le *Magnificat* ou
« quelque autre cantique en l'honneur de la Sainte-Vierge.
« Cette journée délicieuse se passait en épanchements frater-
« nels.

« M. d'Aulnois était toujours l'ordonnateur et l'économe
« de ces charmantes fêtes.

« La première eut lieu dans la forêt de Vincy, où se trouve
« un pèlerinage célèbre de la Sainte-Vierge. La seconde se
« passa au Calvaire du mont Valérien.

« Grâce à cette association, placée sous le vocable de saint
« Louis de Gonzague, nous entretenions entre nous l'esprit de
« piété. Chose remarquable ! cette douce union nous condui-
« sit tous au même but. Car bientôt chacun des membres,
« sans s'être concerté, déclara, et à des époques diverses,
« qu'il avait l'intention d'entrer dans l'état ecclésiastique.
« M. Bernard est aujourd'hui grand-vicaire de Cambrai.

3.

« M. Desmousseaux, curé de Saint-Géry, à Cambrai. M. Labbé
« est supérieur de l'institution ecclésiastique d'Yvetot.
« M. Drevet est mort aumônier de l'école vétérinaire de Lyon.
« M. d'Aulnois est mort missionnaire apostolique à Genève,
« et M. Ozanam est encore missionnaire apostolique à Saint-
« Cloud, diocèse de Versailles. »

Cette note, qui nous est fournie par M. l'abbé Ozanam, est
en parfaite conformité avec les résolutions de M. d'Aulnois.
Le premier vendredi de juillet 1826, il écrit :

« Pendant ce mois, je ferai une ou deux conférences sur
« les hérésies. Je prendrai bien garde dans mes études, mes
« travaux, mes lettres, de ne rien faire par orgueil, vanité,
« vaine gloire. Je me rappellerai que la science est fort dan-
« gereuse sans une profonde humilité. »

Au mois d'août de la même année :

« Je ferai deux conférences pour la petite Société de Saint-
« Louis de Gonzague. Je m'occuperai sérieusement de cette
« bonne œuvre, qui peut procurer la gloire de Dieu et l'avan-
« cement de plusieurs amis. »

Le premier vendredi de mai 1827 :

« Aujourd'hui, je suis allé au Calvaire. Je dois bénir Dieu
« de ce que je n'ai pas pu faire ma volonté dans ce saint pèle-
« rinage. Je voulais être seul, et je ne l'ai point été. Je vou-
« lais faire mes stations, et je n'ai pas pu les faire. J'ai reçu
« la sainte communion de la main de Mgr l'Évêque de Nancy.
« Avant la messe, M. Rauzan avait fait une pieuse méditation
« sur l'humilité. »

Le premier vendredi de juillet :

« Le mois de juin a été plein de consolations et de grâces
« du Seigneur : la fête de saint Louis de Gonzague, la Pen-
« tecôte, la fête du Sacré-Cœur, un pèlerinage à Notre-Dame

« de Lorette, où j'ai assisté à la messe du cher confrère
« Labbé. »

Le départ de ses amis pour le séminaire ne faisait que consolider dans le cœur de M. d'Aulnois le désir d'être un jour
lui-même, ou dans la vie religieuse, ou dans le sacerdoce ; mais
des devoirs impérieux de famille le retenaient dans le monde.
Il cherchait à être utile à ses parents, qui devaient pourvoir
à l'éducation de ses deux frères Alphonse et Alexandre. Il
sentait néanmoins l'appel de Dieu, et un jour qu'il assistait
à la prise d'habit d'une religieuse nouvellement convertie,
qui abandonnait une brillante fortune pour se faire catholique et religieuse (Mlle d'Erlach), il ne put s'empêcher de
dire : « Quel coup de grâce ! Quand donc viendra pour moi
le moment d'être tout à Dieu ! »

Cette scène se passait au Sacré-Cœur, le premier vendredi
de septembre 1826. Le mois suivant, M. d'Aulnois faisait une
seconde retraite à Montrouge, qui était alors le noviciat des
Jésuites, pour se fortifier dans sa vocation et se renouveler
dans le service du Seigneur.

Ce sont les mêmes sujets à peu près qu'en 1824 qui lui servent de méditation, mais on voit le progrès qui s'est opéré
dans cette âme sous l'action de la grâce. Le détachement des
choses de la terre s'est effectué. Être à Dieu, et à Dieu seul :
voilà le but de toutes ses brûlantes aspirations.

Ce n'est plus le péché mortel qui excite dans son âme des
terreurs, mais la crainte même d'offenser Dieu véniellement.
« Allons, du courage maintenant, se dit-il, de la générosité ;
« sortons de cette voie commune à tous les chrétiens. Plus
« de péchés véniels, plus même d'imperfections volontaires.
« Cherchons toujours le *mieux* pour la plus grande gloire de
« Dieu. Plus de ces concessions de la nature corrompue, de

« l'amitié importune; un règlement sage et une fidélité
« sans bornes à tout ce qu'il prescrira [1]. »

Arrivé à ce point, M. d'Aulnois se reprochait les moindres infidélités à la grâce. Il aurait voulu faire son oraison
sans aucune distraction, comme un saint Louis de Gonzague.
Il s'en ouvrit au R. P. de Bussy, qui, pour l'encourager, lui
fit comprendre qu'il ne fallait pas chercher une trop haute
perfection, parce qu'on doit craindre de ne pouvoir rester à
ce point culminant si on y arrive, ou qu'on ne se décourage
si on n'y arrive pas. Il lui traça, en cette circonstance, une
ligne de conduite qui remplit l'âme de M. d'Aulnois de repos
et de paix :

« Mon bon ami, n'oubliez jamais que quelques fautes que
« vous puissiez commettre, la miséricorde de Dieu est infinie ;
« par conséquent, il ne faut jamais se décourager ; au con-
« traire, nos fautes doivent être pour nous un motif puissant
« de nous attacher de plus en plus à Dieu. Soyons bien
« convaincus que, si nous nous relevons de suite, Dieu ne se
« retirera pas pour nous délaisser. Celui qui a confiance en
« la volonté divine et qui se relève de suite, non-seulement
« ne périra pas, mais il marchera de vertus en vertus. *Qui
« speravit in Domino non confusus est.* Tendez toujours à la
« paix intérieure et laissez crier le démon : aussi ne vous
« inquiétez pas de toutes vos distractions, ainsi que des
« pensées de vanité; faites le bien avec persévérance, et
« reposez-vous du reste sur la miséricorde de Dieu pour ses
« petits enfants. »

C'est alors que M. d'Aulnois écrivit ces mots : « J'ai eu une
« très-bonne conversation avec le P. de Bussy, qui a don-
« né à mon âme plus de repos et de paix. Pour appuyer ses
« bons conseils, il m'a donné à lire les lettres de saint Fran-

Retraite de 1826.

« çois de Sales. Déjà j'ai ressenti le fruit de ces bons avis par
« un calme nouveau et par plus de confiance en Dieu. »

La méditation sur le règne de Jésus-Christ excite en **M.**
d'Aulnois un saint enthousiasme ;

« O mon Dieu ! s'écrie-t-il, je veux être toujours à vous, je
« veux vous aimer et vous prouver mon dévouement par le
« zèle que je mettrai à vous faire connaître, à défendre vos
« intérêts, à ramener sous votre empire les pécheurs, qui ne
« savent pas combien vous êtes bon. O divin Roi ! je vous
« dirai comme Ethaï : *Vivit Dominus meus rex ; quoniam in*
« *quocumque loco fueris, Domine mi rex, sive in morte, sive in*
« *vitâ, ibi erit servus tuus* [1]. »

Les deux Étendards, cette méditation où saint Ignace met
en présence Jésus et Satan, provoquent en **M.** d'Aulnois un
saint tressaillement ;

« Oh Jésus ! qu'ils sont heureux les soldats qui marchent
« sous votre étendard ! Armés du bouclier de la foi, ils vain-
« cront tous leurs ennemis... O Jésus, je marcherai à votre
« suite. Je vous suivrai au Thabor et au Calvaire, toujours
« heureux, puisque je suis avec vous. •

On le voit, sa vocation le préoccupe ; aussi, lorsqu'il faut
suivre Jésus-Christ en Égypte, modèle de l'abandon à la
divine Providence, il retombe sur lui-même et considère ce
que Dieu lui demande en ce moment. Alors il se dit :

« Oui, le Seigneur me veut encore dans le monde : il m'y
« retient d'une manière bien visible, et j'ai d'ailleurs l'assen-
« timent de sages conseillers. Je dois donc remplir mes
« devoirs d'état et ceux de famille selon la volonté de Dieu,
« le plus régulièrement et le plus parfaitement possible, avec

---

1. Vive le Seigneur et vive le roi, mon maître ; en quelqu'état que
vous puissiez être, mon Seigneur et mon roi, votre serviteur y sera,
soit à la mort, soit à la vie.

(II *Rois*, chap. 13, v. 21.)

« patience, douceur, contentement, et le tout : AD MAJOREM
« DEI GLORIAM. »

Mais bientôt il se pose cette autre question : « Est-
il probable que le bon Dieu me veuille toujours dans le
monde? »

« Ah! Seigneur, répond-il, j'espère que non. Vous éloi-
« gnerez de moi ce calice; cependant que votre volonté se
« fasse et non pas la mienne, si la mienne n'est pas la vôtre.
« S'il faut rester dans le monde, soyez béni, faites que je
« vous y serve et que je m'y sauve. Mais vous permettez,
« Seigneur, qu'avec cette soumission absolue à votre très-
« sainte et très-adorable volonté, je conserve le doux espoir
« d'être un jour à vous. Les sentiments que vous m'avez
« certainement inspirés, et qui ne peuvent venir ni de la
« chair ni du monde, les vœux que vous avez reçus, la per-
« sévérance de mes désirs, le mépris et le détachement du
« monde, le zèle du salut des âmes, ce quelque chose que
« vous avez mis dans mon cœur et que je ne pourrais expli-
« quer, le besoin que j'ai d'expier mes fautes par une vie
« meilleure, voilà quelques-uns des motifs qui soutiennent ma
« confiance... J'attendrai patiemment que vous parliez. Dix
« ans, vingt ans, plus même, toujours j'espèrerai trouver
« une petite place dans votre sainte maison, serait-ce comme
« le plus petit et le dernier des frères. Seigneur, que votre
« volonté soit faite! »

Il nous semble que toutes les aspirations de M. d'Aulnois
se tournaient alors vers la Compagnie de Jésus. Il avait sous
les yeux des hommes admirables par leur zèle et leurs vertus,
le P. de Bussy et le P. Ronsin, auxquels il avait donné sa confiance. Cependant ces guides éclairés le laissent dans le
monde, où il est apôtre ; dans sa famille, où il édifie et à laquelle il rend d'éminents services par ses conseils, ses leçons
et ses appointements. Il y rentre donc avec la volonté de devenir plus parfait, tout en remplissant ses devoirs d'employé,

mais il sera dans le monde un vrai religieux travaillant à acquérir la perfection ;

« J'irai à neuf heures à mon bureau, en disant le chapelet
« pour mes parents et les âmes du purgatoire. Je remplirai
« mes devoirs de famille et d'état avec patience, condescen-
« dance et douceur, embrassant avec plaisir ce qui est con-
« traire à mon sentiment, lorsqu'il n'y aura rien d'opposé à
« la volonté de Dieu. Le but que je dois me proposer en rem-
« plissant toutes mes obligations le mieux qu'il me sera pos-
« sible est d'obtenir de Jésus son saint amour, le souverain
« bien de l'homme sur la terre et le gage du bonheur éternel.
« Je désire m'attacher à acquérir l'humilité et la confiance
« en Dieu [1]. »

Lorsque M. d'Aulnois présenta au P. Ronsin ses résolutions,
ce guide zélé de son âme lui écrivit ces mots remarquables :

« Dieu vous a conduit et vous a tenu fidèle compagnie
« dans votre retraite, mon cher ami. Il a éclairé votre esprit,
« touché votre cœur, pénétré et rempli votre âme : vos réfle-
« xions et vos résolutions en sont la preuve. Il ne me reste
« qu'à vous dire : *Hoc fac et vives.* Oui, vous trouverez la vie
« dans une généreuse et constante fidélité à suivre Jésus-Christ
« dans la voie de l'humilité, du détachement et de la morti-
« fication. Et quelle vie ! La vie bienheureuse, la vie de la
« grâce en ce monde et de la gloire en l'autre. Courage et
« confiance, mon cher ami. *Celui qui a si bien commencé l'ou-
« vrage de votre sanctification le poursuivra et le consommera.*
« A la mort, et durant toute l'éternité vous chanterez le divin
« cantique : *Soli Deo honor et gloria.* »

Ne dirait-on pas que le P. Ronsin, en écrivant ces lignes,
lisait dans l'avenir et annonçait ce qui se passerait quarante-
deux ans plus tard ? En les parcourant, nous nous sommes rap-

1. Retraite de 1826.

pelé que notre ami nous disait peu de jours avant de rendre le dernier soupir, avec un ton de solennité qui nous émut jusqu'au fond de l'âme : « En face de la mort, je vous le dé- « clarc, je n'ai cherché que la gloire de Dieu. C'est pour lui « et non pour les hommes que j'ai travaillé. » N'était-ce pas l'accomplissement de cette parole: « À la mort vous chanterez : *Soli Deo honor et gloria ?* »

CHAPITRE IV

M. d'Aulnois et la Société des Bonnes-Études.

Ce n'était pas assez pour la jeunesse catholique d'être maintenue dans l'honneur et la pureté ; il lui fallait de la science pour lutter contre le torrent des mauvaises doctrines. Aussi vit-on se former à Paris, à côté des associations pieuses, la Société des Bonnes-Études. Elle avait pour but de développer le cercle des connaissances scientifiques, tout en leur donnant pour base l'étude approfondie de la religion. On fournissait à ceux qui en étaient membres les moyens d'apprendre, en mettant à leur disposition des livres de droit, de médecine, de littérature et de philosophie. Des sujets littéraires et de mathématiques étaient répartis entre tous; ils les étudiaient, et dans une réunion mensuelle de toutes les sections, on en faisait la lecture. Des maîtres habiles donnaient alors leur avis. A la tête de cette société se trouvait M. Bailly, fondateur de la *Tribune catholique*. Cet homme de bien avait rendu d'éminents services aux familles chrétiennes, en ménageant à leurs enfants une pension dont il était resté le chef. Il avait le talent de garder les jeunes gens sans avoir l'air de les surveiller de trop près : son influence était celle d'un bon conseiller. Il avait de la tendresse pour les étudiants, qu'il stimulait par ses paroles et ses exemples. Son action fut des plus salutaires.

Sur la fin de l'année 1826, on offrit à M. d'Aulnois de faire partie de la Société des Bonnes-Études. Avant de s'y décider, il prit conseil et pria Dieu de l'éclairer. Comme il ne pouvait en résulter pour lui que le précieux avantage de se former à une rédaction correcte et à la parole publique, il se présenta, résolu d'étudier avec persévérance, et « dans le seul but de « faire servir son instruction à la plus grande gloire de Dieu « et à la perfection de son âme [1] ».

M. d'Aulnois, dans ses thèses, avait soin de ne pas rechercher l'éclat qui attire les éloges; s'il en recevait, il les rapportait à Dieu, acceptant la critique avec reconnaissance.

Au mois de juin de l'année suivante, il fut nommé membre de la section appelée d'Histoire et des Bonnes-Études. « Il « faut prendre garde d'y chercher des distinctions qui éveil- « lent la vanité, dit-il. Il faut avoir pour but d'y être utile, « en défendant les bonnes doctrines avec prudence et cou- « rage, et en attirant les jeunes gens par l'affabilité et par tous « les moyens que la charité inspire pour leur inoculer la « piété. »

La Société des Bonnes-Études comptait dans son sein des hommes distingués et d'avenir. Qu'il suffise de nommer MM. de Champagny, de la Gournerie, Bonnety, directeur des *Annales de la philosophie chrétienne*, Dulac, d'Austaing, avec lesquels M. d'Aulnois resta en rapports d'amitié. Dans chacune des séances, trois membres devaient traiter des questions spéciales. Ces conférences étaient sérieuses. Chacun choisissait sa matière suivant ses goûts et ses aptitudes. Les sujets traités par M. d'Aulnois dénotent le futur théologien. Un jour il parla de la nature des anges. On lui reprocha d'avoir surabondé en citations. Au mois de juin 1827, il s'attacha à démontrer les richesses de l'Écriture-Sainte. Dans une autre

1. Retraite du mois de janvier 1827.

circonstance, il aborda les grandes erreurs de l'esprit humain
en matière de religion, et il développa successivement l'histoire de l'arianisme et celle des Iconoclastes. Nous trouvons
aussi parmi ses thèses la question de l'Inquisition et celle de
la Saint-Barthélemy. Par ces travaux, M. d'Aulnois se préparait aux leçons qu'il devait donner un jour sur ces faits si
odieusement travestis et qui ont si longtemps servi d'armes
déloyales aux ennemis de l'Église pour la combattre.

M. d'Aulnois fut un des sociétaires les plus ardents des
Bonnes-Études. Il seconda puissamment M. Bailly, aux lumières duquel il avait souvent recours. L'étude était une de
ses passions : il y consacrait ses veilles et ses instants libres.
« J'aime l'étude, écrivait-il. Je m'y livre avec plaisir. Les
« études sérieuses me plaisent, surtout la philosophie de la
« religion; la théologie même a la préférence. L'histoire, la
« philosophie et le droit public m'occupent aussi avec
« agrément. Mais dans tout cela, ce qu'il importe c'est de
« rejeter la vaine gloire et de conserver une intention
« pure et droite. Pour fortifier cette disposition indispensable,
« il faut que je puisse me dire devant Dieu : 1° Que je suis
« tout prêt à abandonner l'étude avec contentement, si c'est
« sa volonté. 2° Qu'aucun devoir, qu'aucune pratique du Sei-
« gneur ne sera négligée à cause de l'étude. 3° Que je ne cher-
« cherai pas la vaine louange des hommes en travaillant.
« 4° Que je rapporterai à Dieu tous mes succès. »

L'année 1827 fut une année d'épreuve pour M. d'Aulnois.
Le deuil pénétra dans sa famille par la mort de son frère
Alphonse, qui succomba dans le courant de juillet. Son âme
fut vivement émue de cette perte; car il ne se borna pas à
beaucoup prier pour son jeune frère, mais il en prit occasion
de faire une courte retraite pour se préparer lui-même à la
mort. Soumission à la volonté de Dieu et acceptation du
grand arrêt qui nous condamne tous à mourir, voilà les deux

pensées fondamentales de sa troisième retraite, commencée à Montrouge le 29 juillet 1827.

Voulons-nous savoir comment il accepta ce coup, qui l'atteignit dans ses affections les plus vives? écoutons-le : « C'est « dans les grandes miséricordes de Dieu qu'il faut se jeter, « c'est dans une profonde soumission à l'impénétrable vo- « lonté du Seigneur qu'il faut rester, lorsque Dieu frappe « ceux des êtres qui nous sont chers. Que ce triste événe- « ment me fasse sérieusement penser à moi-même, à qui « Dieu prépare peut-être aussi une mort prochaine! Quelles « sont mes œuvres? O mon Dieu, cesserai-je jamais d'adorer « et d'aimer votre sainte volonté? C'est à vous que je dois de « recevoir maintenant avec résignation, amour et reconnais- « sance la croix, les tribulations qu'il vous plaît de m'envo- « yer. Avec quelle rapidité les jours s'écoulent! Ai-je bien « pesé toutes les choses de cette misérable vie au poids de la « mort? O mon âme! vois donc un peu ce qu'est la vie; « contemple, si tu le peux, ce temps qui s'envole comme « l'éclair. Comprends-tu que tu n'es ici-bas qu'en passant, « que tu fais un court voyage, et qu'il ne faut pas compter « sur une demeure stable et permanente ici-bas?

« Allons! vanités du siècle, misères de la vie, biens, amis, « parents, études, place, tout ce qui ne viendra pas avec moi « au delà de la mort, adieu! Non, vous ne m'enchaînerez pas « sur cette terre qui s'écroule tous les jours sous mes pas. « La mort me dit qu'il faut penser à elle et se préparer à ses « coups, et travailler pour l'autre vie où elle conduit. O « mort, je comprends tes mystères! Par la grâce de Dieu et « par les mérites de Jésus-Christ je sais que tu es un gain. Tout « ici-bas n'est que vanité et affliction d'esprit. Une seule chose « est nécessaire : le royaume des cieux! Voilà ma patrie, voilà « le lieu de mon repos. Mourir est un gain; mais il faut bien « mourir, il faut mourir de la mort des saints, et pour cela

« vivre de la vie des saints. Pénitence, humilité, oraison, fer-
« veur, abnégation, charité, venez à mon secours [1] ! »

Ces vertus étaient en effet celles que M. d'Aulnois aima et
pratiqua durant les années qu'il passa à Paris de 1820 à
1830. Jamais il ne cessa de visiter les malades des hôpitaux ;
il continua à aller chaque dimanche, aux prisons, parler aux
détenus, et aux Missions étrangères catéchiser les petits ramoneurs. Les heures consacrées à ces œuvres de charité
étaient pour lui les plus douces après celles qu'il donnait à
Notre-Seigneur dans ses visites au Saint-Sacrement. Il les faisait chaque jour avec la régularité d'un religieux astreint par
sa règle. La prière soutenait son âme dans la ferveur, et il
puisait dans l'oraison la force qui lui était nécessaire. « O
« Dieu, écrivait-il un jour, l'oraison voilà un moyen fonda-
« mental de salut, une grâce suréminente, le principe de la
« vie spirituelle après l'adorable Eucharistie. Ce sera pour
« moi la plus sérieuse de mes obligations et la plus agréable
« de mes occupations. » Il ajoutait, en se servant d'une com-
paraison familière à saint François de Sales : « Je ne vous
« demande pas, Seigneur, des consolations spirituelles; c'est
« du pain qu'il faut et non pas du sucre pour nourrir et en-
« graisser. »

Telle fut la vie de M. d'Aulnois dans le monde; vie pure,
régulière, laborieuse, remplie de dévouement pour sa famille,
à laquelle il donnait toutes les heures qui n'étaient pas consacrées aux exigences de son emploi et aux œuvres de la charité.
Rien n'était changé dans sa détermination d'être à Dieu,
lorsque les ordonnances du 16 juin 1828 vinrent porter un
coup funeste aux établissements des Pères de la Compagnie
de Jésus. On pressentit de suite le sort qui leur était réservé.
M. d'Aulnois n'en resta pas moins leur fidèle ami. Il continua à les visiter jusqu'au départ du P. Ronsin, qui eut lieu en

1. Retraite de 1827.

février 1828. Sa retraite avait été sinon demandée, du moins conseillée par l'autorité ecclésiastique, ébranlée par les clameurs des libéraux contre l'influence qu'on lui prêtait.

Le P. Ronsin n'était pas cependant un homme remuant et capable de troubler la monarchie. Religieux sévère pour lui-même, il tenait à conduire les âmes d'élite dans la voie de la perfection, mais, au dire du P. Cahier, il manquait de fermeté.

La congrégation des pieux laïques qu'il dirigeait était alors des plus florissantes. Elle comptait près de 1,200 membres. L'abbé de Rohan et l'abbé Matthieu, tous deux plus tard archevêques de Besançon, en prirent après lui la direction. Elle subsista jusqu'en 1830, époque où un arrêté du ministère en interdit les réunions. On sait ce que devint alors la France ; comment au milieu des journées de juillet, dites *les glorieuses* s'écroula le trône de Charles X.

CHAPITRE V

M. d'Aulnois à Genève. La pension de la Grenade.

On put croire, un instant, que la chute des Bourbons allait entraîner une véritable persécution contre la religion et ses ministres. En plusieurs localités on brisa les croix érigées par les missionnaires ; les prêtres furent insultés, et beaucoup de personnages distingués prirent la fuite pour échapper aux menaces de mort. Les familles attachées à la monarchie déchue quittèrent la France et vinrent se fixer en Suisse; car lorsqu'il fut question de prêter serment de fidélité à l'élu des barricades, beaucoup de fonctionnaires, dans l'armée comme dans la magistrature, crurent leur conscience engagée et préférèrent l'exil. Fribourg devint alors la principale ville de refuge.

M. d'Aulnois, dont les traditions de famille et les sentiments avaient été franchement monarchiques, fut au nombre des émigrants ; il vint à Genève et se présenta à l'illustre **M**. Vuarin avec des lettres de recommandation très-chaleureuses.

Après l'avoir consulté sur l'opportunité d'une maison d'éducation catholique pour les jeunes gens de la haute société, il se décida à ouvrir un pensionnat dans une campagne située sur les bords du lac, dans la commune des Eaux-Vives. Cependant, comme dans toutes ses entreprises, M. d'Aulnois voulait agir selon Dieu, il fit à ce sujet de sérieuses réflexions dans sa retraite mensuelle.

Nous voyons à ce moment son âme encore flottante ; mais il est plein de confiance en la divine Providence et résigné à tout ce qui peut advenir; il écrit : « Dans quelques jours je « retourne à Paris sans savoir encore ce que la Providence fera « de moi. Resterai-je en France, ou n'y resterai-je pas? Un « pensionnat réussira-t-il ou ne réussira-t-il pas? Y aura-t-il « persécution ou non contre des hommes paisibles, contre des « chrétiens? O Dieu, je l'ai toujours dit, je le dirai toujours ! « Que votre volonté soit faite. Le temps, le lieu, la manière « me sont égaux, pourvu que je ne fasse rien autre chose que « la volonté de Dieu. Vivre ou mourir, être heureux ou mal-« heureux sont peu de chose, si on accomplit la volonté de « Dieu. Je dirai donc avec Samuel : Parlez, Seigneur, votre « serviteur écoute ; et comme saint Paul : Seigneur, que vou-« lez-vous que je fasse ? »

Pour obtenir la grâce de connaître la volonté de Dieu, M. d'Aulnois pria ; il invoqua les lumières de l'Esprit-Saint, il consulta. Qu'elles sont touchantes les supplications qui s'é-chappent de son cœur et de sa bouche ! « O Dieu, sauvez « votre pauvre serviteur, préparez-le à tout événement. Qu'il soit « toujours prêt à quitter cette vie, si vous le voulez. Point de « serment envers personne, mais empressement pour le bien « public, œuvres de charité, secours des malheureux, con-« solations à tous. Et puis laissons-nous conduire par cette « aimable Providence. Ne craignons rien ; nous sommes chré-« tiens. La vie est si courte ; la croix est notre consolation, le ciel « notre patrie. O Jésus, secours des chrétiens ! O Jésus, force « des faibles ! O Jésus, la voie, la vérité, la vie ! Sauvez l'É-« glise de France, éclairez les évêques, le clergé, les bons « chrétiens; retrempez toutes les âmes ; faites surgir de la « boue de la pauvre humanité quelque grand saint qui soit « votre envoyé [1]. »

1. Retraite de septembre 1830.

Le serment que M. d'Aulnois redoutait fut en effet demandé aux officiers civils et militaires. Le roi des Français alla même jusqu'à le solliciter de l'archevêque de Paris, qui lui fit cette belle réponse : « Le gouvernement qui aurait reçu « mon serment aurait déshonoré M. de Quélen, et n'aurait « pas honoré l'Église de France. Le Pape seul peut trancher « la question. S'il l'autorise, le serment sera prêté. »

M. d'Aulnois ne voulut pas attendre cette solution. Il régla ses affaires et revint à Genève, où il se mit en mesure de réaliser son projet. Il présenta, le 3 décembre 1830, une requête au Conseil d'État pour être autorisé à tenir un pensionnat de hautes études. Sa demande fut renvoyée à une commission qui, ayant pris des informations et les ayant trouvées très-favorables, fit son rapport le 3 janvier 1831, et accorda l'autorisation nécessaire. M. d'Aulnois s'installa à la campagne de la Grenade.

« Imaginez-vous de frais bosquets, » dit un de ses anciens élèves qui a consacré quelques pages à sa mémoire, « de sinueuses allées, des gazons fleuris, au milieu desquels « plusieurs villas étaient semées, un petit port que cares- « saient les flots azurés du Léman. Telle était l'institution, à « laquelle une grenade, ornant le fronton d'une des villas, « donnait son nom.... [1] »

C'était le séjour enchanteur qu'avait choisi M. d'Aulnois pour y fixer son pensionnat. Il avait avec lui comme professeurs : M. Audley, qui s'est consacré aux hautes études ; M. Joseph Brun, du diocèse de Versailles ; M. l'abbé Stocker.

« A la Grenade, dit M. de Chaumont, les avantages de « l'éducation publique et ceux de l'éducation privée étaient « réunis. Les élèves, dont le nombre ne devait jamais dépas-

---

1. *L'abbé d'Aulnois et le pensionnat de la Grenade*, par Gaston de Chaumont. Genève, 1868.

« ser vingt, étaient placés les uns isolément, les autres en
« compagnie d'un camarade sous la direction spéciale d'un
« gouverneur. Ces gouverneurs, qui étaient italiens, alle-
« mands, anglais, polonais, dont l'un avait fait de fortes
« études historiques, dont l'autre avait approfondi les sciences
« naturelles, devenaient professeurs à certaines heures et
« cessaient de consacrer leurs soins à un ou deux élèves
« pour se faire entendre de tous, pour apprendre à tous leur
« langue.

« M. d'Aulnois était notre premier professeur. Il nous fai-
« sait plusieurs cours de la manière la plus distinguée, et
« formait surtout notre cœur en toute occasion. »

Ajoutons encore à cet éloge tracé par un de ses élèves ces
paroles qui peignent bien la reconnaissance dont leur cœur
était pénétré : « Nous l'aimons tous comme un père et comme
« un frère. Il avait l'art sublime de gagner les cœurs. Quand
« nous avions commis une faute, il nous mandait dans sa
« chambre, et là en tête-à-tête, il nous faisait comprendre en
« termes touchants la peine que nous lui avions causée, et
« bientôt un flot de larmes baignait les yeux des plus insen-
« sibles. Le coupable se jetait aux genoux du bon maître et
« sollicitait un pardon toujours accordé....[1] »

Au point de vue moral et religieux, l'établissement de la
Grenade présentait les meilleures garanties aux parents.
L'esprit de la maison était excellent. M. d'Aulnois y avait im-
primé un caractère essentiellement catholique. On se rappelle encore à Genève la bonne tenue de ses jeunes élèves
aux offices de la paroisse de Saint-Germain, auxquels ils as-
sistaient avec une très-grande régularité. Souvent ils pre-
naient part aux chants religieux dans les exercices des missions ou du Carême. On les voyait communier avec piété aux
principales fêtes.

1. *Ibidem.*

Il existait à la Grenade une règle qui, conforme aux ordonnances ecclésiastiques, nous montre la double sollicitude du maître chrétien de cette maison. Chaque fois qu'un élève était retenu trois jours au lit pour un malaise, on avertissait tout à la fois le prêtre et le médecin.

Cet établissement a compté, parmi les élèves, plusieurs jeunes gens polonais, entr'autres : les comtes Potoski, Lubinski, Mjcielski et Jezierski, dont les parents, membres de l'émigration, étaient fixés dans les environs de Genève. D'autres, appartenant également à des familles distinguées, étaient venus de France, entr'autres MM. de Meffrey, de Nicolay, de la Bédoyère.

Quelque occupé qu'il fût de son établissement et des jeunes gens qui lui étaient confiés, M. d'Aulnois ne perdait point de vue l'affaire capitale, sa propre sanctification. Il continuait à vivre à Genève comme à Paris, toujours fidèle à ses oraisons et à ses pratiques de piété. Lorsque ses élèves étaient encore plongés dans le sommeil, il vaquait à la prière. Chaque jour il venait à Saint-Germain assister au saint sacrifice de la messe, où il communiait plusieurs fois dans la semaine.

Au mois d'octobre 1831, on le vit disparaître, laissant à ses professeurs la surveillance, les promenades et les leçons. Où était-il allé ? A Sacconnex, chez M. le curé Ferrary, l'ami dévoué de M. Vuarin, et il lui demanda une cellule dans la paix de son presbytère, afin d'y faire sa retraite accoutumée.

Le choléra s'était déclaré à Paris et faisait de très-grands ravages. On s'attendait en Suisse à son invasion, et l'on prenait des précautions sanitaires pour se mettre en garde contre ce fléau. M. d'Aulnois voulait être prêt. Il se serait dévoué avec générosité pour servir les cholériques ; mais auparavant il tint à mettre en règle les affaires de sa conscience.

Voici comment il s'exprime :

« Cette retraite commencée sous l'assistance de saint François de Sales, le 9 octobre 1831, a pour objet :

1° De me préparer à la mort, s'il plaît à Dieu de m'appeler à lui par la maladie contagieuse qui menace ce pays.

2° De faire une confession générale.

3° De me renouveler dans le service du Seigneur et de prendre de nouvelles forces pour remplir dignement les devoirs que la Providence m'a imposés. »

Il revient dans une première méditation à la fin de l'homme; mais c'est pour lui une vérité acquise :

« O mon Dieu, s'écrie-t-il, depuis longtemps je sais que je
« suis à vous, que je dois tendre sans cesse vers vous, que je
« suis appelé à jouir de votre présence dans l'éternité. Je
« sens ma dignité de chrétien, la seule dignité véritable et
« solide. . . . . Mais où sont les vertus qui devraient découler
« de tant de conviction et de foi? Où est cette vie vraiment
« intérieure et ce mieux que le Seigneur attend de ceux qu'il
« éclaire et qu'il comble de ses grâces? »

Il ne s'agissait pas pour M. d'Aulnois d'un changement de vie, mais d'un perfectionnement dans ses habitudes chrétiennes. Aussi c'est de ce côté que se tournent toutes ses résolutions.

C'est le péché véniel qu'il veut de plus en plus éviter et fuir. « Le moindre péché véniel ne devrait-il pas nous faire
« verser des larmes amères et abondantes? Quelle ingrati-
« tude que le péché! Hélas ! c'est qu'on ne connaît pas Dieu ;
« c'est qu'on ignore entièrement Notre Seigneur Jésus-Christ.
« Il s'agit d'être pur de cœur, de corps et d'esprit, d'être
« humble et simple, doux et patient, détaché des choses de
« la terre, de ne vouloir que ce que Dieu veut, comme il le
« veut et quand il le veut, de bien remplir ses devoirs d'état,
« de bien prier, de bien communier, d'être mortifié. Le Sei-
« gneur fera le reste. »

C'est dans ces sujets qu'il se complaît, et lorsqu'il médite sur l'Eucharistie et l'Oraison, il dit :

« Tout est là. L'Eucharistie ! c'est l'invention par excel-
« lence de la charité de Jésus-Christ, l'ineffable mystère de
« l'union de la Divinité avec l'homme, l'image du bonheur
« du ciel, l'avant-goût de ses divines voluptés, le gage de
« l'immortalité, le pain de la vie éternelle. L'Oraison ! elle
« est la vie de l'âme après l'Eucharistie. »

Aussi, dans ses résolutions, met-il ces deux articles :

« Une demi-heure d'oraison.

« La communion deux ou trois fois la semaine.

En quittant au bout de quatre jours le modeste toit du curé de Sacconex, il rentre à la Grenade et reprend courageusement ses occupations ordinaires, en bénissant Dieu des grâces qu'il prodigue à son serviteur et en priant pour tous.

« Que la bénédiction de Notre Seigneur Jésus-Christ soit
« sur moi, ma famille, mes amis ou ennemis, sur ceux qui
« m'ont aidé dans l'affaire du salut, sur l'établissement de
« la Grenade, qui est à Dieu et que je remets de nouveau
« sous la garde de la Sainte-Vierge et de saint François de
« Sales. »

CHAPITRE VI

M. d'Aulnois chef d'Établisssment.

Nous avons encore sous la main des notes de M. d'Aulnois relatives à l'ordre qui régnait dans sa maison, et la sage direction qu'il aurait voulu imprimer à tous les maîtres et gouverneurs employés par lui, afin que la piété arrivât jusqu'à ses élèves.

M. d'Aulnois avait eu un double but en ouvrant la pension de la Grenade : il voulait donner aux jeunes gens confiés à ses soins une éducation solidement chrétienne, et les former aux devoirs sérieux de la famille. Il cherchait en même temps à tirer parti de ses talents, afin de créer une position à sa sœur et à sa mère.

C'est vers ce dernier but que convergeaient depuis dix ans tous ses efforts. Cependant il ne perdait pas de vue la pensée principale, qui avait été comme l'étoile polaire de son existence. Être à Dieu sinon dans un ordre religieux, du moins dans le sacerdoce. Plusieurs fois il consulta le vénérable curé, M. Vuarin, qui le confirma dans l'idée de servir Dieu dans le monde aussi longtemps que la position de sa famille l'exigerait, et d'entrer ensuite au séminaire.

Après une conversation avec son vénérable directeur, M. d'Aulnois écrivit à Mgr l'archevêque de Paris une lettre que nous aurions été heureux de retrouver, mais qui a été pro-

— 43 —

bablement égarée ou détruite dans les bureaux de l'archevêché. Nous avons du moins la réponse de Mgr de Quélen,
que nous nous ferons un devoir de citer en entier ; elle con-
firme d'ailleurs tout ce que nous avons dit sur le zèle de M.
d'Aulnois pour les œuvres pies durant les années passées au
ministère des finances.

« Paris, le 14 avril 1832.

« Monsieur,

« La lettre que vous m'avez adressée le 5 de ce mois et la
« résolution dont vous me faites part m'ont sensiblement
« touché. Je bénis Dieu de ce qu'il vous donne le courage
« de vous consacrer à lui à une époque où tant d'autres l'a-
« bandonnent. Sans avoir le plaisir de vous connaître per-
« sonnellement je n'ignore pas néanmoins les bonnes œuvres
« auxquelles vous vous êtes autrefois consacré à Paris, et
« vos relations passées avec Mgr l'Évêque de Versailles;
« aussi votre détermination m'édifie plus qu'elle ne m'étonne.
« Je ne vous envoie donc qu'un simple démissoire dont vous
« ferez usage, suivant que la prudence de Monsieur le curé
« de Genève en décidera. Je regrette beaucoup que vous ne
« puissiez venir vous former aux habitudes de votre nouvel
« état auprès des respectables Messieurs de Saint-Sulpice.

« HYACINTHE, archevêque de Paris. »

Il est évident que M. d'Aulnois avait, dès cette époque, résolu de se vouer au salut des âmes dans la paroisse de Genève;
mais le moment voulu et fixé par la divine Providence n'é-
tait pas encore arrivé. Il fallut continuer ses leçons de professeur. Il les donnait avec entrain, mêlant aux études littéraires qui ornent l'esprit les exercices du corps propres au
développement des forces du jeune homme.

« Il partageait tous nos jeux, dit cet ancien élève de la Gre-
« nade que nous aimons à citer, il les activait. Très-bon gym-
« naste, il nous encourageait à nous exercer sur des engins
« de gymnastique. Très-bon nageur, il se jouait avec nous
« pendant les mois chauds au milieu des ondes. » Nous l'a-
vons en effet entendu plusieurs fois raconter ses parties de
natation, et le service qu'il rendit un jour à une malheureuse
dame qui, dans un accès de désespoir, s'était jetée à l'eau.
Aux cris de détresse qu'elle poussait M. d'Aulnois s'élance
tout habillé dans le lac, nage, sauve cette femme qui se noyait
et la rend à sa famille.

M. d'Aulnois comprenait toutes les exigences d'une éduc-
cation mâle et supérieure. Il cherchait à fortifier ses élèves
par des courses fréquentes dans les montagnes, dont l'air
pur est favorable à la santé. Il les conduisait habituellement
en promenade au Salève, dont les pentes au printemps sont
couvertes de fleurs, surtout chères aux botanistes. Pendant
les vacances, il entreprenait avec eux des excursion alpestres
et gravissait les pics de la Suisse et du Tyrol. Deux fois à la
tête de sa joyeuse caravane il visita les glaciers de Chamounix
à une époque où la vallée était encore couverte de neige. Les
grandes scènes des Alpes l'enthousiasmaient et élevaient son
âme à Dieu. En face de ces masses imposantes, il donnait à
ses jeunes compagnons de voyage des leçons sur les harmonies de la nature et la puissance du Créateur.

« Rien ne me paraît beau, écrivait-il un jour, comme la
« nature. Au seul souvenir des délicieux moments passés en
« présence des grandes scènes de la nature, au pied du Mont-
« Blanc, dans les suaves et mélancoliques vallées des Alpes,
« au bord des lacs, mon âme est attendrie. Je jouissais de
« Dieu dans la contemplation de son ouvrage. Je me rappelle
« qu'étant sur une haute montagne de Suisse, j'apercevais
« toute la chaîne des Alpes, et au fond de la vallée je distin-
« guais à peine ce que dans d'autres contrées on appellerait

« déjà des montagnes ; le torrent me paraissait un fil blan-
« châtre ; enfin j'étais à 7 ou 8,000 pieds du fond de cette
« vallée. Un pas en avant me précipiterait dans un horrible
« abîme. Eh bien, depuis Jésus-Christ, la foi est plus solide
« pour moi que le rocher gigantesque où nos pieds sem-
« blaient collés !

« Quel appui pour l'âme, pour la raison, pour la volonté !
« Quel repos ! L'homme sans foi me paraît comme une masse
« d'eau précipitée, se brisant de rochers en rochers ; mais
« l'homme de foi, c'est le voyageur, calme admirateur, qui
« est appuyé sur son bâton le long des eaux bouillonnantes.
« Heureuse foi de Jésus-Christ, ma vie et ma force, soyez
« toujours la base de mes pensées. »

Voici encore quelques-unes de ses émotions en face de la
nature.

« Dans ces moments de solitude et de silence, en présence
« de cette nature gigantesque qui m'entoure de toute sa magni-
« ficence, de son éternelle immobilité, de ces monts, qui pour
« le chrétien élèvent le cœur et le regard vers le ciel, je de-
« manderai au Dieu de la nature, source du bien, le bien par
« essence, je lui demanderai humblement de m'ouvrir les
« yeux et de placer sur mes lèvres le cantique du céleste amour.
« O mon Dieu ! pourrai-je détruire ma nature ? Ferai-je que
« la plus petite comme la plus imposante de ses beautés ne
« produise plus d'impression sur mon âme ? Non, je ne le
« ferai pas. Vous avez voulu que l'homme trouvât dans ce
« spectacle une jouissance toujours nouvelle et une leçon sans
« cesse renaissante. Mes yeux jouiront donc de ces merveilles,
« et elles donnneront à mon être une sorte de quiétude et de
« repos qui est, après tout, le sentiment d'une contemplation
« divine. Cent fois j'ai rêvé la vie paisible de l'habitant des
« vallées profondes en présence de ces sommets immenses
« des montagnes. Combien de fois je me suis arrêté au bord
« du torrent impétueux, qui roule depuis des siècles ! J'y ai

« vu l'image des révolutions sociales ou d'un cœur déchiré
« par les passions ; je me suis vu si peu de chose, moi et tant
« de générations qui ont passé aussi vite qu'un de ces flots
« qui se brise sur le rocher et se dissipe en poudre au-dessus
« du flot qui le poursuit. »

Qu'il fût en course ou en voyage, M. d'Aulnois ne perdait
jamais de vue sa vocation, et il s'y préparait, joignant la prière
à l'étude, et appelant de toute son âme le moment où il pourrait renoncer au monde, qui lui paraissait par ses exigences
le mettre petit à petit sur la voie du relâchement.

Étant en 1835 à Servoz, petit village situé au pied des glaciers du Mont-Blanc, entre Sallanches et Chamounix, il médite sur l'appel de Dieu et sur les dispositions de son âme.
Laissons-le parler :

« Je suis à Servoz, aujourd'hui 22 septembre 1835. Les jeu-
« nes gens que j'ai amenés dorment. Le plus grand silence
« règne autour de moi. Je suis seul, ou plutôt je suis en pré-
« sence de Dieu, ayant cherché plusieurs fois dans la journée
« à l'église, et cherchant encore à ranimer mon âme pour la
« porter à une reconnaissance plus effective, à une pureté
« d'intention plus entière. O mon Dieu ! quel abîme de misè-
« res que le cœur de l'homme ! Quelle ignorance et quelle
« faiblesse dans son esprit et sa volonté ! O adorable Sauveur,
« je vois mes mauvais penchants, mes défauts, mes péchés de
« chaque jour ; je les déplore, je les déteste et le lendemain
« je les vois renaître. Je reconnais qu'il faudrait être morti-
« fié, humble, doux, charitable ; et où sont les effets de cette
« vue si vive ? Servir Dieu, sauver son âme, gagner le ciel,
« mener une vie sainte, travailler au salut des âmes, voilà
« l'alpha et l'oméga : voilà la fin et le but de la vie.

« O mon Dieu ! comme votre grand Apôtre, je vous dirai
« humblement : Que voulez-vous que je fasse ? Il me semble,
« sauf illusion, que je ne désire sur la terre qu'une seule

« chose, c'est d'être prêtre. Dieu n'a pas encore permis que
« je le fusse. Il faut donc attendre ; mais, du reste, répétons
« sans cesse : Seigneur que voulez-vous que je fasse ? »

La pension de la Grenade avait été spécialement fréquentée
par les enfants des plus nobles familles de l'émigration polo-
naise. Sur la fin de 1835, le czar Nicolas rendit un ukase par
lequel il retirait tous les passeports à ses sujets qui habitaient
l'étranger. Pour ne pas s'exposer à un séquestre sur leurs
propriétés, les Potoski et les Lubienski durent regagner leurs
foyers et retirer de pension leurs enfants, dont l'éducation
n'était pas achevée.

Toutefois, comme ces familles avaient apprécié le mérite de
M. d'Aulnois, elles le conjurèrent de vouloir les suivre en
Pologne pour continuer ce qu'il avait si bien commencé, en
lui faisant les offres les plus avantageuses sous le rapport des
appointements. C'était une question de vie ou de mort pour
la pension de la Grenade. Pouvait-elle subsister en restant ouverte seulement aux familles catholiques de la France et de
la Suisse ? Telle fut la question que se posa devant Dieu
M. d'Aulnois.

L'ouverture de cet établissement avait été providentielle,
il ne pouvait pas en douter. Cette maison cessait-elle de l'être
après six ans ?

M. d'Aulnois, voyant dans les avantages qu'on lui offrait un
moyen d'assurer à sa famille une position honorable, et par
là même de réaliser plus promptement le projet qui avait été
le rêve de toute sa vie, accepta les propositions qui lui
étaient faites. Il mit toutefois pour condition que tous les élèves qui étaient sous sa direction pourraient, si leur famille le
voulait, trouver place au château qu'il occuperait.

M. d'Aulnois, qui avait eu l'habitude de mettre l'autorité
ecclésiastique au courant de ce qui se passait dans sa pension,
communiqua à S. G. Mgr Pierre-Tobie Yenny, évêque de
Lausanne et de Genève, ce qu'il appelait la mort de la Grenade

et le projet qu'il avait d'établir sa mère et sa sœur à Fribourg, où se trouvait réunie une partie de l'émigration française.

Voici la réponse honorable qu'il en reçut :

« Fribourg, 7 Février 1836.

« Bien que la mort dont vous me parlez dans votre lettre
« du 5 courant, soit tout à fait volontaire et même hono-
« rable, plusieurs cependant en porteront le deuil, et je suis
« de ce nombre.

« Cependant, ce qui meurt de cette espèce de mort à Ge-
« nève peut revivre ailleurs. En quittant la Grenade, l'âme
« de cet établissement ne perd rien de sa vie, et cette vie sera
« tout à l'avenir, comme au passé, pour le bien de la reli-
« gion et la gloire de Dieu.

« J'applaudis à la détermination que votre mère et votre
« sœur ont prise de se fixer à Fribourg. Il me sera bien agré-
« able de leur donner, selon les occurrences, quelques mar-
« ques de l'intérêt que je leur porte, comme aussi de l'estime
« spéciale et respectueuse que je vous ai vouée, avec laquelle
« je serai toujours, etc.

« P.-TOBIE. »

Les rapports de société qu'avait eus Mme d'Aulnois, à la pension de la Grenade, avec les familles catholiques de Genève, l'empêchèrent d'aller s'établir à Fribourg, comme elle l'avait projeté. Elle resta donc à Plainpalais, où elle est morte le 1er janvier 1861.

CHAPITRE VII

M. d'Aulnois en Pologne.

C'était au commencement de l'année 1836. M. d'Aulnois avait fait ses apprêts de départ. A cette époque, les lignes de chemins de fer ne sillonnaient ni la Suisse ni l'Allemagne. Il fallut donc faire le voyage à petites journées. M. d'Aulnois, accompagné de ses élèves, leur montra tout ce qu'il y avait d'instructif et de curieux dans les contrées qu'il eut à traverser. Il leur rappelait sur place les souvenirs historiques qui se rattachaient aux diverses localités. Il visita les plaines où furent livrées les plus célèbres batailles de l'empire, et, l'histoire à la main, il étudiait les mouvements de la grande armée qui alla finir si tristement dans les neiges de la Russie.

Arrivé en Pologne, M. d'Aulnois organisa immédiatement un cours d'étude, proportionné à l'âge des jeunes gens dont la direction lui était confiée. Il s'installa à Grabow [1], dans un corps de bâtiment isolé du château de Jezierski. Un vaste parc permettait à ses élèves des courses à cheval. M. d'Aulnois jouissait là de tout le confortable de la vie, qui aurait pu lui faire oublier sa vocation, si elle n'eût été solide. Rien

1. Grabow (Grabowiec) à 9 milles de Polongue, 15 lieues au nord de Varsovie, à 1 lieue et demie et au sud de Pułtusck, dans le Palatinat de Varsovie.

n'eût été plus facile pour lui que de suivre les fêtes brillantes
qui se donnaient au château. Il pouvait y figurer comme un
gentilhomme rempli de distinction. Sa grâce était parfaite.
Chacun était rempli pour lui de prévenances et de délicates
attentions. On mettait à sa disposition tout ce qu'entraîne en
fait d'équipages et de chevaux le luxe d'une grande maison.
M. d'Aulnois ne se laissa pas glisser sur la pente d'un relâchement qui aurait pu énerver son âme et lui faire perdre
de vue sa vocation.

Il le comprit de suite ; aussi prit-il des précautions, en
ajoutant à la sévérité de sa vie une réserve plus grande ; et
au lieu de rechercher les plaisirs, il s'imposa des actes de
mortification.

D'abord il sentit le besoin de raffermir sa foi, en continuant
ses méditations journalières et ses retraites mensuelles. « La
« vie chrétienne, écrivait-il, la vie de foi est antipathique
« avec la vie du monde. Le but de la vie, les moyens, les
« principes, les jouissances, les désirs sont entièrement diffé-
« rents, non que le chrétien ne puisse vivre au milieu du mon-
« de, il le peut, il le doit souvent ; mais alors il se prête,
« mais il ne se donne, il ne se livre pas. C'est le combat éter-
« nel de la cité de Dieu et de la cité du monde, de la grâce et
« de la nature, du vieil homme et de l'homme nouveau. C'est
« donc une pensée salutaire que de se fortifier dans le senti-
« ment de la foi pratique, actuelle, présente, qui devient
« comme l'élément principal de toutes les actions, les puri-
« fie, les divinise et donne à tous les autres sentiments quel-
« que chose de régulier et de fort qui prépare à la solide
« vertu.

« O mon Dieu, ajoutait-il, comme l'homme est peu de
« chose ! Je me souviens en ce moment de pensées de vanité
« si puériles où on tombe à chaque instant, et qui sont bien
« humiliantes. Un habit, un cheval, un chien vous servent à
« vous faire passer pour riche et aisé. Ainsi va l'homme.

« Mon Dieu, ayez pitié de lui ! Si l'esprit de foi était là, tout
« cela glisserait comme l'eau sur le marbre, sans laisser
« d'empreinte. Prenons garde à ces pensées de vaine gloire
« et de vanité [1]. »

Quant à ses nouveaux devoirs, voici comment M. d'Aulnois
les comprenait :

« Cinq enfants me sont confiés pendant quatre ans. Mon
« but principal est de leur bien faire connaître, aimer et pra-
« tiquer la religion, de leur donner le plus de science possi-
« ble réglée par la foi, et de former leur caractère pour en
« faire de bons chrétiens, des hommes utiles et qui trouvent
« en eux-mêmes pour combattre les défauts de leur nature
« et de leur position, des ressources qui les dirigent et les
« maintiennent dans le bien. De là, pour moi, devoirs de sur-
« veillance minutieuse, de bon exemple, d'instruction solide,
« de fermeté et de douceur [2]. »

La correction est nécessaire dans les soins de l'éducation,
mais elle coûtait à M. d'Aulnois. En la faisant il évitait avec
soin les paroles qui auraient pu blesser. Dans sa bonté de
cœur, il tournait alors contre lui toute sa sévérité. « Il faut,
« avait-il mis dans ses résolutions, s'imposer une pénitence
« chaque fois que la correction de mes élèves devient dure,
« blessante, et faire tous les efforts possibles pour arriver à la
« douceur de saint François de Sales. » Parfois la tâche était
difficile, et il pensait naturellement à son pays, à sa mère, à
sa famille. Qui n'a pas ses heures de défaillance dans une vie
toute vouée à des jeunes élève ! Ils ne correspondent pas
toujours à la bonne volonté d'un maître désireux de leur
avancement. Qui loin de son pays n'a rêvé aux douceurs
du foyer ?

1. Retraite de 1837. Grabow.
2. Minsk, 1839.

Nous trouvons la vive expression d'une de ces heures de tristesse au souvenir du lac de Genève et de ses beaux horizons, dans une page pleine de mélancolie, écrite par M. d'Aulnois au milieu des steppes de l'Ukraine. Qu'on nous permette de la citer.

« Venez, ô mes belles montagnes ! ô les eaux limpides de
« mon lac, venez parler à mon âme ; elle est solitaire ; elle
« est triste ; elle gémit sous des peines que Dieu seul con-
« naît. C'est alors qu'elle a besoin du Ciel, de la nature, de
« l'harmonie pour calmer ses brisements et ses amertumes.
« Ou bien encore je m'envolerai sur les ailes de l'imagina-
« tion, franchissant l'espace, le temps. J'irai errer sur vos
« délicieux rivages à cette heure mystérieuse du soir où l'oi-
« seau cesse de chanter, où le soleil ne rougit plus les cimes
« du Jura...

« Ces eaux calmes, et la nature silencieuse, et ces douces
« clartés qui s'épandent indécises et mystérieuses sur ces
« ravissantes collines ne semblent-elles pas comprendre ma
« peine ? Elles ont écouté mes gémissements, elles laissent
« mon cœur se dilater dans un air pur et mon âme pleurer,
« prier et contempler ce ciel magnifique, notre espérance et
« notre gloire...

« Les voix humaines sont impuissantes à consoler, mais la
« voix du Dieu suprême retentit avec une suavité indicible
« au bord des eaux tranquilles, au fond des forêts antiques,
« au pied des monts. Combien de fois mon cœur a palpité
« d'adoration et d'amour dans ces instants de solitude ! C'é-
« taient sans doute les anges des belles nuits qui avaient pitié
« de moi. Et quand reviendront-ils ces rares instants ? Ceux
« de la souffrance sont de tous les jours, puisque nous nous
« portons nous-mêmes et que nous vivons avec les hommes.
« Mais quand reverrai-je ma solitude de Cologny, ce rocher
« battu de la vague monotone où je me suis si souvent arrêté ;

« jamais je ne l'ai quitté sans avoir retrouvé le calme et le
« courage.

« Et quel courage il faut dans ce sentier difficile de la vie !
« Toujours monter, jamais s'arrêter et si souvent des chutes,
« si souvent des ronces et des épines [1] ! »

Ces moments empreints de tristesse étaient rares dans la
vie de M. d'Aulnois, vie toujours active et toujours occupée.
Ce qui les provoquait le plus souvent, c'était la vue des dé-
sordres de la société, du triomphe du mal, l'oubli de Dieu et
le péché.

L'accablement n'était pas long. M. d'Aulnois se relevait
avec énergie en pensant à Dieu. Il puisait de nouvelles forces
au pied de son crucifix, en songeant que chaque jour qui s'é-
coulait le rapprochait du but suprême de toute sa vie.

« Être en France, en Suisse, en Pologne, c'est égal. Peut-
« être suis-je quelquefois découragé de la carrière de l'édu-
« cation; c'est faiblesse. Courage, patience encore. Sans
« doute je regarderai comme un bonheur d'être avec ma
« mère et ma sœur, car elles seules m'aiment véritablement,
« mais quand Dieu voudra. Le seul désir profond, qui dure
« depuis vingt ans, c'est d'entrer dans l'état ecclésiastique, y
« entrer avec les intentions les plus pures. *Ad majorem Dei*
« *gloriam*. O mon Dieu, réalisez ce désir, si c'est pour la gloire
« de votre sainte Église et pour mon salut. »

Cette pensée faisait palpiter son cœur, et dans un saint
enthousiasme il s'écria un jour :

« *Quam dilecta tabernacula tua, Domine, concupiscit et defi-
« cit anima mea in atria Domini.*

« O mon Dieu ! je vous la dis cette belle parole dans toute
« l'effusion d'une âme qui, ce matin, dans votre sainte maison,
« est allée se nourrir du Dieu même des vertus et qui célèbre
« dans le silence et la solitude la fête de votre Sacré-Cœur,

---

1. Feuillet écrit en 1829.

5.

« et qui s'écrie si souvent, vous le savez, ô mon Dieu : *Con-*
« *cupiscit et deficit anima mea in atria Domini.* Et alors avec
« quelles délices je vous dis avec David : *Cor meum et caro mea*
« *exultaverunt in Deum vivum.*

« O Dieu de mon âme, comme le passereau a une demeure
« et la tourterelle un nid, moi aussi je vous demande de me
« donner une retraite auprès de vos autels. *Altaria tua, Do-*
« *mine virtutum.* Oui, mon Dieu, c'est le mot, près de vos
« autels. Vous le savez, depuis dix-neuf ans j'attends cet
« heureux jour où je m'approcherai pour toujours de votre
« sanctuaire ; vous savez si c'est avec une intention pure, ô
« Dieu sauveur, vous savez mes désirs, mon espérance ; vous
« voyez mes tressaillements lorsque l'évêque consacre un
« prêtre ; vous voyez ma fidélité et mon amour pour votre
« sainte Église, et mes brisements de cœur, lorsque je consi-
« dère ses calamités, ses combats et les vides du sanctuaire,
« et l'ignorance, la faiblesse et la méchanceté des hommes.

« O Dieu de mon cœur et de mon esprit, un seul jour dans
« votre maison vaut mieux que mille partout ailleurs. Déjà
« j'ai l'onction du baptême et celle de la confirmation ; vous
« ne me défendrez pas de désirer la troisième. Je ne vous
« demande pas des dignités, des honneurs, de l'éclat; comme
« David je dirai : *J'aime mieux être le dernier dans la maison*
« *du Seigneur, que d'occuper les premières places dans les ten-*
« *tes des méchants* [1]. »

Le château de Grabow confinait à l'église de la paroisse,
dont la tour élancée et surmontée de la croix dominait les
groupes de verdure. Combien M. d'Aulnois était heureux de ce
voisinage, qui lui permettait d'être fidèle à ses visites du Saint-
Sacrement. C'est là que, tous les premiers vendredis du mois,
il allait méditer sur le mystère ineffable du cœur de Jésus,

---

1. Retraite mensuelle, 1838.

s'abandonnant à tous les épanchements de sa foi. En voici
un exemple :

« Jouissons de notre foi dans ce cœur adorable ; dilatons
« notre cœur à nous, pour qu'il s'unisse au cœur de Jésus.
« Laissons s'échapper nos vœux, nos douleurs, nos espérances,
« nos pieux élans. Oui, sans discours, sans paroles, sans tra-
« vail, parlons à ce cœur de Jésus homme, de Jésus Dieu.
« Passons sans méthode, sans effort, de l'amour de simple
« contemplation à l'humilité de notre misère, de la contri-
« tion à l'espérance, de l'adoration, de la foi à la demande,
« à la familiarité. Parlons à l'ami véritable qui voit la prépa-
« ration, l'intention du cœur et pour qui c'est tout ; au père
« qui aime l'enfant prodigue repentant, au bon pasteur, à
« l'ami de Lazare, des petits enfants, des pauvres, du publi-
« cain, de ceux qui pleurent, de ceux qui sont purs, simples
« et doux...

« O Jésus, que vous dirai-je ? Tout et rien. Je reste devant
« vous, j'attends un rayon de votre cœur, et s'il passe à
« travers mon cœur, qu'ai-je à dire, que demanderai-je ?
« *Amen :* c'est assez. Et alors un seul soupir parti du fond du
« cœur dit tout à Dieu ; un seul regard vers le ciel pénètre
« au delà de tous les soleils...

« Ainsi soit-il. Qui me séparera donc de l'amour de Jésus-
« Christ ? Que soit à jamais adoré et aimé le cœur de Jésus
« au saint Sacrement de l'autel ! »

Voici une note datée de Minsk qui indique commen
M. d'Aulnois jugeait la vie, et comment il se mettait dans
ses méditations en face de la mort et de l'éternité.

« J'entre dans ma trente-septième année ! Je ne monte
« plus la montagne de la vie ; c'est un moment d'arrêt sur le
« sommet, et tout à l'heure il faudra descendre. M'en plain-
« drai-je, ô mon Dieu ? Non ; le présent, le passé, l'avenir,
« tout est à vous, et votre Providence miséricordieuse con-
« duit tout pour le salut de vos élus. Mais la vie est courte, et

« lors même que la mienne se prolongerait encore, je suis au
« delà de la moitié de ma course, et le terme du voyage appro-
« chera plus vite. Le dernier jour est tout pour le chrétien,
« et celui qui meurt bien, vivra éternellement heureux d'un
« bonheur que mon âme désire comprendre, dont elle a quel-
« que éclair passager ; bonheur qu'on désire davantage quand
« on sait par expérience que cette vie est si peu stable,
« semée de tant d'écueils, remplie de tant de peines et de dé-
« ceptions ; lorsqu'on voit ce qu'est le monde, vie d'illusions,
« d'espérances déçues, d'inquiétudes constantes, de faiblesses
« et de péchés. La mort est donc un gain. Mais la bonne mort
« est un don de Dieu, qui n'est accordé qu'à ceux qui ont bien
« vécu. Il faut donc réparer pour le passé, agir pour le pré-
« sent et préparer pour l'avenir.

« Pourquoi vivre ? si ce n'est pour Dieu, uniquement pour
« Dieu ! Une bonne fin, voilà quelle doit être l'idée fixe de mon
« âme [1] ! »

M. d'Aulnois avait vu en cinq années sa position s'amélio-
rer notablement. Ses hauts appointements et quelques spécu-
lations agricoles auxquelles il prit part lui permettaient déjà
de fixer dans sa pensée l'époque où il aurait assuré à sa mère
des moyens d'existence, et où, par conséquent, il irait frapper à la porte du sanctuaire.

« Le sort de ma mère et de ma sœur, écrivait-il en 1839,
« est assuré ; leurs vieux jours seront tranquilles. A Dieu seul
« gloire, reconnaissance, amour ! Qui peut comprendre et
« aimer assez la divine Providence de Dieu ? Il ne me reste
« donc plus qu'à me préparer, si Dieu le permet, à entrer
« dans trois ou quatre ans dans l'état ecclésiastique, non
« pour y trouver un lâche repos ou des ressources d'exis-
« tence, que par le secours de la Providence et mon travail

1. Minsk 1839.

« je possède déjà, mais pour travailler avec une entière re-
« connaissance, avec un désintéressement absolu, avec un
« zèle ardent au salut des âmes. »

Dès lors sa vie est encore plus intérieure. Il a beau parcou-
rir les villes principales de la Pologne, assister aux revues militaires, prendre part aux chasses, toujours son âme est occupée de Dieu. Connaître, aimer, agir, c'est tout l'homme, dit-
il avec saint Augustin. Sa vocation est comme sa boussole. Il
ne la perd jamais de vue.

« O mon Dieu, puisque vous m'avez inspiré cette sainte vo-
« cation, changez en moi le vieil homme ; que le temps d'é-
« preuve et de préparation, qui est encore devant moi, me
« serve à fortifier, à préparer l'homme de foi, d'oraison, de
« douceur, de zèle pour faire véritablement l'homme aposto-
« lique. »

Dès ce moment, il consacre toutes ses heures libres à l'étude
de l'Écriture sainte, de la théologie et de l'histoire ecclésiastique, et il donne même à ses recherches historiques un tour
plus religieux, afin qu'un jour elles lui servent à défendre
l'Église. Pour lui, la science, la vraie science, c'est la recherche de la vérité. « La science humaine qui n'a pas Dieu pour
« point de départ, pour moyen de recherche et pour but final
« se perd dans deux abîmes, l'orgueil ou le scepticisme, ou
« bien elle se flétrit dans une lâche indifférence. »

Les années s'écoulent avec rapidité, lorsque toutes les
heures en sont bien employées. M. d'Aulnois n'en perdait
aucune. Les leçons se succédaient durant toute la journée,
et pendant que ses élèves se livraient au sommeil, il étudiait
encore. Il aurait voulu acquérir toutes les connaissances pour
en orner mieux leur esprit. Mais il revenait toujours à la foi
comme à la règle unique de toute vraie science.

« J'aime toute science, toute connaissance ; je voudrais
« connaître toutes les lois de la nature, tous les mystères de
« l'intelligence, posséder toutes les facultés du savant et des

« hommes de génie; mais je sens, je vois les bornes, les im-
« possibilités infranchissables. Le temps, la capacité, les
« forces me manquent. Il faut se contenter d'un désir im-
« mense et de quelques efforts, et tout concentrer dans la
« science par excellence qui a Dieu pour objet direct. Là
« tout est progrès, unité, force, certitude, clarté. Oui, pro-
« grès sans bornes jusque dans l'éternité.

« O mon Dieu, conservez dans le plus intime de mon âme
« la foi. Je l'aime par-dessus tout, j'y tiens du fond même de
« mon être; il me semble que je ne pourrais vivre sans elle.
« La foi est pour moi la clef de tout, le but de tout, l'espé-
« rance, l'amour et la paix. Avec elle je passe de douces
« heures. La nature entière me parle. Chaque rayon du soleil
« ou de la lune, chaque fleur, chaque mot de la Parole sainte
« est un écho du ciel. O Dieu de miséricorde, donnez-moi
« donc l'humilité de la foi; purifiez mon imagination, réglez
« ma pensée, chassez les fantômes et les illusions. Et alors
« je pourrai dire avec la même ferveur que votre apôtre: Qui
« me séparera de la foi [1] »

1. Grabow, 1840.

CHAPITRE VIII

La dernière année de M. d'Aulnois dans le monde.
Voyage à Rome.

Après une longue traversée le navigateur salue avec bonheur les côtes de sa patrie. Tel fut le sentiment avec lequel M. d'Aulnois vit arriver la fin de 1840. C'était la dernière qu'il devait passer dans le monde. Il allait enfin toucher le port.

Au commencement de 1841, il annonça aux parents de ses élèves qu'il les quitterait aux prochaines vacances. Toutefois, afin de compléter leur éducation, il fut résolu que, sous la conduite de M. d'Aulnois, ils visiteraient l'Italie, la terre classique des beaux-arts. Vainement, pour décider M. d'Aulnois à rester en Pologne, lui fit-on les offres les plus brillantes, son parti était arrêté. Le voyage fut combiné pour que les fêtes de Pâques fussent célébrées à Rome.

Le départ eut lieu le 5 février, et le 9 la caravane arrivait à Munich. Comme cette ville avait été visitée en 1836, les voyageurs en repartirent le 10, prenant la voie du Splugen. Ils visitèrent Milan, Pavie, et le 17 ils débarquèrent à Gênes dont ils purent admirer à loisir la rade, les palais de marbre et les villas magnifiques.

Rome était le but suprême du voyage. Le 4 mars, au soir, nos voyageurs saluèrent la coupole de Saint-Pierre et firent leur entrée dans la ville éternelle où ils étaient attendus par

Madame la comtesse Potoska, qui leur avait préparé un loge-
ment. Ce fut une joie bien vive pour M. d'Aulnois que d'être
sur cette terre sanctifiée par le sang de tant de martyrs, et
devenue le siége providentiel de la chaire de Pierre.

La visite des monuments de Rome commença le lundi
7 mars. Nous pourrions suivre M. d'Aulnois à Saint-Pierre,
au Vatican, aux diverses basiliques, dans les galeries, à Fras-
cati, et dans les principales villas de Rome, au jardin Far-
nèse, enfin à Tivoli dans les maisons d'Horace, de Catulle et
de Mécène, mais il nous tarde de le rencontrer le jour de
Saint-Joseph dans l'église de Saint-Louis, assistant à la messe
célébrée par Mgr Forbin, et recevant la sainte communion
« au milieu de ses six élèves, qui tous communièrent avec un
« certain nombre de personnes de la société, Français et
« Polonais, dont la piété aurait déjà réchauffé le cœur le
« plus indifférent. »

Là il fut ému par la parole pleine d'onction de l'Évêque
qui prêcha sur le ciel. En rentrant chez lui, son âme débordait de sentiments, et il écrivit les lignes suivantes qui résu-
ment ses impressions sur Rome, et qui sont comme le sceau
mis à toutes ses résolutions.

« Oh! oui; bienheureux ceux qui connaissent, qui aiment
« Jésus-Christ! Bienheureux ceux qui le cherchent dans
« l'Eucharistie! Bienheureux, mille et mille fois heureux
« ceux qui ne vivent que pour et que par Jésus-Christ la
« voie, la vérité et la vie! Bienheureux ceux qui ont la foi,
« la vraie foi, la foi simple, humble, la foi qui vient du ciel,
« qui est la source de la vraie lumière et des plus suaves sen-
« timents, la foi qui s'appuie sur la sainte Église catholique,
« apostolique et romaine! Oh! oui, bienheureux! Car ceux-
« là ont le bien suprême... O adorable Jésus! qui me sépa-
« rera de vous? O Église de Jésus, qui m'ôtera la sainte sou-
« mission? Arrière, démons de l'indépendance, de l'orgueil,

« de l'impureté, qui brisez les liens de la foi chrétienne et
« catholique.

« Vous tous, les saints et saintes de Rome, dont j'ai con-
« templé les églises, les traces du martyre, les témoignages
« de vos grandes œuvres, frères, priez pour moi ! Que je sois
« saint comme vous ; saint par l'humilité, par la pureté, par
« la charité. Sainte Marie, ma bonne, ma tendre mère, vous
« la suavité même, pour qui vous comprend, mère de Jésus-
« Christ, mère du divin amour, mère des affligés et des pé-
« cheurs, Marie, reine de toute humilité, de toute pureté, de
« toute charité, priez pour moi. Et vous, croix sainte de mon
« Jésus, croix de la sainte basilique... croix du Colisée, croix
« étendard des chrétiens, croix la plus belle des armes, la
« plus puissante des leçons, je vous baise, je vous presse sur
« mon cœur. Oh ! oui, je ne me glorifierai jamais que de Jé-
« sus et de Jésus crucifié ! !

« Reconnaissance à Dieu, reconnaissance éternelle pour
« tant de milliers de grâces de son infinie miséricorde !

« Reconnaissance à Dieu pour le séjour de Rome. O Dieu,
« bénissez les résolutions que je prends aujourd'hui à Rome,
« la ville sainte, la ville de saint Pierre et de saint Paul, la
« ville de l'unité, la ville des ruines de la vieille Rome où
« brille la croix, lumière et civilisation du monde ; aujour-
« d'hui, jour de la fête de saint Joseph, samedi consacré à
« Marie, après de mûres réflexions, de ferventes prières, au
« milieu de tant de témoignages de la foi de tous les siècles
« chrétiens ; après plusieurs communions ferventes et confes-
« sions, dont une générale m'a fait tant de bien.

« Ces résolutions, je les dépose au pied du tombeau des
« saints apôtres Pierre et Paul, plein de confiance en la mi-
« séricorde divine, et plein de défiance en moi-même.

« Au nom de la très-sainte et très-auguste Trinité, et par
« la protection de la très-sainte Marie, de mes saints patrons
« saint Charles et saint Antoine, de mon bon ange, des saints

« apôtres Pierre et Paul, je prends les résolutions suivan-
« tes :

« Je renouvelle mon vœu de chasteté perpétuelle.

« Je renouvelle mon vœu de propager la dévotion aux saints
« cœurs de Jésus et de Marie.

« Je fais vœu d'entrer dans l'état ecclésiastique, si je n'en
« suis pas trop indigne.

« Je fais vœu de dire le chapelet une fois par semaine
« quand je ne serai pas malade.

« Je promets à Dieu de m'imposer quelques pénitences ou
« privations.

« Je prends la résolution de travailler surtout à m'établir
« dans les trois vertus d'humilité, de douceur et de pu-
« reté.

« Pour cela, ne rien faire pour la vaine gloire, l'effet exté-
« rieur et les compliments.

« Mais en attendant le moment d'embrasser cette vie ré-
« glée et sainte, je m'y préparerai par une vie meilleure et
« par la prière.

« Ce sont là, ô mon Dieu, les résolutions prises à Rome le
« jour du Jubilé, le samedi fête de saint Joseph. Bénissez-
« les, sans vous je ne puis rien, mais vous pouvez tout ; je ne
« veux résister à aucune de vos inspirations dans l'ordre de
« l'avenir que je crois fermement être ma vocation. O ado-
« rable Maître, conduisez-moi, vous savez si je vous aime, si
« je veux suivre un autre étendard que le vôtre.

« O mon Dieu, sauvez votre pauvre serviteur. Jésus, Marie,
« Joseph, je suis à vous. Amen.

« A Dieu seul l'adoration, la gloire et l'amour !

« Rome, 18 mars 1841, à midi.

« Ch. d'Aulnois. »

Le parti de M. d'Aulnois était donc irrévocablement pris.
Il voulait être prêtre et un saint prêtre. Bien loin de le

détourner de sa vocation, la vue de Rome le confirma dans ce noble dessein. C'est à ce point de vue qu'il se plaça dans les cérémonies de la semaine sainte, dont il fut le témoin attentif et réfléchi. Rien ne fut perdu pour lui de ces grandes et solennelles fêtes, qui nulle part ne se célèbrent aussi pompeusement qu'à Rome.

Il y entendit chanter le fameux *Miserere* de l'office des Ténèbres. Le Jeudi-Saint il occupait une place réservée à la tribune, d'où il put voir le Souverain-Pontife lavant les pieds à douze prêtrés et les servant ensuite à table, accomplissant ainsi le *Mandatum* du divin Maître.

Le Vendredi-Saint, se confondant parmi les pèlerins qui se pressaient au Colisée, il y fit les stations du chemin de la croix avec Monseigneur l'Évêque d'Orléans.

Il rencontra aussi à Rome Mgr Dupuch, évêque d'Alger, avec lequel il avait eu des rapports intimes, lorsque celui-ci étudiait le droit à Paris. Les deux amis se trouvèrent au Colisée, où M. d'Aulnois aimait à se rendre à la nuit tombante, lorsque les derniers rayons du soleil doraient la sommité de l'imposant amphithéâtre. Deux fois ils passèrent ensemble la soirée au milieu des expansions les plus cordiales. Monseigneur racontait ses excursions dans le désert et ses rapports avec Abd-el-Kader, au moment de l'échange des prisonniers. En souvenir de leur ancienne amitié, Mgr Dupuch donna à M. d'Aulnois une lettre écrite en arabe par l'émir.

La fête de Pâques fut radieuse. Comme de coutume, le Pape donna sa bénédiction à la ville et au monde, et, le soir, la coupole fut brillamment illuminée. M. d'Aulnois ne sut que mettre en note ces mots : « Bénédiction *urbi et orbi*. Incomparable ! Indicible ! Sublime ! »

Il ne pouvait quitter la ville éternelle, sans aller se prosterner aux pieds du Vicaire de Jésus-Christ. La réception eut lieu le lundi de Pâques, jour où deux de ses élèves reçurent le sacrement de confirmation.

Les jours passés à Rome avaient été pour M. d'Aulnois des jours de bonheur. Il y avait retrempé sa foi aux sources mêmes de la plénitude des pouvoirs et aux catacombes sur les tombeaux des martyrs. Il en sortit plus décidé que jamais à quitter le monde et à servir l'Église.

Le 29 mars, il partit de Rome, et se dirigea sur Naples, dont il visita les églises et les musées. Pompéi et Herculanum attirèrent son attention, et il voulut monter au Vésuve et inspecter le cratère. Le retour se fit par Livourne, Bologne, Ferrare, Padoue et Venise. Après avoir traversé les lagunes, M. d'Aulnois gagna Trieste et revint en Allemagne, où il s'appliqua spécialement à étudier les ouvrages des philosophes allemands.

La mission de M. d'Aulnois était accomplie en Pologne. Il y avait achevé l'éducation des jeunes gens confiés à ses soins. Il leur avait servi de guide dans la plupart des grandes villes de l'Allemagne, de la Pologne et de l'Italie, en cherchant surtout à prémunir leur esprit contre les faux systèmes du rationalisme et à armer leurs cœurs contre les dangers de leur position.

Cependant, comme tous les éducateurs, M. d'Aulnois eut des déboires. Parmi ses élèves, quelques-uns, oubliant les leçons de la Grenade, ne furent pas fidèles aux traditions de foi qu'il leur avait inculquées par ses leçons; mais, du moins il pouvait se rendre le témoignage que dans la carrière de l'enseignement, il avait tout fait pour former des hommes instruits, sérieux et moraux.

Regardant sa tâche comme accomplie, il régla ses affaires en Pologne, où l'on aurait désiré encore le retenir comme professeur. Rien ne put l'arrêter. Pour lui, la quarantième année de sa vie allait s'ouvrir. C'était le moment d'accomplir ses vœux.

Par son travail persévérant et sa stricte économie, il avait réalisé ce qui était nécessaire à l'existence de sa mère. Il vint l'installer à Plainpalais, et mettre à sa disposition les revenus de sa fortune, dont il se réserva la gestion. C'est alors qu'il s'écria : « O mon Dieu, vous avez brisé les chaînes qui me « retenaient dans le monde. Vous m'ouvrez la porte du sanc- « tuaire; vous réalisez un désir ardent, toujours croissant « depuis vingt-deux années. Je vais donc, ô Seigneur, me « consacrer à vous. Que je le fasse avec toute la plénitude du « dévouement et de la charité. Dieu en tout! Dieu toujours! « Tout pour Dieu et par Dieu! »

A mesure que les jours s'écoulaient, les désirs de M. d'Aulnois devenaient plus ardents. Il lui tardait de franchir le seuil du séminaire, d'y achever ses études théologiques et morales, et d'y acquérir les connaissances pratiques, nécessaires aux lévites destinés à exercer les fonctions du sacerdoce.

« Dans trois semaines, écrivait-il le 8 octobre 1842, j'en- « trerai, ô mon Dieu, dans votre sainte maison; je serai con- « sacré à votre service; je reposerai dans la douce solitude où « l'on parle à Dieu et où Dieu se fait entendre. J'appartiendrai « à votre Église, et je veux m'efforcer, avec l'aide de la grâce, « de devenir un instrument docile, un coopérateur. Saint « Paul, aidez-moi à monter ; saint Paul, apprenez-moi à « m'abaisser. Saint Charles Borromée, mon protecteur dans « le ciel, je ne veux jamais oublier votre devise, que j'ai plus « contemplée sur votre tombeau que tout l'or qui l'environne: « HUMILITAS! HUMILITAS!! »

Enfin, ce jour attendu depuis plus de vingt ans arriva. Ayant depuis longtemps obtenu de Monseigneur l'Archevêque de Paris ses démissoires, M. d'Aulnois fit son entrée au séminaire de Fribourg le 4 novembre 1842, le jour de saint Charles, son patron.

CHAPITRE IX

M. d'Aulnois au grand séminaire de Fribourg.

Le séminaire est l'école sacerdotale, où les jeunes lévites appelés au service des autels vont étudier la théologie et se former aux habitudes de la piété. En y entrant, M. d'Aulnois avait déjà l'expérience du monde et des choses de la vie. Déjà il avait étudié en son particulier les principaux traités de la théologie dogmatique. Sa résolution de servir Dieu dans la milice sainte et de se consacrer à lui sans partage n'avait pas varié un seul jour, et depuis plus de vingt ans, examinant sa vocation, il s'était demandé devant Dieu ce qu'il devait faire pour devenir un bon prêtre.

Avant même d'entrer à l'école sacerdotale, il s'était fait de la prêtrise un idéal, qui n'était autre que la sainteté.

« Le prêtre, écrivait-il le 12 octobre 1842, est avant tout
« un homme qui doit sauver son âme, en s'efforçant de mar-
« cher dans la voie de la perfection. C'est là la grande affaire,
« l'unique affaire nécessaire. Le prêtre doit être un homme
« d'oraison, de mortification, d'abnégation, d'étude. C'est là
« sa fin, sa force, son bonheur. Il ne fait pas les vœux d'obé-
« issance et de pauvreté; mais l'obéissance et la pauvreté
« seront sa gloire et sa richesse. Ministre de l'Église au dix-
« neuvième siècle, il doit partir de ce qui est, sans rêver des
« impossibilités d'un autre temps, mais la grande possibilité

« du siècle, c'est la charité : toutes les sectes s'éteindront
« devant la charité du catholicisme.

« Le prêtre doit être un saint, car il est appelé à des fonc-
« tions qui seraient un danger pour lui, s'il n'était pas solide-
« ment établi dans l'humilité et la simplicité. Il doit être
« désintéressé, car le dieu du jour, c'est l'argent. Il doit être
« pur comme un saint François de Sales, un saint Thomas,
« car la corruption saccage horriblement le champ du Sei-
« gneur.

« Le prêtre doit être doux, patient, compatissant, car
« parmi les pécheurs et même parmi les méchants, il y a
« beaucoup de pauvres âmes égarées ou faibles. Il est le
« ministre des âmes et non pas le sectateur des opinions, des
« partis, des coteries. Pour lui, il n'y a que des âmes à sau-
« ver; grands et petits, pauvres et riches, savants, ignorants,
« catholiques à fortifier, protestants à ramener, tous à aimer,
« à gagner, à sauver pour les offrir à Jésus-Christ. »

Telles étaient les pensées de M. d'Aulnois, lorsqu'il se présenta à Mgr Pierre-Tobie, qui l'accueillit avec une grande
bienveillance, se promettant de mettre à profit pour le bien
de son diocèse le zèle et les talents du nouveau séminariste.

En entrant au séminaire, M. d'Aulnois y porta la simplicité
d'un jeune lévite, se soumettant à la règle, dont il accomplissait tous les points avec une religieuse ponctualité. « Il
« importe, se disait-il, d'être fidèle au règlement, d'abord
« parce qu'il est la règle et la vie de l'homme qui veut se
« sauver ; parce que la règle est un exercice perpétuel d'obé-
« issance et de mortification et qu'elle est un bon exemple à
« donner : se soumettre à une règle approuvée par son supé-
« rieur, c'est obéir à Dieu, c'est tout faire pour Dieu, devant
« Dieu, selon Dieu, c'est donner de la pureté et de la paix à
« la conscience, c'est donner un mérite constant à toutes ses
« œuvres. »

Après s'être pénétré de l'esprit de la règle, M. d'Aulnois en fut le strict observateur. Ponctuel pour l'heure de son lever, il était le premier à la chapelle pour y faire son adoration au Saint-Sacrement. Passant ensuite à la salle des exercices, il se plaçait avec modestie dans son banc, disposant son âme à la méditation. « O mon Dieu, disait-il, faire la « méditation, c'est vous parler, c'est vous écouter, c'est vous « aimer ; c'est la satisfaction d'un besoin intime de l'âme ; « c'est le rapport surnaturel de l'homme avec Dieu. Oui, ce « doit être le pain de chaque jour. Et quel pain ! Après la « sainte Eucharistie, quoi de plus précieux et de plus aima-« ble ! Quoi de plus fort et de plus puissant ! L'oraison doit « être continuelle. Lorsqu'on a goûté de cette eau, elle désal-« tère, elle n'éteint pas la soif. Mystère ineffable d'amour ! Il « y a dans Dieu même connaissance et amour. Dans l'oraison « c'est le Verbe et l'Esprit (*Verbum et Spiritus*) qui parlent, « qui conduisent, qui vivifient, qui unissent. Parlez, Seigneur, « votre serviteur écoute. »

Au séminaire, l'étude tenait une grande place dans les journées de M. d'Aulnois. Il s'y adonna encore avec plus d'ardeur qu'il ne l'avait fait dans le monde. Ses travaux furent les suivants : Là, il avait à se former à la pastorale, à la prédication catéchistique, à l'exégèse et à la morale. Il pensa d'abord suivre les cours ordinaires de ses professeurs, mais ses supérieurs, s'apercevant que les leçons journalières ne suffisaient pas à son activité et à ses aptitudes, le dispensèrent de suivre la classe, lui laissèrent la facilité de travailler en particulier, et de procéder, comme il en avait acquis la longue habitude, par voie d'analyse. Aux travaux journaliers sur la théologie, M. d'Aulnois joignit le résumé des méditations et des conférences, et il s'astreignit à lire chaque jour quatre chapitres de l'Écriture sainte.

Le 12 du mois d'octobre il avait déjà fait un premier travail sur le traité *De Conscientiâ*. En le soumettant au professeur de théologie, il se montra prêt à rendre compte de ce traité, en disant : « Si j'ai réussi, que Dieu soit béni ! A lui « seul la gloire. Sinon je recommencerai avec courage et pa- « tience. Dans le premier cas, humilité ; dans le second, « amour. »

En commençant l'étude spéciale d'un traité, M. d'Aulnois avait la pieuse habitude de le placer sous la protection d'un saint, afin d'en tirer le meilleur fruit possible pour sa propre sanctification et celle du prochain. C'est ainsi que nous li- sons dans ses notes : « J'ai pris saint Liguori et sainte Thé- « rèse pour protecteurs dans l'étude de la théologie morale, « saint Paul pour l'étude de l'Écriture Sainte, saint François « de Sales et saint Charles Borromée pour mes patrons « comme séminariste. Je mets spécialement l'étude de la « Sainte Écriture sous la protection de saint Paul. Grand « saint, obtenez-moi de connaître, d'aimer et d'enseigner la « sainte parole de Dieu pour la plus grande gloire du Sei- « gneur ! »

C'est ordinairement le jour de la fête de sainte Catherine que les élèves du séminaire de Fribourg revêtent l'habit ecclé- siastique ; ils se préparent par une retraite de cinq jours à prendre la livrée sacrée qui, les séparant du monde, les rend serviteurs de l'Église et disciples du divin Maître. M. d'Aul- nois commença cette retraite avec une sainte allégresse. « A « Dieu, dit-il, gloire éternelle et reconnaissance infinie de m'a- « voir amené ici. Oh ! que cette vie paisible, régulière, toute « consacrée à Dieu est délicieuse ! O mon Dieu, faites que je « vous aime. Mon âme est en paix sur le passé, en ce sens « que j'ai fait une confession générale qui sera reçue de Dieu « avec miséricorde, parce que je l'ai faite avec toutes les dis- « positions qu'il m'a été possible d'y apporter. Le présent ! « Je veux de toutes mes forces être soumis à mes supérieurs, « à la règle, à mes devoirs... Je veux, ô Seigneur Jésus, « marcher dans la voie de la sainte humilité et de la divine

6.

« charité ; ce sont là les vertus que je m'efforcerai de bien éta-
« blir dans mon cœur pendant mon séjour au séminaire. »
Pendant sa retraite M. d'Aulnois donna toute son application aux sujets qui furent prêchés et il se confirma dans la
résolution d'être, avec la grâce de Dieu, un saint prêtre.

Le matin du jour où il dut prendre la soutane, il médita
sur les obligations qui allaient en découler pour lui. Enten-
dons-le lui-même les exprimer.

« Aujourd'hui donc je serai revêtu du saint habit ecclé-
« siastique. Quel honneur et quel bonheur ! Mon premier pas
« dans la carrière sainte, je l'ai fait par un vœu il y a vingt-
« deux ans ; le second, il y a trois semaines, lorsque j'étais entré
« au séminaire ; le troisième, je le ferai aujourd'hui avec la
« plénitude de ma volonté, avec la conviction de mon indi-
« gnité à recevoir tant de grâces de Dieu, et avec le désir
« ardent d'être un saint prêtre de Jésus-Christ, un humble et
« obéissant ministre de l'Église catholique. Mon Dieu ! que
« je ne fasse jamais rien en secret ou en public qui souille le
« saint habit que vous me confiez ; habit d'humilité, de pau-
« vreté, qui ne va pas dans le monde, mais chez ceux qui
« souffrent, qui sont pauvres, qui vont mourir. Habit qu'il
« faut faire respecter par beaucoup de modestie intérieure et
« extérieure, par beaucoup de réserve et de tenue dans le
« langage, dans les gestes, dans les manières. Habit qui sera
« insulté par les méchants ou les fous. Alors gloire à Dieu.
« Habit qui doit me rappeler que je ne m'appartiens plus, et
« que je dois me tenir prêt à mourir. O mon Dieu, fixez, fixez
« mon cœur dans mes résolutions de la retraite. Vous aimer
« c'est mon tout, ma vie, mon devoir, mes délices. Non, l'é-
« ternité ne sera pas assez longue pour vous remercier de
« vos grâces. »

Voici ses résolutions relatives au port de la soutane.

« A moins de raisons très-graves dont mon Évêque, mes
« supérieurs ecclésiastiques ou mon confesseur seront les

« juges, je ne quitterai jamais mon saint habit pour prendre
« un habit séculier, ou une apparence d'habit ecclésiastique.
« Je le garderai depuis le matin à mon lever jusqu'à mon
« coucher ; en le mettant je le baiserai avec amour ; je le
« tiendrai toujours très-propre par respect pour Notre Sei-
« gneur Jésus-Christ, et je dirai en le mettant et en l'ôtant
« la petite prière suivante : Mon adorable Sauveur et Maître,
« faites que je garde avec chasteté, pauvreté, humilité et
« amour votre sainte livrée. »

Tous ceux qui ont connu l'abbé d'Aulnois savent comment
il a gardé jusqu'à sa dernière heure le respect de sa soutane et
quel fut son amour pour la propreté. Qui eût pensé qu'elle
avait été l'objet de ses résolutions dès son entrée dans le
sanctuaire ?

M. l'abbé d'Aulnois (c'est le titre que nous lui donne-
rons à l'avenir), ne cherchait dans toutes ses études que la
gloire de Dieu. Il sentait néanmoins qu'il avait à se mettre en
garde contre une certaine vanité qui l'avait dominé dans ses
premières années et l'avait suivi dans le monde. Le jour de l'É-
piphanie de l'an 1843, le supérieur du séminaire l'invita à prêcher à la communauté. M. l'abbé d'Aulnois choisit pour sujet
la présence de Dieu. Avant de monter en chaire, il dit à Dieu :
« Bénissez-moi ; si je fais bien, à vous la gloire ; si je fais mal,
« à vous encore la gloire. Je désavoue d'avance pour aujour-
« d'hui et pour toujours, toute pensée de vaine gloire et
« d'orgueil, toute pensée de découragement qui est aussi un
« orgueil déguisé. Je vous le dis, ô mon divin Maître, votre
« gloire seule, le salut des âmes, l'amour de la vérité, la
« charité et tant que je pourrai l'obéissance, voilà mes mo-
« biles ; tous les autres, je les repousse avec mépris, horreur,
« puisqu'ils déplaisent à Dieu, puisqu'ils viennent du démon,
« d'un misérable orgueil, qu'ils perdraient et rendraient infé-
« conds mes travaux. A vous seul, ô mon Dieu, la gloire, l'a-
« doration et l'amour. »

Dieu voulut-il ménager au nouveau séminariste l'occasion de pratiquer un acte de vertu, en permettant qu'il n'entrât pas, en traitant son sujet, dans les vues de ses supérieurs ? Nous ne pourrions le dire. Mais M. d'Aulnois sentit très-bien qu'il avait été faible ; car le soir il consigna dans ses notes les paroles suivantes :

« J'ai fait ma première instruction sur la présence de « Dieu. Je n'ai pas réussi. Que Dieu en soit béni puisque « c'est pour moi une occasion de pratiquer l'humilité. Une « seule chose est nécessaire, c'est d'aimer Notre-Seigneur et « de tout faire pour lui plaire. »

En se présentant au séminaire, M. l'abbé d'Aulnois avait eu la pensée d'en suivre toutes les leçons et d'y consacrer le temps habituel, qui est de quatre années. « Si l'on veut que je reste plusieurs années au séminaire, je serai content » s'était-il dit en entrant. Mais les directeurs en disposèrent autrement. Convaincus que M. l'abbé d'Aulnois était formé de longue date à la vie intérieure, et qu'après avoir suivi les cours de morale et de pastorale, il pourrait rendre de très-grands services à une paroisse, ils lui déclarèrent qu'il devait se préparer à prendre les Ordres prochainement, et qu'avant la fin de l'année il serait élevé à la prêtrise. M. l'abbé d'Aulnois en fut stupéfié. A l'issue d'une conversation avec le supérieur du séminaire, il s'écria : « Est-il possible qu'avant un « an je sois prêtre ! ! Que dire ? Que penser ? Que faire ? O « adorable Sauveur, il faut se jeter à vos pieds, embrasser « votre croix avec un amour sans borne, répéter mille fois : « Je suis indigne, incapable, ô mon Dieu. Il faut se réfugier « dans le devoir et le mérite de l'obéissance et travailler de « plus en plus à devenir un saint prêtre. »

Dès lors, ce fut son unique préoccupation et chaque jour et à chaque instant il disait : « Est-il possible qu'il en soit « ainsi ! Oh ! quelle vocation ! quels devoirs ! Mon âme est

« comme stupéfaite d'étonnement et d'effroi ! O mon doux
« Jésus, ayez pitié de moi. »

Quatre mois déjà s'étaient écoulés dans cet asile du travail
et de la prière. Ils avaient passé pour M. l'abbé d'Aulnois
comme l'éclair. « Ce sont, écrivait-il, les jours les plus beaux
« et les plus tranquilles de ma vie. »

L'épreuve était suffisante ; ses supérieurs l'appelèrent à la
réception des Ordres mineurs. A cette époque le jeune lévite
a l'habitude d'examiner sérieusement devant Dieu et dans le
silence de la retraite, s'il est appelé au sacerdoce. M. l'abbé
d'Aulnois n'eut pas cette recherche à faire. Il s'y était préparé de longue main dans le monde ; aussi prit-il la résolution de ne pas s'occuper de cette question. « Il y a 22 ans,
« dit-il, que j'y pense ; je crois avec simplicité et vérité devant
« Dieu qu'il me veut à son service. Mais la chose importante
« c'est de préparer l'âme à recevoir le Saint-Esprit, à écar-
« ter les obstacles à sa venue, à ses dons, à ses lumières. Il
« s'agit de bâtir sur la pierre solide des vertus solides, un
« édifice qui croisse tous les jours sous la main de Dieu. Il
« s'agit de faire un prêtre selon le cœur de Dieu, où brillent
« et croissent sans cesse une extrême humilité, une pureté
« angélique, une douceur de saint François de Sales, un
« zèle apostolique, une charité du cœur de Jésus. Voilà la
« retraite. O mon Dieu, ajoutait-il, que je meure au séminaire
« plutôt que de ne pas me sauver et de ne pas vous servir
« le plus parfaitement qu'il sera possible dans l'état ecclési-
« astique ! »

Oui, M. l'abbé d'Aulnois était bien préparé pour les Ordres
mineurs. Aussi sur l'appel de ses supérieurs, alla-t-il se présenter à Mgr Pierre-Tobie, qui le consacra clerc mineur, dans
sa chapelle, le 24 février 1843, jour de saint Mathias. Il ne put
dire que ces mots : « *Deo gratias*. Que Dieu en soit mille et
« mille fois béni. » C'était l'accomplissement de son vœu,
formé à l'âge de dix-huit ans. Bien des révolutions avaient

depuis ce moment, changé la face de l'Europe. Des trônes avaient été renversés au souffle de l'émeute ; mais la détermination de M. l'abbé d'Aulnois avait été constante. Il était entré à 40 ans dans la maison du Seigneur.

Le premier engagement était prononcé, le second fut plus solennel.

Quatorze jours après, M. l'abbé d'Aulnois fut appelé à passer les examens du sous-diaconat. L'épreuve soutenue, on lui dit de se préparer pour le 11 mars. Il le fit et ses méditations roulèrent sur le zèle sacerdotal.

« O mon Dieu, dit-il, il y a 22 ans que j'attends l'indicible
« bonheur de l'exercer. Oui, oui, je me donne tout au Sei-
« gneur. Travailler au salut de mon âme, procurer la gloire
« de Dieu, aimer les âmes, en arracher quelques-unes à
« l'enfer, en conduire quelques autres dans les voies de
« l'amour de Jésus : voilà mon seul désir. Oui, j'irai aux
« ordres avec confiance, avec amour, avec obéissance ; je
« sais que j'en suis parfaitement indigne, quoi que je fasse ;
« mais, ô mon Dieu, voyez ma volonté d'être à vous pour tou-
« jours. Jésus, amour infini, soyez-moi propice. Le vœu de
« chasteté, je le renouvelle avec toute la plénitude de ma
« liberté et du dévouement, non comme un sacrifice, mais
« comme une offrande. L'obligation du bréviaire, je l'em-
« brasse avec la résolution d'y être fidèle toute ma vie et de
« la remplir le mieux possible. »

Ce fut dans ces dispositions que M. l'abbé d'Aulnois reçut le sous-diaconat, le 11 mars. Trois semaines plus tard, il commença sa retraite pour le diaconat, afin de se pénétrer de plus en plus des obligations de la vie ecclésiastique, et le 21 mars, il fut fait diacre.

Dès ce moment M. l'abbé d'Aulnois fut poursuivi par le désir d'être utile à ses collègues du séminaire, auxquels il aurait voulu communiquer sa ferveur. Quelques-uns, d'une humeur encore toute juvénile, ne mettaient pas comme lui une fidélité scrupuleuse à observer dans toute sa rigueur le silence prescrit par le règlement. Il leur échappait un sourire, une parole plaisante au jardin, ou dans le corridor. M. l'abbé d'Aulnois ne pouvait comprendre, lui homme fait, qu'un séminariste ne fût pas encore un saint Louis de Gonzague. Il rêvait donc une réforme dont il soumit la pensée à ses supérieurs, qui, tout en approuvant ses plans, y virent des difficultés pratiques. M. l'abbé d'Aulnois voulut faire partager son sentiment à ses collègues et les entraîner par ses exemples. Tous ne se laissèrent pas persuader; mais il faut le dire, tous rendirent hommage à ses intentions et admirèrent son zèle, sa piété et la fidélité avec laquelle il suivait les exercices publics de la communauté. Il fut un parfait modèle de cette ponctualité, qui le caractérisa toute sa vie, sans lui enlever l'affabilité.

Voici à ce sujet le témoignage de Mgr Mermillod qui était alors au début de son séminaire et que l'abbé d'Aulnois avait choisi pour ami et confident :

« Vous me demandez, cher recteur, des communications
« sur la vie que menait au séminaire le saint prêtre que nous
« pleurons. Toute cette obscure existence peut se résumer
« en quelques mots; c'était l'homme de Dieu, de la règle et
« des études sacrées; il avait la fidélité du devoir, la régu-
« larité de l'obéissance, le charme attirant dans l'austérité
« de la vie. Je me rappelle avec émotion nos promenades du
« jeudi; nous allions nous reposer dans les forêts de sapins
« qui avoisinent la chapelle de Saint-Loup; les spectacles de
« la nature lui plaisaient; là, au milieu de cet air vivifiant
« des montagnes, en respirant les senteurs alpestres, nous
« passions nos heures de récréation, priant, récitant le saint
« office, et causant du bonheur qui nous serait réservé de
« servir l'Église et de la servir à Genève. Que de nobles
« élans apostoliques, quels rêves de conversions des âmes
« nous animaient ! Mon jeune enthousiasme éclatait devant

« le sien, nos cœurs étaient brûlants. Oh! oui, au pied de
« l'autel, au travail, à l'étude, dans la conversation, l'abbé
« d'Aulnois était le type de la ferveur, de l'esprit de sacrifice
« et de l'amabilité! Sa vue était une puissante prédication et
« le contact intime avec son âme donnaient les meilleures,
« les plus suaves et les plus fortes inspirations du bien ; nul
« n'enseignait mieux la préparation pour devenir un saint
« prêtre [1] ».

1. Lettre de Mgr Mermillod à M. Fleury.

CHAPITRE X

M. d'Aulnois est élevé à la prêtrise.

Pendant son séjour à la Grenade, M. d'Aulnois avait eu
des rapports intimes et fréquents avec M. Vuarin. Il avait été
même, sur la demande de l'illustre curé de Genève, nommé
membre du conseil de fabrique. Les besoins de la paroisse
de Genève lui étaient donc connus. Il avait eu des relations
avec les familles les plus honorables de la ville, il avait même
conquis l'estime des protestants. Sa présence à Genève
comme prêtre ne pouvait qu'être utile aux intérêts religieux;
aussi ses supérieurs le destinèrent-ils à ce poste pour lequel
la Providence semblait l'avoir formé à travers toutes les
vicissitudes de la vie.

Le 2 juin 1843, fête de saint Pothin, M. l'abbé d'Aulnois
entra en retraite pour se disposer à la prêtrise. Il concentra
toutes ses pensées sur les dons du Saint-Esprit, sur l'amour
de Notre Seigneur Jésus-Christ et sur les moyens d'y corres-
pondre. Sa première pensée fut de s'humilier. « Ainsi, prêtre
« dans sept jours ! s'écriait-il. Non, mon Dieu, je ne trouve
« pas d'expressions pour dire ce que j'éprouve... Quel hon-
« neur ! O grandeur de Dieu ! grandeur de l'Incarnation !
« grandeur de l'Eucharistie ! grandeur du prêtre ! »

Les résolutions qu'il prit dans cette dernière retraite sont
l'indice de la pureté d'intention avec laquelle il se fit prêtre.

Rien de personnel et d'humain. La gloire de Dieu, le salut des âmes, sa propre sanctification, c'est l'unique pensée qui le guide à l'autel du Seigneur.

« Le prêtre, se dit-il à lui-même, a de bien grands devoirs
« à remplir. Il doit travailler sans cesse à procurer la
« gloire de Dieu ; à faire connaître Jésus-Christ et son Église;
« à sauver des âmes ; à être homme de prière et d'immola-
« tion ; à être partout et en tout la bonne odeur de Jésus-
« Christ par la puissance du bon exemple ; à aimer et à sou-
« lager les pauvres par tous les moyens possibles. Il faut
« que le prêtre soit vraiment l'homme de Dieu et qu'on le
« voie !

« O mon Dieu, se disait M. d'Aulnois, je dois être tout
« cela. Oui, il faut le devenir par une vie d'oraison et d'abné-
« gation.

« Toujours prier ! Là est la plus haute et la plus sûre
« théologie. Là est la force ; là est la lumière ; là est Dieu.

« L'abnégation ! c'est-à-dire l'immolation de soi à la sainte
« volonté de Dieu, au salut et au service du prochain. »

Voici quelques-unes des déterminations qu'il prit la veille de son ordination, et qui furent comme l'orientation de toute sa vie sacerdotale.

« Jamais je ne manquerai de dire tous les jours la sainte
« messe, à moins d'une très-grande difficulté. Quand j'en
« aurai la permission ou plutôt la mission, je ne refuserai
« personne pour la confession à quelqu'heure que ce soit.
« Quand j'en serai capable, je ne refuserai jamais de prêcher.
« O Dieu Sauveur ! vous êtes tellement le Dieu inconnu au-
« jourd'hui ! Toutes les fois que je pourrai par une lettre
« donner de bons conseils, je ne balancerai pas de l'écrire,
« sans écouter les excuses de la paresse ou les scrupules
« exagérés.

« Les pauvres, les malades, les affligés deviendront l'objet
« de mes préférences ; ce sont les amis de Notre Seigneur
« Jésus-Christ.

« S'il faut faire des visites, je m'efforcerai de les sanctifier
« en portant partout la dignité, la prudence, l'aimable sim-
« plicité du prêtre, qui ne fait pas de visites pour les visites,
« mais pour tâcher de faire connaître et aimer davantage notre
« adorable Maître. Sans doute, partout convenance, prudence,
« mais aussi partout au fond du cœur la sainte charité et le
« zèle de la foi.

« S'il faut écrire pour la défense de la religion, jamais de
« fiel et d'expressions blessantes. L'argumentation est usée,
« les raisonnements ne suffisent pas ; la charité dans le cœur,
« sur les lèvres, dans les œuvres de toute une vie de prêtre,
« voilà l'arme irrésistible !

« L'obéissance à mes supérieurs sera ma force, ma conso-
« lation.

« *Je m'efforcerai de ne jamais perdre un moment, à l'excep-*
« *tion des repos nécessaires bien réglés.* On double sa vie, ses
« forces et ses œuvres par l'ordre et l'appréciation de la
« valeur du temps.

« TOUT POUR DIEU, TOUT PAR DIEU, DIEU DANS TOUT.. »

Sa dernière méditation roule sur ce passage de l'Imitation
de Notre Seigneur Jésus-Christ :

Si haberes angelicam puritatem et Sancti Joannis Baptistæ
sanctitatem, non esses dignus hoc sacramentum accipere nec
tractare. (Ch. v du IVᵉ l.)

Alors il s'écrie : « O Dieu, Sauveur de mon âme, purifiez
« de plus en plus mon intention ; préparez-vous, faites-vous
« un petit serviteur caché, humble, plein d'amour pour vous,
« plein de zèle pour votre gloire, pour les âmes à sauver ;
« aidez-le, car de lui-même qu'est-il donc après que saint
« Paul s'est appelé un avorton ? Encore une fois et toujours,

« créez en moi un cœur pur, un cœur généreux, un cœur
« plein de charité, qui fasse germer les solides vertus. »

M. l'abbé d'Aulnois touchait donc au but si désiré. Il allait
bientôt se coucher sur le parvis du sanctuaire, pour se relever dans toute la générosité de son âme et monter à l'autel,
pour y faire non pas l'immolation de son cœur, mais le don
le plus généreux de tout son être.

Le 10 juin 1843, Mgr Pierre-Tobie Yenni lui donna
l'onction sainte du sacerdoce. Ses vœux étaient accomplis.

Il est des moments où l'âme émue n'a pas une parole pour
exprimer ce qu'elle éprouve. Les larmes lui servent de langage. Telle fut pour M. l'abbé d'Aulnois cette heure solennelle.

« Que vous dire, ô mon Dieu ? S'anéantir, adorer, ai-
« mer ! »

Quoique élevé à la prêtrise, M. l'abbé d'Aulnois ne fut pas
immédiatement placé dans le ministère actif. Il lui restait
encore quelques traités de théologie à étudier avant de recevoir l'approbation de son évêque. Ses supérieurs décidèrent
donc qu'il achèverait son année au séminaire, tout en l'autorisant à aller à Genève célébrer sa première messe, le jour de
la Fête-Dieu.

Le vénérable curé, M. Vuarin, était déjà malade. Il ne put
que bénir le nouveau prêtre, en laissant à ses vicaires,
MM. Marilley, Hulman, Wicky et Ravel le soin d'assister
M. d'Aulnois à l'autel. Par une heureuse coïncidence, la Fête-
Dieu fut en 1843 solennisée d'une manière inaccoutumée,
non-seulement dans la paroisse de Genève, mais aussi dans
toutes les paroisses du canton.

Les catholiques avaient à cœur de répondre par une écla-
tante manifestation à un défi qui leur avait été lancé. Les
méthodistes avaient choisi le dimanche précédent pour répandre à foison dans toutes les rues, sur tous les chemins, dans
toutes les maisons un libelle insultant contre la présence de

Notre Seigneur Jésus-Christ dans la sainte Eucharistie et contre la procession du très-saint Sacrement.

L'opinion publique, légitimement indignée, avait fait justice de ce pamphlet en le lacérant et en le jetant aux flammes. Il était signé par le fameux César Malan, chef du méthodisme. C'était une tentative de propagande *momière*, qui tourna à fin contraire ; car dans toutes les paroisses catholiques, on redoubla de zèle pour donner plus de pompe à la Fête-Dieu. Partout les militaires se mirent sous les armes. Les rues furent décorées de guirlandes et de fleurs, et à Versoix le libelle fut brûlé publiquement sur la place.

C'était une verte réponse à l'auteur de cette brochure attentatoire à la foi catholique. Elle ne fut pas la seule, car il parut à Genève six lettres consécutives, intitulées : *Six contre un,* remplies de dures vérités à l'adresse du novateur méthodiste, voix diverses, qui tour à tour lui crièrent : « En travestissant nos dogmes pour les rendre méprisables, vous avez menti. » C'était la voix d'un catholique. « En nous enlevant le droit d'interpréter les Saintes Écritures autrement que vous, ne renversez-vous pas la base du protestantisme ? » C'était celle d'un protestant. Venait ensuite celle d'un luthérien, qui demandait pourquoi il ne lui était pas permis de croire à la présence réelle avec les catholiques. L'homme de bonne foi disait à son tour : « Monsieur, votre raison ne vaut pas plus que la mienne. » Enfin, l'honnête homme : « Vous attaquez une foi profonde universellement établie. En la détruisant, vous établissez le doute et l'incrédulité. Vous êtes donc un ennemi de la société. »

M. Malan attribuant à l'influence des prêtres l'échec qu'il venait de subir, publia une nouvelle brochure portant pour titre : *Le Prêtre et le Candidat.* C'était une attaque contre l'Église romaine, qui, à son dire, dénie à la Bible son autorité, enlève aux fidèles la vraie communion, et substitue au sacrifice du Calvaire, le seul véritable sacrifice, celui de la messe, création

nouvelle, puisque, dit-il, les Pères de l'Église n'avaient pas
la pensée de la transsubstantiation, ni du sacrifice eucharistique, d'où il concluait que la doctrine de l'Église catholique
est anti-apostolique, et que nous ne sommes que des hérétiques, à qui le nom de Romanistes seul convient, et non celui
de catholiques, etc., etc.

M. d'Aulnois ne put lire ces pages outrageantes pour le
sacerdoce sans ressentir une juste indignation. Étant rentré
à Fribourg pour y achever le cours de pastorale, il prit
la plume, et il composa une réponse à la brochure de
M. Malan [1]. Après avoir opposé une dénégation positive à
toutes les absurdités qu'on nous prête sur le saint sacrifice,
il expose la foi catholique, en se servant des auteurs les plus
accrédités et en démontrant qu'ils sont en harmonie avec les
paroles de Jésus-Christ dans la Sainte Écriture. M. l'abbé
d'Aulnois recourant à la tradition, répond à M. Malan qui
n'avait pas craint d'avancer que la croyance à la présence
réelle est une *invention romaine* de fraîche date, et lui reproche ou son ignorance, ou sa mauvaise foi. Ce fut le premier travail de polémique de M. l'abbé d'Aulnois, travail très-
substantiel où il garda, comme il se l'était promis, les formes
de l'urbanité, tout en pressant rudement son adversaire qui
avait appelé les catholiques « des idolâtres et des blasphémateurs ». Cette brochure ne supposait pas une plume
novice ; on voyait que M. l'abbé d'Aulnois, avant d'être prêtre,
avait soutenu des thèses philosophiques et scripturaires.
Outre ce travail, M. l'abbé d'Aulnois en prépara un second
sur le prêtre. C'est le cri d'une âme indignée des calomnies
répandues chaque jour contre le sacerdoce, et la révélation
des causes qui amènent malheureusement à Genève des
apostats.

1. Réponse à la brochure de M. Malan, intitulée : *Le Prêtre et le
Candidat.*

L'époque approchait où M. l'abbé d'Aulnois allait être envoyé au poste qu'il devait occuper jusqu'à sa mort. Le 5 août 1843, il passa les examens d'approbation et le lendemain, Mgr Pierre Tobie-Yenni lui donna tous les pouvoirs nécessaires pour entendre les confessions au tribunal de la Pénitence. Il lui fit ensuite connaître ce qu'il attendait de son zèle dans les circonstances difficiles où se trouvait la paroisse de Genève. Le soir, M. l'abbé d'Aulnois médita sur la charge du confesseur, et prit saint Jean Népomucène et saint Philippe de Néri, pour patrons dans ce nouveau ministère, qu'il exerça, pour la première fois, le 27 de ce même mois.

Avant de partir pour Genève où il devait travailler jusqu'à la fin de ses jours, M. l'abbé d'Aulnois prit les résolutions suivantes pour toute sa vie de prêtre :

« 1° Vivre surtout de la vie d'oraison ; 2° n'accepter aucun « cadeau personnel, autant que possible ne pas accepter « d'invitation ; 3° vivre d'une vie pleine de foi et de zèle.

« O mon Dieu, ajoutait-il, quelle vie que celle du prêtre ! « Que de grâces infinies lui sont faites ! La sainte messe tous « les jours ! ! Oh oui, tenons-nous cachés en Jésus-Christ. « Vous êtes mort et votre vie est cachée en Dieu avec Jésus-« Christ. Quand Jésus-Christ qui est votre vie apparaîtra, « alors vous apparaîtrez dans la gloire avec lui. »

Pénétré de ces grandes pensées, M. l'abbé d'Aulnois arriva le 12 du mois d'août à Genève, où il chanta la grand'messe le jour de l'Assomption de la très-sainte Vierge. Ce fut sous les auspices de cette bonne Mère qu'il débuta dans son ministère. Vingt-cinq ans plus tard, ce fut aussi le jour de l'Assomption, comme nous le verrons dans la suite de ce récit, qu'il célébra, pour la dernière fois, la sainte messe.

« A la nouvelle de la vocation sacerdotale d'un homme « qui a passé dans le monde quelques années, dit l'auteur de

« la Notice sur la vie de M. d'Aulnois, le public à l'ordinaire
« exprime un étonnement mêlé de curiosité. On scrute les
« motifs, on s'enquiert des mobiles. Chez quelques-uns, une
« sorte de compassion douloureuse se mêle à la surprise. Il
« fut accordé à M. d'Aulnois d'échapper à ces disputes de
« l'opinion[1]. » En effet, chacun s'inclina avec respect devant
le nouveau prêtre, qui avait laissé à Genève les meilleurs
souvenirs depuis son séjour à la pension de la Grenade.

Mgr Pierre-Tobie l'avait nommé à la place de chapelain
catholique du collège de Genève. Il fut agréé par le gouvernement qui avait reconnu en lui « un homme distingué et
avantageusement connu par ses travaux pédagogiques[2] ».

Ce fut l'unique poste officiel auquel fut attaché M. l'abbé
d'Aulnois. Il le remplit avec le zèle qu'il mettait en toute
chose.

Les fonctions de chapelain se bornaient à donner aux
jeunes gens catholiques qui fréquentaient le collège deux
leçons par semaine. Les réunions se faisaient à la sacristie de
Saint-Germain, et fort peu de jeunes gens s'y rendaient.
Comprenant qu'il pouvait faire tomber bien des préjugés,
fruit d'un enseignement trop souvent hostile au catholicisme, M. l'abbé d'Aulnois visita les parents des enfants, et
les engagea à les envoyer à ses leçons avec plus de régularité. Il prépara avec soin les sujets les plus propres à les
intéresser, et il parvint à avoir presque au complet son jeune
auditoire.

En se préparant au sacerdoce, M. l'abbé d'Aulnois s'était
formé du saint ministère un idéal qu'il ne rencontra pas
d'abord, et ce fut pour lui, nous ne disons pas un désenchan-
tement, mais un sujet d'inquiétudes. Il s'était imaginé qu'il
vivrait dans une région sereine où il trouverait des âmes

1. M. l'abbé d'Aulnois, p. 9.
2. Registre du Conseil d'État, 5 août 1843.

aimant Dieu, vouées à la prière, auxquelles il donnerait d'utiles conseils de perfection, et au contact desquelles il s'échaufferait lui aussi.

A peine eut-il mis le pied dans le presbytère qu'il fut importuné par des visiteurs de toute espèce, qui cherchaient, comme c'est la coutume, à exploiter la bourse du nouveau venu.

A ces importunités se mêlait la lutte des intérêts religieux et elle était vive à cette époque. Les âmes pieuses, d'un autre côté, avaient leur directeur et lui restaient fidèles, de sorte que M. l'abbé d'Aulnois ne trouva pas d'abord ce qu'ambitionnait son zèle. Il en éprouva une certaine émotion qui se traduisit dans ces lignes :

« Le mois d'août a été peu distrayant, mais l'oraison e
« la sainte messe ont été ma force et ma consolation. J'ai eu
« des idées tristes parce que la vie est une suite d'illusions
« brisées. Je cherche des âmes qui aient du trop plein
« d'amour de Dieu pour y puiser, réchauffer mon cœur, et
« de toute part je n'entends parler que de politique, d'inté-
« rêts temporels et de guerres ; sans doute tout cela est inévi-
« table, c'est le champ de bataille, mais il faut prendre
« garde que cela est desséchant en soi, et qu'il faut d'autant
« plus vivre de la vie cachée en Dieu. Oh ! comme dans le
« monde on est ardent, pour parler des heures entières de ce
« qui est horrible et infernal ! Mais la souveraine beauté, la
« souveraine béatitude ne peut remplir un quart d'heure la
« conversation des amis de Dieu. Est-ce la foi ou l'amour qui
« manque, je ne sais. Ayons confiance et puis, si nous nous
« sommes trompés nous parlerons à Jésus-Christ de Notre
« Seigneur Jésus-Christ, à la Sainte-Vierge de la Sainte-
« Vierge. O trésor de la vie intérieure ! O doux moments
« passés au pied de l'autel de Dieu. Pourquoi ne puis-je pas

7.

« faire comprendre à tous les hommes le bonheur d'être
« chrétien [1]. »

Il y eut même un moment où son âme fut assaillie par des
pensées contre la foi. Il en résulta pour lui une profonde
tristesse, mais cette épreuve fut de courte durée ; il ne fallut
pour y mettre fin qu'une méditation sur Jésus-Christ et une
ardente prière. Comme il l'écrivit lui-même, il n'en sentit
que plus de volonté d'être invariablement à Notre-Seigneur,
et de travailler à convertir les pécheurs.

1. Retraite du 1er septembre 1843.

CHAPITRE XI

M. l'abbé d'Aulnois prêtre auxiliaire à Genève. Difficultés au sujet du successeur de M. Vuarin.

Lorsque M. l'abbé d'Aulnois arriva à Genève pour prêter sa part de collaboration à M. Vuarin, celui-ci n'était plus l'ardent champion des temps anciens qui avait livré tant de fois la guerre aux *héritiers de l'esprit de Calvin*. Il touchait à la fin de sa carrière sacerdotale qui avait duré plus de 45 ans. Maladif et soucieux depuis plus de trois années, il n'avait plus d'autre pensée que celle des jugements de Dieu et du compte qu'il aurait bientôt à rendre au tribunal du souverain Juge. Il priait et il faisait prier ; c'était la consolation suprême de ses derniers jours.

Depuis plusieurs mois on s'apercevait que M. Vuarin s'affaiblissait ; rien cependant ne faisait pressentir la catastrophe du 6 septembre qui l'enleva à ses bien-aimés paroissiens.

M. l'abbé d'Aulnois était au chevet du malade et ce fut lui qui donna à M. Vuarin une dernière absolution, et l'assista dans le passage du temps à l'éternité.

Comme tous ses collègues, il fut témoin des manifestations de regret que donnèrent les catholiques à leur vénéré curé. Comme eux, il fut ému de ces témoignages publics d'estime qui éclatèrent à ses funérailles et furent pour M. Vuarin le plus grand de ses triomphes.

Nous avons eu à raconter cette ovation faite au prêtre qui avait consacré sa vie entière aux intérêts des catholiques de Genève [1]. Nous n'y reviendrons pas. M. l'abbé d'Aulnois en y prenant part ne pouvait penser que cette cérémonie lugubre se renouvellerait en partie à sa sépulture.

M. Vuarin, en mourant, avait laissé un grand vide dans la paroisse de Genève. On se demandait avec inquiétude qui serait capable de recueillir un si lourd héritage. Il y avait des dettes à acquitter, des établissements à soutenir, de nombreux catholiques à diriger.

Mgr Pierre-Tobie connaissait la pensée intime de M. Vuarin, qui lui avait désigné son successeur. C'était M. l'abbé Marilley qui était, comme il l'avait dit souvent, « le confident intime « de ses pensées, et qui avait partagé avec lui toutes les sol- « licitudes de la paroisse et toutes les fatigues du saint mi- « nistère [2] ». Nul autre ne lui paraissait aussi apte à continuer son œuvre. Aussi en arrivant à Genève pour la sépulture de M. Vuarin, Mgr Pierre-Tobie fit des ouvertures au premier syndic, M. Rigaud, auquel il alla rendre visite. Il lui dit qu'il se proposait de nommer curé de Genève un ecclésiastique qui, par ses qualités personnelles et sa piété, serait vu avec plaisir par la grande majorité de la paroisse catholique, à savoir M. Marilley, prêtre originaire du canton de Fribourg, mais qui avait exercé le ministère pendant plusieurs années à Genève.

Les plans du gouvernement étaient contrariés. Il avait déjà jeté ses vues sur d'autres ecclésiastiques qui lui paraissaient devoir être d'une humeur plus conciliante qu'un vicaire formé à l'école de M. Vuarin. Aussi M. Rigaud fit-il observer à Sa Grandeur que pour un poste si important, il serait

1. Notice sur l'église et la paroisse de Saint-Germain, à Genève.
2. Lettre de M. Vuarin au Conseil de la Propagation de la Foi, à Lyon.

convenable de nommer un ressortissant du canton de Genève, d'autant plus qu'il était difficile à un ecclésiastique genevois d'être placé dans les postes du canton de Fribourg[1].

Mgr Pierre-Tobie se réserva de prier et de réfléchir ; mais dans la visite que le premier syndic lui rendit, il déclara que pour des motifs impérieux, il maintenait son choix et que, malgré son désir d'être agréable au Conseil d'État, il ne pouvait condescendre à sa demande. Cela se passait le 15 septembre 1843.

Avant de repartir pour Fribourg, Monseigneur écrivit à M. Rigaud qu'après avoir mûrement réfléchi, il regardait comme un devoir de conscience de nommer à la place de M. Vuarin, M. l'abbé Marilley.

Le Conseil d'État ayant pris des informations sur M. l'abbé Marilley, n'en obtint que de très-favorables. On reconnut l'aménité de son caractère, sa douceur et sa vie irréprochable. La majorité protestante n'en restait pas moins défiante à son endroit, « parce que, dit le rapporteur de la com- « mission, il est à craindre que M. Marilley ne suive le sys- « tème de M. Vuarin, à l'école duquel il a été pendant « plusieurs années ». Il fait encore observer que depuis la maladie de M. Vuarin, par conséquent sous l'administration de M. Marilley, il s'est passé deux faits qui ne donnent pas une parfaite sécurité sur la marche qu'il suivrait, s'il était nommé curé ; à savoir : 1° des prédications violentes à Saint-Germain contre le protestantisme ; 2° la solennité extraordinaire donnée aux funérailles de M. Vuarin.

Il ne fut pas difficile aux membres catholiques de la commission, MM. Christiné et Chaulmontet, de réfuter ces deux allégations. M. Vuarin jusqu'à sa mort avait été seul responsable de tout ce qui se passait dans son église, il ne fallait

---

1. Tous les détails qui vont suivre sont extraits des archives du Conseil d'Etat et des registres de la paroisse de Saint-Germain.

donc pas imputer à M. Marilley le langage tenu en chaire par un prêtre étranger. Quant aux funérailles de M. Vuarin, l'affluence des prêtres et des fidèles n'avait pas été commandée. La réputation seule du défunt avait attiré cette foule de curieux. Tout le monde en avait été surpris, même les vicaires de la paroisse, qui avaient compté sur la présence de 80 prêtres au maximum.

La majorité de la commission n'en resta pas moins hostile et décidée à rejeter la nomination de M. Marilley. M. le syndic Rigaud fut chargé d'inviter Mgr Pierre-Tobie à faire un autre choix.

« Permettez-moi de vous le dire avec franchise, écrivait-il « à Sa Grandeur le 4 octobre, l'ecclésiastique que M. Vuarin « désignait lui-même pour son successeur, ne peut pas nous « inspirer de confiance. Appelé par lui à le suppléer et formé « sous ses inspirations pendant les quatre dernières années, « M. l'abbé Marilley serait destiné à suivre un système qui a « eu des effets déplorables pour l'union qui aurait dû régner « entre tous les citoyens du canton. »

On le voit, le Conseil d'État voulait faire prévaloir le candidat qu'il avait en vue et qui, s'il eût été nommé, nous pouvons bien le croire, n'aurait pas forfait à son devoir. Sur un autre théâtre, il a montré par de nombreux actes de résistance aux empiétements du pouvoir civil toute la fermeté de son caractère et le dévouement le plus profond à la sainte Église.

Monseigneur l'Évêque ayant examiné en conscience les objections du Conseil d'État, les trouva d'un poids si minime, qu'il ne put s'empêcher de sourire, et de voir dans la lettre de Monsieur le premier syndic un mépris affecté de son autorité épiscopale. Il termina sa réponse en déclarant qu'il ne pouvait que maintenir sa décision et qu'il sentait l'urgence de la faire connaître à la paroisse de Genève.

Jusqu'ici il n'avait pas été directement question de la déplorable Convention de 1820, par laquelle Mgr Yenni s'était lié de bonne foi vis-à-vis du gouvernement, pour la nomination des curés, mais dont il s'était déclaré dégagé à l'époque où la Constituante avait voulu faire d'un acte particulier un article constitutionnel. Cet acte, d'ailleurs, n'avait jamais été approuvé par la Cour de Rome.

Le gouvernement ne l'invoqua pas moins pour soutenir ses prétentions, ainsi que le concordat de 1801, et déclara qu'en vertu de ces deux actes il ne pouvait donner son approbation à la nomination de M. Marilley.

L'Évêque ne vit plus dans l'opposition qui lui était faite qu'un attentat à ses droits. Il déclara qu'il n'avait consulté dans son choix que Dieu, son devoir et le bien spirituel de la paroisse de Genève, et que, en conséquence, il ne lui restait qu'à faire connaître aux catholiques la nomination en vertu de laquelle M. Marilley était chargé de l'administration spirituelle et temporelle de la paroisse de Genève.

Il expédie en effet le 12 du mois, une lettre qui fut lue en chaire, à la grande satisfaction de la paroisse. Nous en trouvons le témoignage dans une adresse du conseil de fabrique, qui s'empressa de remercier Mgr Pierre-Tobie et de le féliciter du choix qu'il avait fait, choix qui ne pouvait être meilleur ou plus agréable à toute la paroisse.

Cette démarche fut pour Monseigneur un sujet de joie et de consolation. Il l'exprima, dans sa réponse, en répétant qu'en donnant M. l'abbé Marilley pour pasteur à la paroisse de Genève, il n'avait fait que suivre la voix de sa conscience et du devoir. « J'ai, comme vous, ajouta Monseigneur « l'Évêque, la douce confiance qu'il peut et qu'il veut vous « conduire mieux que tout autre d'un pas ferme, éclairé et « prudent dans les sentiers de la foi et de la vertu. Les temps « sont malheureux, ajoutait Mgr Pierre-Tobie, et les circons- « tances pénibles et difficiles, cependant ne nous découra-

« geons pas. L'attachement sincère à la foi et aux saines
« doctrines, la bonne conduite des catholiques, leur prudence
« leur modération, leur soumission à la loi en tout ce qui est
« bon et licite, leur charité et leur piété feront peu à peu
« disparaître les obstacles, et rendront la paroisse de Genève
« heureuse, c'est notre espérance. »

Le gouvernement de Genève qui avait autrefois préconisé
Mgr Pierre-Tobie « l'Évêque débonnaire, » ne s'attendait pas à
cette détermination suprême, qui irrita vivement quelques-
uns des conseillers d'Etat. Le 14, ils mirent aux voix la sup-
pression immédiate du traitement du curé. Elle ne fut pas
adoptée. Seulement il fut décidé que le chancelier d'État
ferait insérer dans la *Feuille d'Avis*, que le Conseil d'État,
par arrêté du 15 octobre, avait officiellement refusé d'ap-
prouver la nomination de M. l'abbé Marilley, que, en conséquence, la cure de Genève était toujours vacante et que le
premier vicaire en était l'administrateur[1].

La position devenait tous les jours plus tendue entre l'autorité civile et l'autorité ecclésiastique. La première en appelait à la convention et sollicitait un autre choix, comme le
seul moyen de terminer un conflit « aussi préjudiciable à la
paix du pays qu'aux intérêts de la paroisse catholique [2]».

De son côté, Sa Grandeur invoquant la plénitude de ses
droits d'Évêque déclarait ne pouvoir changer sa détermination, et s'en référait à ses précédentes lettres, rejetant sur le
Conseil d'État toutes les conséquences, qui pourraient découler de son refus d'agréer un sujet aussi inoffensif que
M. Marilley, qui avait donné dans le laps de temps écoulé depuis la mort de l'illustre curé M. Vuarin, la mesure de sa
prudence et de son esprit de conciliation par le soin qu'il
avait pris d'éviter toute discussion dans le débat même dont
il était l'objet.

1. Registre du Conseil d'État, 15 octobre 1843.
2. *Ibidem*.

Il n'avait cependant pas été épargné dans une lettre intitulée : *Le Conseil d'État et Mgr l'Évêque de Genève.* signée par un Genevois catholique. Ce défenseur officieux du clergé national avait prêté l'oreille à toutes les récriminations de l'amour-propre blessé, et il les exprima en termes mordants qui méritèrent à son œuvre le titre de pamphlet[1]. Prenant pour prétexte de sa brochure un article de journal publié à Porrentruy sur les difficultés pendantes entre le Conseil d'État et Mgr Pierre-Tobie, il attribuait à l'État le droit de rejeter à son gré les nominations épiscopales. C'était en partie le langage tenu par M. Rigaud dans sa correspondance officielle.

Cette lettre ne pouvait rester sans réponse. Ce n'était plus M. Marilley qu'il fallait venger, mais Mgr Pierre-Tobie dans un acte essentiel de son administration épiscopale, c'était le droit de l'Église qui était anéanti.

L'insistance de l'Évêque est-elle légale ou bien contraire aux concordats, aux traités, à la convention de 1820 ? Telle était la question.

Mêlé forcément par l'exercice de son ministère à toutes ces luttes, M. d'Aulnois que nous avons un moment laissé de côté, dut y prendre part. Dès le premier jour de son entrée au presbytère de Saint-Germain, il avait offert ses services à ses supérieurs. Prêt à venger Mgr Pierre-Tobie des accusations dont il était l'objet, il mit sa plume à sa disposition et il rédigea sur cette question un lumineux mémoire qu'il soumit à Sa Grandeur. Ses idées, nous pourrions dire son tra-

---

1. Voici en quels termes elle fut signalée à Mgr Pierre Tobie, dans une lettre signée par le corps des fabriciens :

« La brochure que nous avons en vue et dont nous envoyons un exemplaire à Votre Grandeur, est une atteinte grave aux devoirs de l'Épiscopat et de la vérité.

« Nous répugnons à croire coupables de cette publication les personnes auxquelles la voix publique l'attribue. Nous nous estimons heureux de pouvoir dire à Votre Grandeur que ce pamphlet a excité dans la paroisse de Genève une indignation générale. » (23 janvier 1844.)

vail, furent acceptées, et publiées en réponse à la brochure intitulée : *Le Conseil d'État et Monseigneur l'Évêque*.

M. l'abbé d'Aulnois avait pris la résolution de travailler toujours, sans vouloir paraître. Il tint parole, et toute sa vie il se prêta à une collaboration, qui faisait son bonheur. En ces jours difficiles il tint la correspondance, sentant qu'il importait de laisser M. Marilley en dehors des tractations dont il était l'objet.

Les jours et les mois s'écoulaient sans que la question eût avancé d'un pas. Vainement on avait tenté auprès du Conseil d'État une démarche pour obtenir la ratification de la nomination de M. Marilley, ou du moins la prolongation de l'état actuel, qui était celle d'un administrateur recevant le traitement officiel. Le 8 mai, la commission d'État, nantie de cette demande, répondit qu'elle estimait, au contraire, qu'il y avait convenance à prendre des mesures comminatoires.

Le 15 mai, il fut arrêté qu'on aviserait Monseigneur l'Évêque que, si le 1er juillet il n'y avait pas un autre curé nommé, le traitement de 5,000 francs affecté par l'État serait réduit à 2,000 francs pour l'entretien des vicaires, et que l'État cesserait de payer à la mense épiscopale la somme stipulée par l'art. 5 de la convention de 1820.

Il y eut au sein de la commission d'ardents calvinistes qui proposèrent d'examiner « les moyens à prendre pour faire « desservir la paroisse catholique par un ecclésiastique qui « ne fût pas placé vis-à-vis du gouvernement dans la posi- « tion où était M. Marilley, prenant un titre* auquel il « n'avait pas légalement droit. » C'eût été tenter un schisme, la majorité comprit le ridicule de cette proposition qui fut écartée.

On arrêta seulement que le séjour de M. Marilley à Genève ne pouvait être toléré au delà d'une certaine époque. Décidément le Conseil d'État voulait inaugurer le régime de la per-

sécution. Quelques-uns des magistrats, comprenant la portée
d'un acte qui ne manquerait pas de blesser au cœur les catholiques, firent entendre à leurs collègues de saines paroles
et démontrèrent que le gouvernement avait tout à perdre en
se jetant dans cette voie. Tout fut inutile, et le président du
Département de justice et police reçut, le 3 juin, l'ordre de
notifier à M. Marilley qu'il eût à quitter le canton de Genève
avant le 14 « attendu qu'il prenait publiquement dans le
« canton le titre de curé de Genève, et qu'il exerçait en cette
« qualité des fonctions qui ne lui avaient pas été légalement
« conférées ».

M. le Président communiqua, en effet, à M. Marilley
cet arrêté, et le premier syndic de son côté en donna avis à
Sa Grandeur. Tous les deux protestèrent. M. Marilley, en
qualité de citoyen suisse, annonça aux magistrats qu'il allait
invoquer auprès du gouvernement de Fribourg le bénéfice
du concordat de libre établissement de 1819, vu que sa conduite ne prêtait nullement à l'application de l'article 28 de la
loi du 9 février. De son côté, Monseigneur écrivit que si le
gouvernement de Genève mettait son arrêté à exécution, il se
verrait dans la nécessité d'invoquer auprès de la Cour de
Sardaigne la garantie des traités, et d'écrire au Saint-Père
que les conditions de garantie promises par le bref du 20
septembre 1819 n'existaient plus à ses yeux.

Le 10 juin, en effet, arrivèrent à Genève deux dépêches,
l'une du canton de Fribourg, l'autre de M. le comte de Crotti
de Castigliole, ministre de Sa Majesté le roi de Sardaigne,
réclamant contre la mesure dont on avait menacé M. Marilley.

Elles ne changèrent point la détermination du gouvernement qui voulait avoir raison contre la cour de Turin et contre l'Évêque, prétendant être dans ses droits.

Dès que le bruit de l'injonction faite à M. Marilley se répandit dans la paroisse, les catholiques se mirent à signer une

adresse au Conseil d'État pour manifester l'étonnement et la peine que leur avait causés l'arrêté du 3 juin. Ils en demandaient la non-exécution, protestant que toujours cet ecclésiastique leur avait prêché l'union, la paix et la soumission à la loi.

Lorsque M. Marilley apprit cette démarche, il adressa aux promoteurs de cette pétition la lettre suivante :

« Les catholiques de Genève m'ont donné trop de preuves
« de leur dévouement, pour qu'il me soit permis de douter
« de leur empressement à signer cette pétition. Cependant,
« je crois prudent dans l'intérêt de la paroisse de vous prier,
« et par votre organe, les catholiques qui s'occupent à recueil-
« lir des signatures, de renoncer à ce projet. S'il faut une
« victime, je revendique pour moi la consolation d'être seul
« frappé dans l'épreuve que la divine Providence ménage à
« cette paroisse. »

Dans sa sagesse, M. Marilley alla plus loin. Le 8 juin, il assembla les fabriciens auxquels il donna par écrit les lignes suivantes, consignées au procès-verbal du registre de la fabrique :

« Monsieur le curé, dans le cas où une mesure violente
« l'éloignerait de son troupeau, donne à Messieurs les mem-
« bres du conseil de fabrique l'avertissement qui suit :

« La plus grande peine qu'il aurait à endurer serait d'ap-
« prendre que par suite de cette mesure, on se portât à des
« démarches propres à troubler la tranquillité publique. Il
« sera, au contraire, toujours heureux de savoir que ses chers
« paroissiens sont dociles à suivre les enseignements que nous
« propose la religion pour les temps d'épreuve. Il compte
« sur le zèle de Messieurs les fabriciens, et les engage forte-
« ment à user de toute l'influence dont ils peuvent jouir
« auprès des catholiques avec lesquels ils sont en rapport,
« pour les maintenir dans le calme, la paix, le respect dû à

« l'autorité et l'union qui ne doit faire d'eux qu'une même
« famille. »

Sur ces entrefaites, M. Marilley recevait de son Évêque
l'ordre de rester à son poste jusqu'à ce que violence lui fût
faite.

Voici les termes pleins de noblesse par lesquels le chef du
diocèse traçait au curé de Genève sa ligne de conduite :

« J'estime que l'autorité outrepasse ses pouvoirs et ses
« droits. Mon intention est que vous restiez à votre poste jus-
« qu'à ce que vous soyez forcément obligé de le quitter.

« Je vous recommande le calme et la prudence ; de mon
« côté, je ferai les démarches que je croirai opportunes.

« En attendant la fin de cet orage, ayez patience et prenez
« courage. Au milieu de ces tribulations souvenez-vous que
« vous avez pour vous votre conscience, et votre bon droit.
« Quelle que soit l'issue de cette affaire, vous trouverez toujours
« en moi votre Évêque et votre Père qui ne vous abandonnera
« jamais.

« Fribourg, 6 juin 1844.

« Pierre-Tobie YENNI. »

CHAPITRE XII

Bannissement de M. Marilley. M. Wicky administrateur.

Nous avons à raconter le bannissement de M. Marilley, curé de Genève. Voici comment s'opéra cette odieuse déportation qui restera toujours comme une des preuves les plus éclatantes du mauvais vouloir des conservateurs protestants de cette époque à l'endroit des catholiques.

Le 14 juin, le commissaire de police, M. Achard reçut du Président du Conseil d'État l'ordre de se transporter à 9 heures du soir à la cure, pour savoir si M. Marilley s'était soumis à l'injonction qui lui avait été faite de quitter le canton.

Tout était calme au presbytère, on venait d'y terminer en commun la prière du soir lorsqu'on entendit sonner à la porte. M. Marilley s'y présente et se trouve en face de M. Achard, qui annonce le but de sa visite. M. Marilley lui répond qu'ayant reçu de son Évêque l'ordre formel de ne quitter son poste qu'autant qu'il y serait contraint par la force, il n'avait pas pu obtempérer à l'arrêté du Conseil d'État. « En ce cas, répondit M. Achard, je viendrai demain à 8 heures avec une voiture pour vous emmener à celle des frontières du canton qu'il vous plaira d'indiquer. » M. Marilley demanda à M. le commissaire de lui donner par écrit cette dernière sommation ; ce qui lui fut accordé, comme il conste par le procès-verbal dressé séance tenante.

A 8 heures le lendemain, M. Marilley, entouré d'une quinzaine de personnes et de ses vicaires, attendait avec calme le commissaire de police. Sur toutes les physionomies régnait une profonde tristesse. Les abords de la cure étaient envahis par une foule silencieuse, qui voulait donner à son pasteur un dernier et éclatant témoignage de sa sympathie et de ses regrets. Il y avait aussi des agents de police prêts à prêter main-forte au gouvernement.

En traversant cette rue encombrée pour se rendre à la cure, M. Achard craignit un instant de la résistance ; mais M. Marilley avait recommandé le calme et fait de nouveau prier la foule d'éviter toute manifestation. Il n'y en eut pas d'autre que celle des larmes. En entrant, M. Achard annonça à M. Marilley que la voiture était à sa porte et l'invita à le suivre. Celui-ci déclara qu'il ne cédait qu'à la violence, et demanda que sa protestation motivée contre l'arrêté du Conseil d'État du 3 courant, fût inscrite au procès-verbal. M. Achard ayant pris la plume écrivit sous la dictée de M. Marilley, mais lorsqu'il fallut signer il éprouva quelque scrupule. Il sortit de la salle et retourna au Conseil d'État prendre de nouvelles instructions. Les syndics étaient en séance, attendant avec anxiété l'issue de cette expédition. M. Achard les rassura en disant qu'il y avait assez de monde dans la rue des Chanoines, mais qu'il n'avait entendu ni un cri, ni une menace. On lui dit d'en finir et de signer le procès-verbal, en protestant des droits de l'État.

A dix heures tout était terminé, et M. Marilley quittait le presbytère, le cœur ému, accompagné de M. l'abbé Wicky. Il monta dans une voiture qui le conduisit jusqu'à la frontière vaudoise où, par un retour providentiel, la même voiture devait, trois ans plus tard, aller le reprendre au nom du Conscil d'État pour le ramener à la même rue et dans la même salle comme Évêque.

Arrivé à la limite du territoire genevois, M. le commissaire Achard dit à M. Marilley :

« Ma triste mission est accomplie ; si vous désirez que la voiture vous conduise plus loin, je vais descendre et je l'attendrai. »

M. Marilley remercia M. Achard, mit pied à terre et se dirigea vers Coppet, où il prit la diligence qui le conduisit chez M. le comte de Crotti, à Lausanne.

Le calme de M. Marilley contrastait avec l'embarras visible de M. Achard qui, dans son agitation, lui remit les deux procès-verbaux. Il fallut que le lendemain il vînt à Lausanne réclamer le double qui devait rester aux archives du Conseil d'État. En quittant M. Marilley, il lui laissa la lettre suivante qui témoigne de son estime pour celui qu'il avait été chargé d'éconduire et de l'ingénuité de ses sentiments :

« Ce n'est point le commissaire de police Achard qui vous
« adresse ces lignes, mais un simple citoyen ami de son pays,
« ami du bon ordre et qui voit des frères dans tous les
« hommes. Vous voudrez bien en revanche de la mission
« pénible qu'il a eu à remplir, lui permettre quelques obser-
« vations amicales et quelques conseils sur les moyens d'ame-
« ner un arrangement désirable dans la fatale querelle dont
« vous avez été la victime.

« Je vous connais depuis longtemps, Monsieur, sous les
« auspices les plus favorables. Votre conduite à Genève vous
« a gagné la bienveillance de la plupart de mes concitoyens.
« J'ai lieu de croire que si l'on avait écouté la voix de la jus-
« tice et de la raison, et qu'on eût procédé sans arrière-pen-
« sée, vous seriez en titre curé de Genève, et en même temps
« on vous aurait évité personnellement des tracasseries que
« vous ne méritez pas, mais dont il était impossible de ne

« pas vous rendre victime sans que le gouvernement s'avouât
« sans force pour faire exécuter les lois.

« L'art. 102 de la Constitution genevoise dit qu'en cas de
« vacance à la cure de Genève, il sera pourvu par le choix
« d'un ecclésiastique qui sera soumis à l'approbation du Con-
« seil d'État. Si on peut d'un trait de plume annuler une
« pareille disposition, il faut déchirer toutes les chartes et
« gouverner suivant le bon plaisir. C'est justement le moyen
« d'observation de cet article et la convention passée entre
« Monseigneur l'Évêque et le Conseil d'État, qui ont obligé
« ce dernier à user de son droit.

« Toutefois, je crois pouvoir vous assurer que même dans
« l'état où sont les choses, si Monseigneur l'Évêque présentait
« votre nomination à la cure de Genève, en demandait l'ap-
« probation du Conseil d'État, le résultat désiré serait obtenu.
« Prenez toujours cela comme la pensée d'un simple citoyen,
« mais faites-en l'usage que vous jugerez convenable.

« Vous aurez compris, Monsieur, ce que l'inflexible devoir
« me commandait, ainsi que mon attachement au pays qui
« m'a donné le jour, et qui me fait une loi de le rendre res-
« pectable au dehors, et vous voudrez bien conserver de moi
« un souvenir qui ne soit pas trop désagréable.

« J'ai le pressentiment qu'un jour je vous serrerai la main
« à Genève dans des circonstances moins chargées de nuages.
« Ce sont mes vœux dont je vous prie d'agréer l'expression
« sincère, ainsi que mes salutations très-distinguées.

« ACHARD. »

(Sans date.)

Cette manière de voir de M. Achard était celle de plusieurs
magistrats, qui regardaient la mesure prise par le Conseil
d'État comme imprudente et intempestive. C'était une faute
politique dont les radicaux surent tirer parti contre les conservateurs protestants et que ceux-ci expièrent plus tard.

8.

Le dimanche qui suivit la déportation de M. le curé Marilley fut pour la communauté catholique de Genève un jour
de profonde tristesse. Le pasteur avait été arraché par la violence à son troupeau; il était juste que l'église en portât le
deuil. L'office se fit à voix basse et à l'Évangile, un prêtre de
la paroisse lut, au nom de M. le curé, des avis qui arrachèrent
des larmes à toute l'assistance.

La voix du premier pasteur ne pouvait manquer de se faire
entendre dans des circonstances si graves et si doulou-
reuses. Aussi Mgr Pierre-Tobie adressa-t-il un mandement
aux fidèles de la paroisse de Genève, pour les consoler et les
encourager à soutenir chrétiennement l'épreuve.

« C'est avec une vive douleur, N. T. C. F., que nous avons
« appris que M. l'abbé Marilley préposé par nous à la direc-
« tion de cette intéressante paroisse, avait été, malgré nos
« pressantes réclamations, séparé du troupeau confié à son
« zèle, à sa vigilance et à sa sollicitude pastorale. Notre dou-
« leur s'est accrue à la pensée de celle qu'aura fait éprouver
« à chacun de vous cet événement triste sous bien des rap-
« ports. Aussi éprouvons-nous le besoin de venir répandre
« dans vos âmes le baume des consolations de la foi, en vous
« donnant une assurance nouvelle du vif intérêt que nous
« portons à la prospérité spirituelle de cette paroisse si édi-
« fiante, et du zèle constant que nous ne cesserons de mettre
« à seconder les vœux de votre foi et de votre piété.

« Vous le savez, les épreuves sur cette terre d'exil sont le
« partage des vrais enfants de Dieu. Dans les vues toujours
« adorables de la Providence, elles sont pour les chrétiens
« qui savent en profiter de précieux moyens de salut. Conso-
« lez-vous, par conséquent, du coup qui vous a frappés et
« nous a frappé nous-même avec vous. Dieu, n'en doutons
« pas, en tirera sa gloire. Que votre foi en devienne donc
« plus vive, votre confiance dans le Seigneur plus inébran-

« lable, votre zèle pour la religion plus ardent, votre ferveur
« plus sensible et plus constante. »

Après avoir rappelé que la persécution a été la vie de l'É-
glise, Mgr Pierre-Tobie recommandait aux paroissiens de
Genève d'être fidèles aux avis que leur avait laissés, à son
départ, M. Marilley, qui continuerait d'être leur curé. En ter-
minant, Monseigneur ajoutait qu'il donnait à M. l'abbé Wicky,
premier vicaire de la paroisse, tous les pouvoirs nécessaires
en pareil cas.

Dès le 20 juin 1844, commença à Genève une administration nouvelle, dont M. Marilley continua à surveiller la marche de Fribourg, où il s'était retiré.

M. l'abbé d'Aulnois avait aidé de tout son dévouement
M. Marilley pendant les neuf mois qui s'étaient écoulés depuis
sa nomination à la cure de Genève jusqu'à son bannissement.
Il continua avec la même ardeur à seconder M. l'abbé Wicky,
avec lequel il s'entendait pour toutes les démarches à faire,
et pour toutes les négociations relatives à la situation difficile de la paroisse. Les épreuves ne manquèrent pas, cette
année, aux prêtres de Genève. Il semblait que les puissances
de l'enfer se fussent déchaînées sur le troupeau confié à leur
sollicitude. Les méthodistes redoublaient de zèle pour arracher la foi à de pauvres familles. Ils semaient partout leurs
petits traités et ils donnaient de l'argent aux malheureux qui
consentaient à leur livrer leurs enfants.

La défection la plus douloureuse fut celle d'un Frère de la
Doctrine chrétienne, qui eut la faiblesse de se laisser surpren-
dre par les insinuations d'un propagandiste. Il quitta furti-
vement la maison de son Ordre pour aller se jeter entre les
bras des protestants, qui annoncèrent avec une joie reten-
tissante la défection du malheureux apostat.

Le cœur des bons prêtres de Genève en fut brisé, et M. Marilley en ayant été averti, leur envoya de Fribourg une lettre
où, tout en plaignant l'infortuné qui venait de causer le scan-

dale d'une défection aussi odieuse, il exhortait les fidèles à prier pour sa conversion.

Elle ne tarda pas à s'opérer, car un mois après sa désertion, déjà le remords avait ramené au bercail cette brebis égarée. Le Frère touché par les reproches charitables d'une âme pieuse et entraîné par le zèle de M. l'abbé Wicky était allé se jeter aux pieds de son supérieur, et se soumettait à une réparation solennelle. Le 1er septembre, M. l'abbé Wicky lisait en chaire la rétractation dans laquelle le converti demandait pardon du scandale qu'il avait donné. Ce fait produisit en France assez de bruit pour que M. de Gasparin en fît l'objet d'une interpellation à la chambre des députés, afin que le ministre constatât si le frère Gaillard avait réellement agi en pleine liberté, et s'il n'était pas plongé dans un cachot du Saint-Office. Le résultat de l'enquête fut que, en rentrant au sein de l'Église et dans son Ordre, le Frère avait été parfaitement libre.

Une autre difficulté ne tarda pas à surgir ; celle du défaut de ressources pécuniaires par la radiation au budget du traitement du curé, mais elle ne fit que mieux ressortir le profond attachement des catholiques de Genève pour leurs prêtres.

Vers le commencement du mois d'octobre, un membre du conseil de fabrique alla réclamer à la caisse de l'État le traitement de la cure de Genève. On lui répondit qu'il n'y avait aucun mandat délivré. Le 14 octobre, Messieurs les vicaires reçurent un avis par lequel on leur faisait savoir qu'ils pouvaient faire retirer la somme de 500 francs. M. l'abbé Wicky, comprenant qu'on voulait séparer les vicaires du curé, répondit qu'ils avaient eu jusqu'ici l'habitude de tenir leur traitement de la main de celui qui était leur chef, et que sans avoir à discuter sur la réduction opérée contrairement aux termes du traité de Turin, ils avaient à recevoir de leur

Évêque une direction. Elle ne tarda pas à venir de Fribourg.

« Dans les circonstances présentes vous n'accepterez au« cune fraction du traitement alloué à la cure de Genève, si
« cette fraction ne représente pas le trimestre échu du
« traitement entier. Les traités et l'acte privé de Turin doi« vent être maintenus, et je ne puis permettre qu'il y soit
« dérogé.

« 2° Vous n'accepterez aucune somme quelconque qui vous
« serait affectée comme traitement de vicaires. »

Cette réponse fut transmise au Président du département des finances, qui se borna à accuser réception de la lettre, et à répéter qu'un mandat de 500 francs serait, à la fin de chaque trimestre, à la disposition de Messieurs les vicaires. Le conseil de fabrique, afin de ne point préjuger la question, fut d'avis qu'il fallait en appeler à la paroisse pour qu'elle eût à suppléer par ses offrandes au traitement de M. le curé. Il fut résolu que l'on distribuerait dans les familles catholiques l'avis suivant : « Dans les circonstances où se trouve actuellement
« la paroisse catholique de Genève, la nécessité de pourvoir
« à l'entretien et à la subsistance des ecclésiastiques qui la
« desservent a inspiré à quelques-uns des principaux parois« siens le désir de voir tous les fidèles coopérer à cette œu« vre au moyen d'une quête. Cette quête sera faite par Mes« sieurs les fabriciens, à chacune des messes, les dimanches
« 17 et 24 courant. Les personnes qui seraient empêchées
« d'assister aux offices voudront bien faire déposer leurs
« offrandes chez Messieurs les fabriciens.

« Genève, le 8 novembre 1844. »

A peine cet avis fut-il devenu public, que le Conseil d'État, dans le but d'empêcher les catholiques de répondre à cet appel, fit annoncer dans la *Feuille d'Avis* que l'État maintenait un traitement de 2,000 francs à Messieurs les vicaires

que c'était à tort qu'on disait les ecclésiastiques de Saint-
Germain dénués de traitement. De son côté, *le Fédéral*,
organe de la coterie protestante, attaquait d'une manière violente l'Évêque qui disait-il « menait toute cette affaire. » Il ne
réussit qu'à exciter les catholiques qui se montrèrent d'une
générosité sans égale. Qu'il nous suffise de citer le produit
des deux quêtes faites les dimanches 17 et 24 novembre. La
première produisit 1,470 fr. 05 cent.; la seconde 998 fr.
39 cent. D'autres personnes versèrent encore 267 fr. 58 cent.
entre les mains des quêteurs. En totalité 2,736 fr. 02 cent.
furent remis à Messieurs les fabriciens. Ce résultat, qui dépas-
sait toutes les prévisions fut pour les prêtres de la paroisse un grand encouragement. Ils virent combien était
apprécié le zèle avec lequel ils remplissaient leur devoir.
Mgr Pierre-Tobie, averti par le conseil de fabrique, félicita les
catholiques en ces termes: « Notre cœur se dilate en voyant que
« l'esprit de charité règne parmi vous, et vous fait faire avec
« générosité des sacrifices bien supérieurs à vos ressources.
« Ce qui nous frappe et nous réjouit, c'est la générosité de
« votre foi dans les circonstances actuelles, c'est la confiance
« dont vous environnez, à juste titre, les dignes prêtres à qui
« j'ai confié le salut de vos âmes et la direction de cette
« paroisse, c'est votre respect pour l'autorité divinement
« instituée de l'Église catholique et votre zèle à la défen-
« dre. »

La conduite des fabriciens était au-dessus de tout éloge;
aussi Monseigneur l'Évêque voulut-il dans sa lettre leur témoigner sa vive reconnaissance. « Ils ont donné à la paroisse
« un exemple de zèle et de charité qui produira ses fruits,
« et qui attirera sur eux et leurs familles les regards et les
« bénédictions du Dieu des miséricordes. »

La position de cette communauté de prêtres éloignés de
leur curé était des plus intéressantes. On y voyait régner
l'union la plus étroite et la plus touchante fraternité. M. l'abbé

d'Aulnois y apportait les charmes de sa franche gaîté et encourageait ses jeunes collègues. En visitant le presbytère on n'aurait pas cru que l'on fût au fort d'une mêlée. Voici comment M. l'abbé d'Aulnois, s'adressant à Mgr Pierre-Tobie pour lui demander un ecclésiastique de plus, peignait la situation : « Jamais le fanatisme protestant de l'Union n'à déployé
« plus de moyens et n'a dépensé plus d'argent que mainte-
« nant. Toute la presse politique s'est tranformée en chaires
« théologiques, où le catholicisme est chaque jour attaqué
« sans pudeur et sans ménagements. Aucun de nous n'a
« un moment de répit : on est obligé de voir en souffrance
« des œuvres qu'on n'a pas le temps de suivre. Le cou-
« rage ne nous abandonne pas, mais les forces n'y suffiront
« pas.

« Genève, novembre 1844. »

M. l'abbé d'Aulnois fut en tout temps d'une très-grande utilité aux prêtres chargés de diriger la paroisse de Genève. Mais à cette époque où leur nombre était si restreint, il se multiplia en quelque sorte, auprès des malades, au confessionnal, en chaire et au collége, où, en qualité de chapelain, il donnait l'enseignement religieux deux fois la semaine. Toujours prêt à rédiger des mémoires sur les questions en litige, sur l'état de la paroisse, il ne se lassait pas d'écrire à M. le curé fixé à Fribourg et à Monseigneur l'Évêque, pour les tenir au courant de ce qui se passait dans la paroisse.

Les premières ressources étant épuisées il fallait songer au moyen de les renouveler. Faire un second appel dans l'église eût été dangereux. Le conseil de fabrique opina qu'on s'adressât à la charité des principaux personnages catholiques de l'époque. Toutes les lettres qui partirent dans ce but pour la France, la Belgique et l'Allemagne furent l'ouvrage de M. d'Aulnois.

S'il fallait remercier les donateurs, c'était encore à lui qu'était réservée la tâche de préparer les réponses. Il était à la lettre, le chancelier de la petite communauté, et il s'acquittait de cette tâche avec une rare habileté, habitué qu'il était à la correspondance.

Ce fut donc au moyen d'aumônes que vécurent pendant deux ans les prêtres de la paroisse de Genève. Il fallut une sage économie pour ménager les moyens que la Providence envoyait à son heure. Il nous souvient avoir entendu raconter à M. l'abbé d'Aulnois que les dépenses des premiers mois de l'année 1845 avaient été couvertes par les quêtes, mais il ne restait plus rien dans la bourse du caissier. On se demandait avec inquiétude comment se solderaient les comptes du mois courant, lorsque, à l'ouverture de la boîte aux lettres, on trouva un billet de 500 francs. M. l'abbé Wicky soupçonna M. l'abbé d'Aulnois d'avoir été l'envoyé de la bonne Providence.

CHAPITRE XIII

Négociations pour le choix d'un nouveau curé de Genève.

A la tête des personnes qui s'intéressèrent le plus à la position de la paroisse catholique de Genève, nous placerons M. le comte de Crotti de Castigliole, ambassadeur de Sa Majesté le roi de Sardaigne, homme d'honneur et de foi, qui a rendu depuis d'éminents services à la cause de l'Église dans son pays. Il entretenait avec M. l'abbé d'Aulnois une correspondance très-active. Instruit des arrêtés du gouvernement de Genève, il lui avait d'abord demandé de surseoir à toute mesure coercitive contre M. Marilley, jusqu'à ce que la question eût été décidée par les autorités compétentes, et il donnait ce nom soit au Saint-Siége, soit aux puissances qui avaient garanti les traités.

N'ayant rien pu obtenir, il se plaignit au nom de la cour de Turin que l'exercice du culte catholique ne fût plus protégé à Genève, comme il avait été stipulé lors de la cession du territoire sarde à la Suisse. Il se plaignit surtout du renvoi brutal de M. Marilley. Trois mois plus tard, il appuya encore la dépêche de Monseigneur le Nonce, qui, au nom de S. S. le Pape Grégoire XVI, réclamait contre l'expulsion du curé de Genève et demandait une prompte et complète réparation.

Le gouvernement se retranchait toujours dans le prétendu droit que lui donnait la convention du 1er février 1820, « tacitement, disait-il, approuvée par Rome. » Pour terminer ce malentendu, Sa Sainteté ordonna au Nonce de déclarer qu'Elle blâmait formellement cette convention, qui n'avait été approuvée par aucun de ses prédécesseurs. Quoique tardive, c'était une condamnation de l'excessive condescendance de Mgr Pierre-Tobie Yenni, qui avait agi en toute simplicité, croyant à la parfaite bonne foi des délégués de Genève. Le pieux prélat accepta le blâme non-seulement avec soumission et humilité, mais avec joie : car il s'était reproché de n'avoir pas consulté Rome, et il avait déclaré au gouvernement genevois qu'il ne se regardait plus lié par cet accord, dont il avait vu les effets désastreux.

Dès ce moment, chacun comprit qu'il fallait arriver à une nouvelle convention, où la nomination du curé appartînt à l'Évêque, tout en accordant une part au gouvernement. Telle fut la pensée exprimée par M. l'abbé d'Aulnois dans une lettre en date du 7 octobre 1845, adressée à S. Ém. le Cardinal Lambruschini, secrétaire d'État, avec lequel il était en correspondance; lui demandant des directions et lui exposant les phases de la question en litige.

Dans les diverses communications officieuses adressées à M. Marilley, on lui faisait entendre que, si sa nomination eût été opérée régulièrement, le Conseil d'État l'aurait agréé. Informé de ce bruit, M. le comte de Crotti vint à Genève, et fit une visite au premier syndic. Il lui dit qu'il se présentait pour aider le gouvernement à sortir du mauvais pas dans lequel il s'était engagé, et pour poser les bases d'un arrangement. Voici celui qu'il proposait : M. Marilley donnerait sa démission, et la cure de Genève serait déclarée vacante. L'Évêque informerait le gouvernement du nom des trois ecclésiastiques sur lesquels il avait l'intention de faire tomber son choix. L'État aurait à faire savoir à l'Évêque si un ou deux de ces candidats lui étaient désagréables, mais le nom de M. Marilley, placé en tête de la liste, serait réservé. A peine M. le premier syndic eut-il entendu ce nom, qu'il déclara ne pouvoir entrer en négociation sur les bases proposées. Chacun se retira, et les rapports officiels entre le gouvernement de Genève et Mgr Pierre-Tobie furent sinon brisés, du moins d'une froideur plus marquée encore que par le passé.

Il en fut ainsi jusqu'au mois d'août, époque où Mgr Rendu s'étant trouvé aux eaux de la Caille avec un membre du Conseil d'État, fit tomber la conversation sur les difficultés existantes pour la nomination du curé de Genève, et développa la nécessité d'une conciliation. Le premier syndic, M. Demole, ayant été informé de cette entrevue, voulut avoir un entretien avec ce prélat. Mgr Rendu lui démontra l'absurdité de la convention de 1821, qui donnait aux magistrats de Genève le moyen de refuser, sans alléguer de raisons, toutes les nominations possibles. Monsieur le premier syndic déclara ne pas se refuser à un arrangement, proposant toutefois une simple modification de deux articles de la convention.

Il semblait que tout marchait vers un accomodement, qui aurait pour résultat l'élévation de M. *Marilley* à un poste supérieur et la nomination d'un nouveau curé de Genève, lorsque les prétentions de l'État se produisirent avec plus de ténacité contre les principes catholiques. Il y eut même de l'âpreté dans la discussion. « Le gouvernement, dit M. De- « mole, a le droit préexistant à tout concordat quelconque « de *nommer les agents qu'il salarie.* »

Avec une telle théorie, il était impossible de s'entendre ; c'était proclamer l'omnipotence de l'État et son droit de dominer l'Église ; c'était oublier les traités, fouler aux pieds les concordats qui avaient garanti une indemnité accordée au clergé pour les spoliations commises par la Révolution française et la vente des bénéfices. L'avis de M. Demole était donc qu'on fît une dernière sommation à Mgr Pierre-Tobie pour qu'il eût à repourvoir la cure de Genève d'un nouveau titulaire. D'autres conseillers d'État soutinrent qu'il fallait à tout prix arriver à un arrangement qui ne pouvait s'opérer sans un négociateur. Mgr Pierre-Tobie connaissant la prudence et les talents de M. l'abbé d'Aulnois, le choisit pour s'entendre avec le premier syndic, en lui donnant ses instructions, ou plutôt celles de Rome, puisqu'il s'en était remis à la sagesse du Saint-Siége.

M. l'abbé d'Aulnois avait approfondi la question de la convention ; il était d'avis qu'avant d'arriver à un nouvel arrangement qui pût concilier tous les droits on jetât des jalons pour rendre une nomination possible dans les circonstances actuelles. Le nom de M. Marilley était écarté ; il devait être prochainement nommé coadjuteur de Mgr Pierre-Tobie, dont la santé donnait depuis plusieurs mois de sérieuses inquiétudes.

Il exposa ses vues à Mgr Pierre-Tobie qui lui fit répondre par son chancelier, M. l'abbé Perroulaz, qu'il les approuvait. Ce dernier fatigué des subtilitésde la politique, ajoutait : « Dieu ! que de versatilité, de mauvaise foi, de ruses et de « détours ! C'est ce qui prouve que c'est la cause de Dieu que « nous défendons. Merci mille et mille fois pour vos deux « notes ; Monseigneur les a approuvées. Puisque le fer est « chaud, battez-le. En avant ! que saint Vincent de Paul, la « Sainte Vierge et le bon Dieu vous soient en aide. »

Muni d'une lettre de Sa Grandeur Mgr l'Évêque de Lausanne et Genève, M. l'abbé d'Aulnois se présenta chez M. le premier syndic, le 26 septembre. L'entrevue ne dura pas moins de deux heures, mais rien ne fut conclu. Une seconde conférence eut lieu le 29 du même mois, sans aboutir.

M. l'abbé d'Aulnois rendit compte à son Évêque de ces entrevues en ces termes :

« Conformément aux ordres de Sa Grandeur, je suis allé « le 26 septembre chez M. le premier syndic, à qui j'ai remis

« la lettre qui m'accréditait. M. le conseiller d'État Christiné
« m'avait dit que M. le premier syndic me recevrait volon-
« tiers au nom de Monseigneur. L'entrevue s'est passée en
« pourparlers, et un second rendez-vous a été fixé pour le
« 29.

« Les deux fois j'ai été reçu avec beaucoup de politesse ;
« on m'a formellement exprimé le désir qu'il n'y eût pas
« d'autre intermédiaire entre Monseigneur et le premier syn-
« dic.

« J'ai trouvé une disposition prononcée et qu'on ne pou-
« vait cacher, d'en venir promptement à un arrangement.
« On a paru effrayé de l'avis de l'*Union*, qui annonçait la
« maladie de Monseigneur. On m'a demandé avec anxiété
« s'il était vrai qu'il dût y avoir un coadjuteur. *En ce cas*
« *il faut en finir promptement.*

« Nous avons été d'accord sur ces points :

« Il faut un arrangement.

« Laissons de côté le droit et le fond de la question.

« La nomination réelle restera à l'Évêque.

« La participation du gouvernement par voie de récusation
« sera limitée.

« Il faut un arrangement qui puisse passer à Rome et au
« Grand Conseil et qui puisse être appuyé par les cabinets de
« Paris et de Turin.

« Il faut un arrangement perpétuel qui soit dans les ter-
« mes diplomatiques convenables.

« Il faut un arrangement qui satisfasse les catholiques,
« sans froisser les protestants. »

On traita cette question : Y aura-t-il une nouvelle convention, ou modifiera-t-on celle de 1820 ?

M. l'abbé d'Aulnois proposa la modification des art. 4
et 5.

« Sa Grandeur, avant d'arrêter la nomination, indiquera
« à Monsieur le premier syndic trois candidats, parmi les-
« quels le Conseil d'État pourra en récuser un.

« Monsieur le premier syndic proposera une première
« présentation que le Conseil d'État pourra récuser, et ensuite
« une seconde de 5 parmi lesquels le Conseil d'État pourrait
« en éliminer 3. — Impossibilité démontrée. »

Les négociations commencées par M. l'abbé d'Aulnois au
nom de Mgr Pierre-Tobie, furent arrêtées par la maladie de
ce prélat. Un instant on crut à une amélioration dans son
état de santé ; mais la mort vint l'enlever à son troupeau le
8 décembre, jour de l'Immaculée-Conception. Tous ceux
qui ont connu ce pontife vénérable l'ont pleuré comme un
père.

Lorsque cette nouvelle arriva à Rome, le pape Grégoire XVI
ordonna que tout fût disposé pour que M. Marilley fût préconisé dans le prochain Consistoire, évêque de Lausanne et de
Genève. Vainement celui-ci avait conjuré Mgr Maciotti, archevêque de Colosse, nonce apostolique à Lucerne, d'écrire à
Rome afin qu'il ne fût pas question de sa personne pour la
dignité épiscopale [1]. Il n'avait obtenu de Monseigneur le
Nonce que cette réponse :

« Je suis pour le moment sans instruction de Rome. Tout
« ce que je peux vous dire, Monsieur, maintenant, c'est que

---

1. Voici cette lettre qui honore M. Marilley et montre combien il
redoutait la charge épiscopale :
« Au commencement de septembre dernier, j'ai appris par la bouche
« de Monseigneur notre Evêque défunt, et plus tard par le bruit public,
« que le Saint-Siége pensait à m'élever à la dignité épiscopale. Cette
« nouvelle m'a grandement alarmé. Aussi, ai-je aussitôt supplié notre
« vénérable Evêque d'abandonner ce projet, et de joindre ses instances
« aux miennes pour le faire abandonner à Rome. Voyant que ma
« démarche auprès du prélat était inutile, j'ai écrit à Rome à un person-
« nage respectable, bien connu du cardinal secrétaire d'Etat, de faire
« savoir à Son Eminence combien je désirerais en être préservé.
« Par le désir que j'ai de n'être jamais cause ou prétexte de mésintel-
« ligence quelconque, je viens, Monseigneur, me jeter à vos pieds et vous
« conjurer, en votre qualité auguste de représentant du Vicaire de Jésus-

« vous devez être disposé à faire la volonté de Dieu et celle
« du Vicaire de Jésus-Christ sur la terre.

« C'est à lui de commander, c'est à vous d'obéir et de suivre
« les ordres supérieurs avec une résignation entière et une
« scrupuleuse exactitude.

« Lucerne, 18 octobre 1845. »

Vingt jours après, M. Marilley recevait de la nonciature les
lignes suivantes :

« Ce n'est pas sans raison que je vous ai conseillé par ma
« lettre de mois passé de suivre les ordres du Saint-Siége. Le
« moment est venu de donner au Saint-Père une preuve écla-
« tante de dévouement, de soumission et de résignation. Vous
« avez été élevé par lui à la dignité épiscopale, et vous serez
« préconisé évêque de Lausanne et de Genève dans le pro-
« chain Consistoire. »

La préconisation eut lieu, en effet, le 19 janvier 1846. En
chassant M. Marilley de leur ville, les conseillers d'État genevois ne se doutaient pas qu'ils le mettaient sur la voie du
siége épiscopal. Ils furent, sans le vouloir, les instruments de
la Providence. Mgr Marilley fut sacré Évêque, le 15 mars 1846.
Le gouvernement de Genève n'attendit pas cette date pour
offrir à Mgr Marilley des félicitations que nous ne savons
trop comment qualifier. Était-ce franchise ou hypocrisie politique, nous ne saurions le dire. Il sentait qu'il avait à se faire
absoudre de ses procédés violents et de son intolérance. Le
25 février, Monsieur le premier syndic contresigna les lignes
suivantes. « En présentant à Votre Grandeur nos félicitations
« à l'occasion de son élévation, nous avons le ferme espoir
« que son administration présentera d'heureux résultats pour

« Christ, de ne jamais penser à moi pour la dignité épiscopale. Mon vœu
« le plus ardent est de rester simple prêtre.
« Le poste le moins important et le plus retiré de notre diocèse est
« celui que j'ambitionne davantage.
« Fribourg, 12 octobre 1845. »

« le diocèse, et nous nous faisons un devoir d'assurer Votre
« Grandeur que, de notre côté, nous contribuerons par tous
« les moyens en notre pouvoir, à entretenir dans nos rapports
« avec l'Évêché, cette bonne harmonie toujours si désirable. »

Un correspondant officieux avait devancé les syndics et
dans une lettre intime, M. Ch. E. lui avait déclaré que « il
« se réjouissait qu'un poste aussi éminent fût occupé
« par un homme estimable et vertueux. Vous êtes unanime-
« ment reconnu comme tel, ajoutait-il. Les conservateurs des
« deux religions, ceux qui veulent une sage liberté, accom-
« pagnée de l'ordre, de la tranquillité, se réjouissent de
« votre nomination. Quelques personnes malveillantes cher-
« cheront peut-être à vous faire croire que le gouvernement
« de Genève a vu avec peine le choix de Sa Sainteté. Je vous
« affirme que ceux mêmes qui ont mis le plus de fermeté à
« repousser votre nomination à la cure de Genève, sont les
« mêmes conseillers d'Etat qui reconnaissent au fond, que
« votre nomination est un bien pour le canton. »

« 4 février 1846. »

Évidemment il se passait à Genève quelque chose d'inso-
lite pour qu'on tînt à Mgr Marilley un tel langage. Le radicalisme, en effet, montait à l'assaut du pouvoir, et les conservateurs cherchaient à regagner auprès des catholiques le
terrain que leur avait fait perdre l'exil du curé de Genève.
Les habitants de la campagne en murmuraient hautement,
et l'envisageaient comme un acte d'hostilité protestante.
Mgr Marilley profita de ces ouvertures, et sans faire la moindre allusion au passé, il se montra tout disposé à maintenir
de bons rapports avec le gouvernement, et à concourir à la
solution des difficultés pendantes. De nouvelles négociations
furent entamées, et M. l'abbé d'Aulnois reçut la délicate mission de les poursuivre.

Quand il avait été question d'élever M. Marilley à un poste supérieur, Mgr Pierre-Tobie avait pensé lui donner M. l'abbé d'Aulnois pour successeur. Nous en trouvons la preuve dans une lettre écrite par M. le chancelier Perroulaz :

« Pourvu qu'avec sa malice, il ne cherche pas volontaire-
« ment à se compromettre, afin d'éviter plus tard la cure de
« Genève. S'il était moins bon prêtre je l'en croirais capable,
« mais son bon ange chassera cette tentation et il ne verra
« que Dieu en tout, et l'abbé d'Aulnois sera le mouton du
« bon Dieu, l'enfant de l'obéissance, l'instrument à toutes
« mains de son Évêque. J'en réponds.

« Fribourg, 17 septembre 1845. »

Mgr Marilley respectant la pensée de son vénérable prédé-
cesseur plaça le nom de M. d'Aulnois à la tête des candidats qu'il soumit au premier syndic. M. Ch. E. s'était déjà prononcé à son sujet en écrivant à Mgr Marilley les bruits qui circulaient dans les cercles de Genève.

« Il est impossible, disait-on, que M. l'abbé d'Aulnois soit
« nommé ; ce serait un obstacle à la bonne entente. C'est un
« étranger ; il est prêtre depuis deux ans seulement. On allait
« même jusqu'à dire qu'il était jésuite. »

Ce mot disait tout : c'était celui dont on se servait dans toute la Suisse pour soulever les masses et préparer l'écrase-
ment des pouvoirs cantonaux.

Mgr Marilley connaissait le mérite de M. l'abbé d'Aulnois, et voulait lui donner un témoignage de sa haute considération ; il maintint son nom sur la présentation où figuraient trois Genevois, trois Vaudois, un Fribourgeois et deux Fran-
çais, membres du clergé du canton. M. Demole ne voyant pas sur cette liste les noms qu'il était chargé de patronner, déclara à M. d'Aulnois qu'il lui paraissait très-difficile d'arriver à l'arrangement désiré. Le Conseil d'État montrait par là que la nomination du curé était réellement une affaire personnelle.

9.

L'Évêque ne pouvait céder ses droits. Il exprima son regret de n'avoir pu obtenir une solution et l'espérance d'être plus heureux dans une visite qu'il se préparait à faire à la paroisse de Genève. Les événements d'octobre vinrent changer la face des affaires. Une révolution éclata au sujet du vote du Grand Conseil. Le quartier de Saint-Gervais se mit en insurrection. Les barricades se dressèrent. Malgré tous leurs griefs contre le gouvernement conservateur, les catholiques répondirent à son appel et vinrent le soutenir, sachant qu'il avait voté dans le sens favorable aux cantons concordataires de la Suisse.

On sait quelle fut la solution de cette fameuse journée du 2 octobre. Après avoir lancé les colonnes catholiques sous le feu des émeutiers de Saint-Gervais, qui étaient à l'abri des balles derrière les parapets du quai des Bergues, le gouvernement finit par faiblir. Il donna sa démission et le parti radical monta triomphant à l'Hôtel de Ville. A sa tête figurait James Fazy qui, en adroit politique, voulut donner une prompte satisfaction aux catholiques et les rattacher à son parti. Il écrivit à Sa Grandeur que le gouvernement provisoire désirait se mettre tout de suite en rapport avec l'Évêque sur les questions qui concernaient les habitants catholiques du canton de Genève. Tout en « protestant du vif désir qu'il « avait de maintenir les droits de chacun, et de traiter à « l'amiable les questions épineuses qui pourraient surgir, il « croyait avant tout devoir terminer l'affaire du curé de « Genève. Nous attendons de vous, ajoutait-il en finissant, « une proposition pour lui donner une issue favorable, qui « satisfasse à la fois les ressortissants à la cure de Genève et « l'opinion publique. » (12 octobre 1846.)

Mgr Marilley répondit au Président du gouvernement provisoire qu'il applaudissait à ses ouvertures conciliantes, et qu'il chargeait M. l'abbé d'Aulnois, qui connaissait à fond tous les détails de cette question, de conférer avec un des membres du gouvernement.

Les négociations furent courtes, elles se terminèrent le 7 novembre par la nomination de M. l'abbé Dunoyer, ancien curé de Frangy qui, de Fribourg où il avait été nommé chancelier de l'Évêché, était arrivé trois semaines auparavant à Genève avec le titre de commissaire épiscopal, pour administrer provisoirement la paroisse de Genève. Ainsi se termina la vacance de la cure à la satisfaction générale des catholiques.

M. Dunoyer avait été vicaire de M. Vuarin en 1829. Il connaissait le terrain sur lequel il était appelé à combattre. Si nous avions à le suivre dans son administration jusqu'en 1864, nous le verrions tour à tour donnant de nouveaux accroissements aux écoles, éteignant les dettes contractées pour l'achèvement de l'hôpital catholique, achetant la maison qui sert aujourd'hui de presbytère à Saint-Germain. Nous le verrions luttant avec énergie et prudence pour conserver le précieux établissement des Frères de la Doctrine chrétienne, et maintenant les catholiques de Genève dans la fidélité et l'amour pour leur Évêque pendant l'emprisonnement de Mgr Marilley à Chillon et son exil à Divonne.

Son œuvre capitale, celle à laquelle son nom restera attaché, c'est la construction de la belle église de Notre-Dame. Il avait su avec une rare activité obtenir le terrain sur lequel elle est construite; il en a suivi les travaux. A l'aide d'habiles quêteurs, il a pu réunir les fonds nécessaires pour mener cette grande entreprise à bonne fin.

Cette période de la paroisse de Genève, nul n'aurait mieux pu la décrire que M. l'abbé d'Aulnois. Il en avait traversé toutes les phases. Il avait aidé M. Dunoyer, dont il était le bras droit, à préparer les nombreux mémoires publiés sur les écoles, les cimetières et les fabriques. Il connaissait tous les détails de cette histoire qui aura, sans doute, un jour son écrivain.

Nous regretterons toujours que M. l'abbé d'Aulnois n'ait pas pris sur ses heures de dévouement le temps qu'il lui aurait fallu pour résumer ses souvenirs, et rédiger cet important travail.

Plusieurs fois nous lui avons demandé de mettre la main à l'œuvre. « Il réservait, disait-il, pour cela les années de la solitude et du repos. » Dieu ne les lui a pas accordées.

Revenons à ses travaux de ministère et aux œuvres dont il fut le fondateur.

CHAPITRE XIV

M. l'abbé d'Aulnois et les Œuvres.

Pendant toute la période que nous venons de traverser, chacun des membres du clergé de Genève avait rivalisé de dévouement et de zèle pour que la paroisse n'eût pas à souffrir de l'absence de son curé. M. l'abbé Wicky n'attendit pas la nomination de M. Dunoyer pour rendre compte à Mgr l'Évêque de son administration. Dans un mémoire détaillé, contrôlé et approuvé par MM. les archiprêtres de Chêne et de Carouge, il prouva que, bien loin d'avoir été en souffrance, les œuvres confiées à sa sollicitude, et à celle de ses auxiliaires avaient pris un développement providentiel.

L'organisation de ces œuvres était due au zèle de M. l'abbé d'Aulnois. Il connaissait, par expérience, tout le bien qu'on peut en tirer pour l'édification d'une paroisse. Il en avait éprouvé lui-même à Paris les heureux résultats. Aussi proposa-t-il à M. l'abbé Wicky d'établir une société de jeunes gens placée sous le patronage de saint François de Sales et un catéchisme de persévérance pour les jeunes filles. La société de Saint-François de Sales devait, dans sa pensée, contribuer à maintenir les jeunes gens dans la fidélité à leurs devoirs religieux, les tenir unis et leur fournir un centre où ils trouveraient de bons compagnons, des livres utiles et d'innocentes distractions après le travail. En cultivant le chant, ils se mettaient à même de contribuer à la pompe des cérémonies religieuses. Il y avait aussi une section littéraire chargée d'organiser des séances publiques et d'y réciter des pièces de littérature. Aussi longtemps que cette société resta fidèle à l'esprit de son fondateur elle fut florissante; mais peu à peu on voulut y admettre des jeunes gens plus désireux de paraître que de se sacrifier, ils introduisirent dans leurs réunions le mélange des choses de Dieu avec celles du monde, ouvrirent leurs rangs à des compagnons qui n'étaient chrétiens que de nom, et finirent par des rivalités et des dissensions qui entraînèrent la dissolution de la société de Saint-François de Sales.

Il n'en fut pas de même du catéchisme de persévérance des jeunes filles, qui fut établi en 1815, et qui est encore aujourd'hui en pleine prospérité. La retraite préparatoire à la première communion avait été suivie avec une touchante édification. Il y avait parmi les jeunes personnes qui fréquentaient les écoles de la paroisse les meilleurs éléments. Il fut donc résolu que l'on ferait un appel aux enfants et à leurs parents, et que tous les quinze jours les jeunes filles seraient convoquées dans la chapelle des Sœurs de Charité pour y recevoir une instruction spéciale. La première réunion se tint le 25 mai 1845.

Voici le procès-verbal de la fondation de cette œuvre, qui a tenu groupées depuis cette date tant de jeunes personnes vertueuses, dont les unes sont mortes avec la parure de l'innocence, et les autres sont encore aujourd'hui l'honneur de la paroisse. Ce procès-verbal fut rédigé par M. l'abbé d'Aulnois.

« Aujourd'hui 25 mai 1845 a été fondé dans la maison « des Sœurs de Charité de Genève un catéchisme de persévé- « rance pour les jeunes filles qui ont eu de bonheur de faire « leur première communion.

« Ce catéchisme aura pour but d'entretenir parmi les
« jeunes filles de la paroisse l'esprit de foi et les habitudes
« chrétiennes qui doivent être le fruit de la première com-
« munion.

« Pour faire partie de cette association, il faut avoir
« l'assentiment formel de ses parents et celui de son confes-
« seur, s'être présenté à M. le curé de Genève, qui remettra
« le billet d'admission.

« Les jeunes personnes qui feront partie de ce catéchisme
« de persévérance seront invitées à participer à deux genres
« de bonnes œuvres à leur portée.

« 1° Chercher à encourager ou à détourner du mal les
« jeunes filles qui seraient exposées à offenser Dieu.

« 2° Consacrer quelques moments de loisir aux pauvres.

« Les protecteurs du catéchisme de persévérance seront
« la très-sainte Vierge Marie, dont on célébrera la fête le
« dimanche après l'Immaculée Conception, et saint Vincent
« de Paul, dont la fête se célèbre le dimanche après le
« 19 juillet.

« Il y aura communion générale à Saint-Germain et salut
« du Saint-Sacrement aux Orphelines, ensuite tirage d'une
« loterie gratuite.

« A chaque séance du dimanche, il y aura :

« 1° L'appel ;
« 2° La prière du *Veni Sancte* et du *Sub tuum ;*
« 3° La lecture de la vie d'un saint ;
« 4° Une instruction sur l'histoire de la religion ;
« 5° La lecture des résumés ;
« 6° La récitation de deux dizaines du rosaire ;
« 7° Le compte-rendu des exercices de charité.

« Pendant chaque séance, on devra observer la meilleure
« tenue et la plus parfaite convenance. Toute petite coterie
« est interdite. La plus grande simplicité et le support

« mutuel doivent établir entre toutes l'harmonie et l'affec-
« tion chrétienne.

« Les engagements d'admission sont :

« 1° De fréquenter les sacrements tous les mois ou plus
« souvent, selon le conseil de son confesseur.

« 2° D'être assidue et d'une tenue édifiante aux saints
« offices de l'Église.

« 3° D'avoir une dévotion particulière pour la divine
« Eucharistie et pour la Sainte-Vierge.

« 4° De ne point lire de livres suspects, de s'abstenir de
« conversations dangereuses et de ne point fréquenter de
« personnes dont la foi et la vertu puissent donner de l'in-
« quiétude.

« 5° D'assister aussi régulièrement que possible aux réu-
« nions du dimanche, qui auront lieu d'une heure et demie
« à trois. »

Ce règlement fut soumis à M. Marilley encore en exil, qui
lui donna le 20 mai l'approbation suivante :

« En attendant que la Providence me procure la consola-
« tion de revoir mes chers et bien-aimés paroissiens, je pen-
« serai avec bonheur aux nouveaux et précieux moyens de
« sanctification que le catéchisme de persévérance va offrir
« à une portion de mes chères et bien-aimées enfants en
« Notre Seigneur Jésus-Christ.

« Fribourg, le 20 mai 1845. »

M. l'abbé d'Aulnois, qui avait été l'organisateur de ce
catéchisme de persévérance, le dirigea jusqu'en 1859, époque
à laquelle, avec l'assentiment de M. Dunoyer, il se déchargea
de la direction du catéchisme qui fut alors confiée au premier
vicaire de la paroisse, M. l'abbé Broquet, dont le zèle donna
à ces pieuses réunions un développement nouveau.

De cette œuvre, qui initiait les jeunes filles à une connaissance parfaite de la religion, naquit l'association de

Sainte-Élisabeth, comme la fleur de son bouton. Elle en fut l'épanouissement tout naturel.

Ce fut à la suite du Carême, prêché par le R. P. Nampon, que M. l'abbé d'Aulnois résolut de grouper, dans une nouvelle association, les jeunes personnes qui, arrivées à dix-neuf ans, se trouvaient dans une trop grande inégalité d'âge avec les jeunes recrues du catéchisme de persévérance.

Le 30 mai 1847, jour de la Fête-Dieu, il fit un appel à celles qui voudraient arborer une nouvelle bannière, et fonder une société où l'on travaillerait pour les pauvres et où l'on aurait de bons livres. Le 3 juin, jour fixé pour la première réunion, une quinzaine de personnes se présentèrent et se montrèrent prêtes à suivre les directions de M. l'abbé d'Aulnois. Huit jours plus tard, une convocation régulière réunit treize membres qui eurent à délibérer sur le choix d'une présidente. L'association fut placée sous le patronage de sainte Élisabeth et du Sacré-Cœur de Jésus-Christ. Chaque sociétaire fut soumise à une cotisation de 50 centimes par mois et, au bout de quelques semaines, on put acquérir des livres pour former une petite bibliothèque et des étoffes pour confectionner des vêtements aux pauvres. On se mit à chercher quelles étaient les pauvres femmes les plus dignes de commisération, et on leur alloua des secours. Dès lors les sociétaires se réunirent tous les quinze jours pour travailler pour les pauvres. Bientôt de nouveaux membres se présentèrent et les réunions furent plus nombreuses. Elles s'étaient d'abord tenues dans des maisons particulières. Il fallut choisir un local plus vaste, et la salle du clocher au-dessus de Saint-Germain fut utilisée.

M. l'abbé d'Aulnois ayant affaire à de jeunes personnes qui allaient bientôt entrer dans le monde, soit comme mères de famille, soit comme maîtresses de maison ou comme institutrices, choisit l'éducation pour sujet de ses instructions. Se servant du Traité de Fénelon sur cette matière il en donna l'explication pratique, en énumérant les devoirs sérieux de la vie, l'importance de l'ordre et l'obligation qui pèse sur les mères de famille d'élever convenablement leurs enfants. Ces leçons pleines de sagesse furent tellement goûtées que plusieurs en firent de longs résumés, qu'elles gardèrent comme un grand enseignement pour elles et pour leurs parents. C'étaient comme des horizons nouveaux ouverts devant ces jeunes personnes, soit sur leur avenir, soit sur les moyens de se rendre utiles dans la société.

Afin d'ajouter plus de solennité aux fêtes de l'association, M. l'abbé d'Aulnois forma une section de chant qui a rendu de grands services à la paroisse. Parfois il désignait aux jeunes personnes de Sainte-Élisabeth un but de pieux pèlerinage. Les journées qui y étaient consacrées s'écoulaient dans la joie la plus pure et dans l'expansion d'une innocente et franche gaîté. Telle fut la course des Allinges en 1856, dont le souvenir est resté dans le cœur et la mémoire de toutes les personnes qui prirent part à cette excursion.

L'association de Sainte-Élisabeth, dans les plans de M. l'abbé d'Aulnois, devait se recruter parmi les jeunes filles du catéchisme de persévérance. Il n'en fut pas ainsi. Une nouvelle association s'était formée : celle des Enfants de Marie dirigée par M. le Curé et par les Sœurs de Charité. Les enfants du catéchisme de persévérance se dirigèrent en grande partie vers la congrégation des Enfants de Marie. Ne voulant pas contrarier ce courant qui, en définitive, était également salutaire pour l'esprit catholique, et trouvant que l'association de Sainte-Élisabeth ne réalisait plus tout le bien qu'elle avait fait par le passé, M. l'abbé d'Aulnois en proposa, en 1859, ou la transformation sous une autre main, ou la dissolution.

« Je suis convaincu, disait-il dans un mémoire présenté à « ce sujet à M. Dunoyer, que j'ai épuisé mes forces et mes

« moyens d'action dans l'association de Sainte-Élisabeth. J'ai
« usé tous les ressorts, toutes les combinaisons possibles du
« zèle; je me bats les flancs pour rajeunir une parole qui
« ne peut plus avoir la même influence à mon âge, et après
« treize ans d'exercice de tous les huit ou quinze jours. » Il
n'était pas facile, en effet, de soutenir à la fois le catéchisme
de persévérance, l'association de Sainte-Élisabeth et celle des
Enfants de Marie.

Les jeunes personnes qu'avait eues sous sa direction
M. l'abbé d'Aulnois étaient devenues d'excellentes mères de
famille, de bonnes institutrices ou de ferventes tierçaires
de saint François d'Assise. Alors fut décrétée la fusion des
deux associations de persévérance et de Sainte-Élisabeth.

Ce fut avec un profond chagrin que les associées de Sainte-
Élisabeth apprirent cette résolution. Elles avaient goûté tant
de charme dans ces réunions dont la charité la plus entière
avait été l'âme ! A dix ans de distance, nous avons entendu
des membres de cette association exprimer avec larmes le
regret universel qu'excita cette triste nouvelle. Tout en ces-
sant de diriger l'association de Sainte-Élisabeth qui fut le
germe de presque toutes les associations catholiques aujour-
d'hui existantes à Genève, M. l'abbé d'Aulnois ne continua
pas moins de donner aux jeunes prêtres qu'il initiait à la
direction des œuvres, l'appui de sa vieille expérience et de ses
bons conseils, tout en s'effaçant avec modestie.

« Il importe, disait-il, que les institutions utiles ne meurent
« pas de langueur et de monotonie. Il faut, d'ailleurs, qu'elles
« ne tiennent pas à l'homme qui a pu les créer et qui passe,
« et alors arrive le moment favorable qu'il faut saisir, pour
« donner à de plus jeunes ecclésiastiques, à des activités
« nouvelles les moyens de continuer sans transition brusque
« les œuvres vraiment paroissiales. »

Tel fut le système de M. l'abbé d'Aulnois durant tout le
cours de sa vie. Il ne cherchait que le bien, et lorsqu'il trou-

vait des instruments propres à l'opérer il les mettait en avant, en se réjouissant des succès de ses confrères. D'ailleurs son zèle, qui n'avait pas de bornes, trouvait partout un champ assez vaste, et il garda jusqu'à la fin la direction des bonnes domestiques, des Tabernacles et du Tiers-Ordre.

Avant de montrer son action dans ces trois œuvres, disons un mot de l'organisation de celles qui furent spécialement vouées à la charité.

Les jeunes personnes enrôlées sous la bannière de sainte Élisabeth avaient été, à la vérité, initiées aux actes de charité. Elles confectionnaient des vêtements pour les ouvrières indigentes, mais ce n'était en quelque sorte qu'une branche de leur activité. Le temps était venu où il fallait seconder les Sœurs de Saint-Vincent auprès des familles pauvres, en leur ménageant des aides parmi les dames de la paroisse.

Il ne fut pas facile au début de les décider à quitter leur paisible demeure pour gravir l'escalier des mansardes, et voir les pauvres de près. M. l'abbé d'Aulnois contribua par ses visites et ses instances à vaincre cette répugnance, et par son activité fut organisée la société des Dames de Charité qui, aujourd'hui, étend son action dans les familles pauvres confiées à leur sollicitude et à leurs soins. Elle est formée de quatre sections, qui rivalisent de zèle pour trouver des ressources en faveur des pauvres. Outre leur cotisation annuelle, les Dames de Charité se transforment en quêteuses à l'entrée de l'hiver. Elles sillonnent la ville, gravissent les escaliers et vont frapper à toutes les portes afin d'obtenir une aumône pour leurs chers pauvres. Ministère admirable que Dieu bénit !

Grâce aux dons de la charité, elles peuvent distribuer à près de deux cents familles du bois, du pain, des pommes de terre et payer la pension de quelques orphelins. Ces secours ne sont pas inutiles, car, hélas ! à Genève, le nombre des pauvres est très-grand. Attirés par l'espoir du gain, ils arrivent de tous les horizons. Ils trouvent de l'ouvrage pendant une partie de l'année ; des mauvais jours arrivent, des accidents frappent un père, une mère. Voilà des orphelins, des familles sans ressources.

Ici comme pour la société de Sainte-Élisabeth, nous voyons M. l'abbé d'Aulnois, après dix ans, disparaître des réunions des Dames de Charité. Il en laisse l'entière direction au curé de la paroisse, qu'il envisage comme le père de la partie malheureuse de son troupeau, et comme devant être l'instigateur de toutes les bonnes pensées pour le soulagement des pauvres.

La seconde association vouée aux œuvres de charité à Genève est la conférence de Saint-Vincent de Paul, qui a rendu de très-grands services aux familles indigentes. Voici comment l'auteur de la Biographie de M. d'Aulnois rend compte de sa fondation :

« Au mois d'août 1846, une tentative plus difficile encore
« fut réalisée. La Société de Saint-Vincent de Paul s'établis-
« sait à Genève, sous l'impulsion d'un ancien membre de la
« conférence de Saint-Sulpice à Paris, M. le docteur Du-
« fresne. Ce fut M. l'abbé d'Aulnois qui désigna les hommes
« de bonne volonté auxquels on fit appel, pour les convier à
« prendre leur part dans l'exercice de la charité pratique.
« La fondation ne fut pas infructueuse. Deux conférences à
« la ville, une à Carouge et d'autres encore disséminées dans
« les campagnes, témoignent parmi les catholiques de la vi-
« talité de cette Société, qui a étendu ses rameaux sur le
« monde entier [1]. »

Chaque année, à la réunion générale des conférences de Saint-Vincent de Paul, les secrétaires de chaque section lisent des rapports, qui sont du plus vif intérêt : car ce ne sont pas seulement les chiffres des recettes et dépenses qui y sont

---

1. M. l'abbé d'Aulnois, *Notice sur sa vie et ses œuvres.* Genève, 1869.

énoncés, mais les résultats obtenus par les sociétaires auprès des familles pauvres visitées et soulagées.

Oh! qu'elle est belle, la charité, lorsqu'elle est·ainsi comprise par les cœurs chrétiens, et exercée avec la foi qui discerne dans le pauvre un membre souffrant de Notre Seigneur Jésus-Christ! Nous formons les vœux les plus sincères pour que les catholiques de Genève, malgré le peu de loisirs dont ils disposent, soient fidèles à cette belle mission de consolateurs des indigents, et soutiennent cette association par leur zèle et par leurs aumônes.

CHAPITRE XV

M. d'Aulnois et les Institutions catholiques.

En se vouant à l'éducation, M. d'Aulnois avait compris
l'importance de l'instruction populaire, et la nécessité de répandre les principes chrétiens en même temps que les lumières de l'intelligence. Aussi était-il convaincu des avantages procurés par l'école chrétienne ; nous allons donc le
voir travailler à son développement à Genève.

Consulté un jour sur les devoirs des instituteurs il écrit :

« L'éducation de la jeunesse est un véritable sacerdoce.
« Après le service des autels, je ne connais pas de mission
« plus haute, parce qu'elle a pour but de former des hommes
« pour la société et des prédestinés pour le ciel. Quel redou-
« table ministère que celui de diriger les cœurs, d'éclairer
« les esprits, de perfectionner l'ouvrage de la nature, en
« redressant les mauvais penchants, en inspirant l'amour du
« devoir, l'amour de la vertu et de la religion ! Quelle pénible
« charge que celle de se consacrer à une œuvre qui impose
« le sacrifice de son temps et de sa liberté. Le croirait-on ?
« il y a des hommes qui s'ingèrent dans ce ministère de l'é-
« ducation sans avoir réfléchi aux obligations qu'il implique,
« et qui ne l'exercent que par de vils motifs d'intérêt ou de
« vanité, ne cherchant pas avant tout la gloire de Dieu et le

« perfectionnement de l'âme qui leur est confiée ; oui, hélas!
« il y a de ces précepteurs sans science, sans prudence et
« sans conscience ; il y en a d'éloquents et de verbeux qui
« donnent un démenti à leur rigorisme théorique par le per-
« nicieux exemple de leur conduite. Le précepteur de la
« jeunesse doit se regarder comme chargé par Dieu d'un
« dépôt sacré dont il aura à rendre compte un jour. Il doit,
« en premier lieu, se pénétrer de cette vérité qu'il est appelé
« à former des fils dévoués, des citoyens courageux, des chré-
« tiens fervents. Chez un instituteur, si le fond est mauvais,
« le savoir et la distinction ne sont que des dehors trompeurs.
« Des vertus ordinaires ne lui suffisent pas, il doit les pos-
« séder au même degré qu'un prêtre, car à l'égard de ses
« élèves, lui aussi est une lumière placée sur le candélabre,
« un sel qui conserve les purs principes. Son caractère doit
« être parfait, et c'est malheureusement chose rare. Quelle
« patience ne doit-il pas avoir ! quel mélange de douceur et
« de fermeté ! quelle justice ! quelle égalité d'humeur ! quelle
« mesure ! quel tact ! Un homme, en effet, qui prétend s'é-
« lever jusqu'au sacerdoce de l'éducation doit se demander
« s'il a (ou si du moins il veut acquérir) une vertu solide un
« science toujours progressive, un caractère dompté. S'il lui
« manque une de ces trois qualités il fera peu de bien, et
« beaucoup du mal. »

M. Vuarin, curé de Genève, pensait comme M. d'Aulnois, et il l'avait devancé dans le déploiement d'activité
que son zèle sacerdotal devait lui inspirer pour l'enseignement chrétien de la paroisse de Genève. Dès 1807 il avait fait
une première démarche pour obtenir des Sœurs de la Charité
afin de fonder des écoles pour les jeunes filles. Mais il eut des
obstacles à renverser, et ce ne fut qu'en 1810 qu'il obtint de
la supérieure générale de la congrégation la promesse de recevoir, dans le délai de trois mois, des filles de Saint-Vincent
de Paul. Les trois premières religieuses arrivèrent en effet à

Genève le 13 juillet, elles se mirent aussitôt à l'œuvre groupant plusieurs jeunes filles qui devinrent le premier noyau des écoles. Bientôt leur nombre augmenta sous la sage direction de la Sœur Benoît qui, durant près de trente ans, seconda les vues de M. Vuarin. Après sa mort, arrivée en 1835, M. Vuarin connaissant déjà les qualités de Sœur Marie Chapron, son aptitude pour la direction des enfants, le soin des malades et des pauvres, la demanda pour supérieure, et l'obtint sans difficulté.

Née à Troyes, le 21 juillet 1794, Sœur Marie-Jeanne Chaperon avait grandi au milieu des troubles de la Révolution. Elle avait pleuré au récit de l'exil et des souffrances de son évêque, et avait admiré la fermeté des confesseurs de la foi. Dans la maturité d'un jugement formé par l'épreuve, elle avait pris la résolution de servir l'Église selon l'étendue de son pouvoir, et, à l'âge de vingt-trois ans, elle entrait dans la congrégation des Sœurs de la Charité. C'était le 11 février 1817.

Le 9 décembre 1820, ses supérieures l'envoyèrent à Genève, où elle resta d'abord quinze années sous la direction de Sœur Benoît, apprenant à connaître les besoins de la population catholique de Genève, et s'y dévouant avec une intelligente charité. Mgr Mermillod, dans une lettre adressée à M. Dunoyer, a rendu le témoignage suivant des œuvres de Sœur Marie.

« Classes populaires, orphelinats, hospices, tous les abris
« chrétiens du sacrifice et du dévouement ont été soutenus
« par elle ; les patronages, les œuvres de jeunes filles, des
« Dames de Charité, et de Saint-Vincent de Paul eurent en
« elle un auxiliaire intelligent. Elle possédait le don merveilleux de stimuler le zèle ; elle savait être l'intermédiaire
« bienveillant entre le riche et l'indigent. En échange des
« aumônes qui lui étaient confiées, les fortunés de ce monde
« recevaient l'aumône de ses conseils. Bien des cœurs en

« larmes, et des âmes en ruine ont retrouvé près d'elle la
« paix et le relèvement. »

Il semble, qu'après cinquante-cinq ans consacrés au service des pauvres, Sœur Marie eût dû trouver grâce aux yeux
d'un gouvernement démocratique ; mais le bien même qu'elle
avait opéré fut sa condamnation, et lui valut, ainsi qu'à ses
compagnes, l'arrêt de proscription qui causa sa mort. — A
vrai dire, Sœur Marie Chapron expira chargée d'ans et de
travaux, mais nul n'ignore que sa santé jusque-là si florissante
reçut une première atteinte, lorsqu'elle se vit enlever les
petits enfants des écoles, et qu'on luirefusa impitoyablement la
liberté d'ouvrir des classes. — Un dernier coup vint la frapper, ce fut lorsqu'elle apprit les menaces suspendues sur la
tête des filles de la Charité. — Sa vie fut alors comme arrêtée
dans sa source. Elle expira le 26 juillet 1875.

M. Vuarin n'avait point négligé l'instruction des jeunes
gens ; mais il fut moins heureux pour l'établissement des
Frères de la Doctrine chrétienne. En 1814 il avait fait une
tentative pour les appeler à Genève ; mais leur arrivée
produisit une telle émotion dans la ville que le maire, M.
Maurice, refusa d'assumer des responsabilités en autorisant
leur établissement. Il déclara qu'il ne répondait pas de la
tranquillité publique, si les Frères paraissaient en costume
religieux. M. Vuarin fut donc obligé de renoncer momentanément à son projet. Ce ne fut que le 10 mai 1839 que les
Frères eurent droit de cité à Genève et purent s'installer à
Plainpalais dans une propriété particulière. Ils y étaient
comme les représentants de M. Vuarin, munis de papiers
régulièrement légalisés, et députés par lui pour l'instruction
des enfants catholiques, car M. Vuarin, grâce à la loi sur la
liberté de l'enseignement, s'était placé lui-même à la tête de
leur école.

Ces établissements scolaires étaient en pleine prospérité
lorsque M. d'Aulnois arriva à Genève, et son premier soin fut

d'offrir son dévouement pour les servir. Désireux de stimuler le progrès des études, M. Dunoyer l'employa à faire les visites que lui et ses vicaires faisaient régulièrement tous les mois. Dans chaque classe, en effet, les enfants étaient examinés ; on les interrogeait en présence de deux laïcs, membres de la société de Saint-Vincent de Paul. M. d'Aulnois aimait cette fonction. On le voyait poser avec entrain des problèmes, aider à les résoudre lorsqu'ils étaient difficiles, dicter des thèmes, corriger les compositions. Il ne donnait des places et des récompenses qu'à la seconde visite ; et c'était encore lui, qui présidait avec M. le curé les examens généraux, car sa présence seule encourageait maîtres, maîtresses et enfants.

Par ces visites, les prêtres qui les faisaient se proposaient un double but ; ils voulaient aider au développement des écoles afin qu'elles pussent rivaliser avec celles de l'État ; et à la fin de l'année ils ne craignaient pas d'exiger une exposition publique des travaux tels que dessins linéaires, cahiers de calligraphie, spécimen des diverses branches dont se composait l'enseignement primaire. Puis, ils voulaient surtout, que l'instruction donnée dans les écoles catholiques fût solidement étayée par une éducation morale et religieuse. Nous aimons à constater que ce double résultat a été obtenu, soit dans les écoles des Sœurs soit dans celles des Frères. Un grand nombre de jeunes filles sorties des premières se sont placées comme apprenties ou employées de commerce, et ont tenu la comptabilité avec autant de probité que d'intelligence ; partout elles se sont fait remarquer par leur activité, leur savoir et leur modestie. Bon nombre de clercs de notaire, de teneurs de livres, de commerçants respectables sont sortis à leur tour de l'école des Frères, car, chaque année, des jeunes gens formés par eux passaient aux écoles industrielles où ils occupaient souvent les premières places. M. d'Aulnois se réjouissait de leurs succès, et lisait

non sans orgueil leurs noms lorsqu'ils étaient en tête des listes
de prix accordés par l'État !

Mais M. d'Aulnois ne limitait pas son zèle aux écoles paroissiales ; il se dévouait également aux écoles privées. Il les
visitait chaque mois, et s'il leur rendit service, comme elles
l'ont témoigné, elles, à leur tour, servirent la société en préparant pour le monde des jeunes filles vertueuses et solidement instruites. Nous nommerons les pensionnats catholiques
du voisinage tels que celui d'Évian fondé par M. Picollet et
tenu par les Sœurs de Saint-Joseph ; celui de Fernex confié
aux mêmes religieuses ; celui de Gex dirigé par les Sœurs de
la Visitation ; mais de toutes ces maisons, celle qui l'attirait
le plus était le couvent de Carouge fondé par Madame d'Houet
en 1832. Carouge, petite ville sise sur l'Arve, aux portes
mêmes de Genève, quoiqu'ayant une population en majorité
catholique n'était pas, à cette époque, favorable aux institutions religieuses. Il fallut toute la prudence de Madame
d'Houet pour se faire agréer. Cependant le pensionnat une
fois établi grandit, et le genre d'éducation religieuse et scien-
tifique qu'y recevaient les jeunes filles y attira un grand
nombre d'élèves de tous pays et de toute condition. Le pensionnat de Carouge continua à prospérer jusqu'à la loi vexa-
toire de 1875 qui enleva aux religieuses le droit d'enseigner.
La maison fut alors transférée au château de Viry où les
Fidèles Compagnes s'installèrent deux années entières. Pendant ce temps, leur digne supérieure s'occupa de la construction du pensionnat actuel situé à Veyrier. Chacun peut apprécier la beauté de cet établissement, sa prospérité et le
mérite de celle qui le dirige ; nous ne pourrions, sans blesser
son humilité, rappeler ici l'énergie et l'habileté dont elle fit
preuve pour maintenir cette maison à travers l'orage de la
persécution ; le meilleur éloge qu'elle reçoit, et au-dessous
duquel tout autre paraît vain, c'est la confiance même dont

l'honorent les parents de cet essaim de jeunes filles qu'elle élève dans la piété et la science.

Or, c'est à Carouge, que M. d'Aulnois exerçait son zèle d'apôtre avec une sorte de prédilection. Il se trouvait à l'aise, dans l'intimité de cette maison, et donnait avec plus d'expansion et de chaleur qu'ailleurs des conseils sur l'éducation. Au renouvellement de l'année, il ne manquait jamais d'y apparaître porteur de bonnes paroles, et les jeunes élèves se faisaient fête de l'entendre exprimer ses vœux. Un ton joyeux, toujours sérieux dans le fond, parfois plaisant dans la forme, animait son jeune auditoire, l'entraînait avec charme à prendre de fermes résolutions. Il lui souhaitait d'abord plaisir, richesse, succès, jouissances délicates, au nombre desquelles il mettait au premier rang la sérénité d'une conscience pure, puis, il finissait par recommander la paix avec Dieu qui mérite aux âmes sanctifiées les récompenses de l'éternité.

Il accompagnait ses leçons de traits saisissants, de peintures gracieuses, d'images symboliques empruntées aux fleurs du parterre, aux oiseaux du bocage, ou aux mille variétés de la belle nature. Aussi, à peine voyait-on apparaître M. d'Aulnois à Carouge, qu'un pieux enthousiasme éclatait parmi les élèves. Un chuchotement ému parcourait les rangs. « C'est lui, murmurait-on, c'est M. d'Aulnois, » et la joie se peignait sur ces frais visages d'enfants.

M. d'Aulnois, parlant aux jeunes filles de Carouge, destinées à devenir des femmes chrétiennes dans le monde, avait un thème favori : il leur recommandait de pratiquer la vertu de force.

« Oui, Mesdemoiselles, leur disait-il, vous qui allez quitter le pensionnat pour entrer dans le monde, savez-vous ce que je vous supplie de demander à Jésus-Christ? De vous donner la vertu de la femme forte des saintes Écritures, de la femme selon le cœur de Dieu, de la femme qui est honorée, qui est respectée, qui se respecte elle-même, qui fait du bien, qui répond courageusement à la vocation que Dieu lui a départie, qui reste vertueuse au milieu des travers et des vices séduisants du monde, qui reste dévouée, généreuse, patiente dans les mille sacrifices de la vie cachée, de la vie de famille, de la vie de chaque jour ; qui travaille avec suite et persévérance au perfectionnemennt de son âme, de ses facultés, de son caractère et de sa piété solide et éclairée, pour être digne de la Vierge Marie et du Dieu de l'Évangile.

« Oui, Mesdemoiselles, c'est de la force que vous avez le plus besoin. — Non-seulement de cette force qui est un don naturel du Créateur, mais de la force surnaturelle que l'Esprit-Saint imprime, entretient et développe par la grâce dans notre être tout entier.

« Ah ! qu'est-ce donc qu'une jeune fille, une jeune femme qui n'est que faiblesse ! Quelle pitié inspirent ces natures amollies, inconstantes, abattues, que le moindre souffle fait pencher comme la sensitive au coucher du soleil ! Quelles fleurs étiolées sont ces jeunes personnes qui ne savent que se reposer, perdre leur temps, et user leurs jours et leur existence à des puérilités énervantes ! Quelles maussades enfants, quelles fatigantes amies que ces filles dont la vanité, la toilette, l'effet, la pose, l'égoïsme remplissent les heures ! Quelles souffrances n'apportent pas dans la famille ces caractères sans énergie, sans volonté, sans dévouement, sans bonté, sans support, sans obéissance, qui ne savent que se plaindre, déplaire, ennuyer et critiquer ! Que de souffrances autour d'elles pour les parents, pour les serviteurs, pour les frères, pour les sœurs ! Et bientôt que de dangers pour elles-mêmes lorsque les faiblesses de l'imagination et des sens se trouveront au milieu des séductions des salons, des jeux et des plaisirs, des admirations et des perfidies ; au milieu des entraînements des femmes mondaines, des livres corrupteurs, des conversations

émouvantes et des exemples ou des scandales qui aujour-
d'hui excusent, justifient et exaltent toutes les faiblesses.

« Jeunes personnes qui m'écoutez si attentivement, ah! si
vous ne me comprenez pas, j'en bénis Dieu du fond de mon
âme, mais vous me comprendrez dans une ou deux années.
Que le Seigneur vous rappelle alors les derniers échos du
pensionnat de Carouge où l'on vous a dit comment avec de la
force, vous pouviez, faible femme que vous serez, guider
le frêle navire de la fragile existence du temps pour le conduire avec honneur, triomphe et victoire au port de la vraie
grandeur et du vrai bonheur.

« Oui, Mesdemoiselles, soyez fortes contre vous-mêmes et
pour vous-mêmes. N'allez pas croire que tout est fait dans
votre esprit, dans votre cœur, dans votre caractère, votre
éducation et votre sanctification, parce que vous avez sucé
dans cette bonne maison le lait succulent et généreux d'une
éducation chrétienne. Ici, tous les horizons vous donnaient du
jour, de l'air, des vertus, des joies pures, — tout-à-l'heure
vous subirez la lutte, la contradiction, les réalités de la vie.

« Il me semble entendre vos bonnes maîtresses dans ces
confiants épanchements, vous demander une dernière fois de
la force pour étudier vos leçons, de la force pour réprimer
vos penchants, de la force pour être bonnes, simples, douces,
aimables, soumises..... c'est bien ; mais demain, mais dans
un mois, dans une année, dans cinq ans, que serez-vous si
vous manquez de force dans le jugement, de force dans la
volonté, de force contre les forces de l'enfer et du monde et
contre les faiblesses de votre nature ?

« Ah ! quand dans mes courses apostoliques, je rencontre
parmi les jeunes personnes de seize à vingt ans de ces esprits,
de ces natures fortes ! quelles consolations ! quelles espérances ! Quand un confesseur trouve de ces belles âmes qui
sentent, qui craignent leur faiblesse et qui luttent généreusement ; qui désirent, qui veulent être fortes, généreuses, pour

devenir meilleures, pour faire du bien autour d'elles, et qui au lieu d'être plantes sans parfum, sans couleur et sans avenir, s'efforcent de répandre la bonne odeur de leurs vertus et de leurs bonnes œuvres, et de devenir une protection pour les âmes plus faibles; quand un confesseur qui aime les âmes, voit les combats de la nature et de la grâce, les justes défiances de l'humilité et les sacrifices de la foi et de la charité, ah! que d'actions de grâces ne rend-il pas au Dieu des forts!..

« Quand je lis le règlement intelligent d'une jeune personne qui va quitter le couvent, qui veut être la meilleure des filles à l'égard de sa mère, la meilleure des maîtresses à l'égard des servantes, la meilleure des sœurs, la meilleure des amies parce qu'elle veut être énergiquement la meilleure des chrétiennes, je dis alors au Seigneur : Mon Dieu, conservez la force à cette jeune et belle âme.

« Voulez-vous que je vous dise, Mesdemoiselles, où vous devez exercer la force morale et la force surnaturelle de la grâce que le Seigneur vous a données, et qui ont dû se développer dans cette sainte maison et dans le cours d'une éducation intelligente?

« Eh bien ! exercez votre force, et la force de Dieu en vous-mêmes individuellement, personnellement, intérieurement. Ayez la volonté de vous vaincre dans les deux ou trois penchants qui vous entraînent le plus facilement, ayez un règlement de vie qui vous habitue à l'ordre, au lever matinal, au travail utile et suivi. Défiez-vous des écarts de l'imagination et du cœur, des exaltations même religieuses, des amitiés imprudentes et excessives. Ayez la volonté ferme de sacrifier le plaisir au devoir, les jouissances à la conscience, l'ordre humain à l'ordre de la foi. Veuillez fortement être bonnes d'abord aux yeux de Dieu, puis bonnes dans la vie de famille. Veuillez fortement n'être dans le monde ni une poupée dont tout le mérite n'est que dans les accoutrements qui amusent les enfants, ni une petite idole aux pieds d'argile sur un petit piédestal en carton, ni une de ces excentricités romanesques qui excitent la raillerie de ceux mêmes qui les égarent.

« Oui, soyez fortes, comme la femme forte des saints livres, soyez bonne ménagère ; mettez la main à tout ce qui doit occuper un jour la maîtresse de maison ; sachez obéir pour savoir plus tard commander ; ne vivez pas, je vous en conjure, de vapeurs, de maux de nerfs, de paresse, d'inutilités, de légèretés, de petites idées, de petites passions, de petits cancans, de petites faiblesses.

« Est-ce que les familles chrétiennes ont besoin de ces soliveaux inutiles ? Qu'est-ce que la société publique fera de ces femmes qui n'auront que l'influence de la complaisance qui ne résiste à rien, de l'indifférence qui dessèche tout ? Qu'est-ce que l'Église de Jésus-Christ peut attendre de ces jeunes personnes et de ces jeunes femmes qui n'auront ni les forces de la foi, ni les dévouements de la charité, ni les résistances de la vertu, ni les fermetés de l'honneur et de la religion ?

« Oui, Mesdemoiselles, ne prenez pour amies que les amies qui augmenteront vos forces ; ne lisez que les livres qui vous rendront plus fortes dans le vrai, le beau et le juste. Ne recherchez les jouissances qu'à titre d'accident, et choisissez celles qui n'exciteront ni vos sens si faibles, ni votre imagination si entraînée, ni votre cœur si impressionnable. Croyez-en, je vous en conjure, l'expérience du prêtre de Jésus-Christ qui passe sa vie à guérir les plaies, les chutes, les déshonneurs, les crimes de la faiblesse humaine, et qui ne se console dans ces soins de maladies si graves et si universelles, que par la vue des saintes femmes. Croyez-en l'Église qui ne se console comme son divin Maître des outrages dont elle est l'objet que par la vue de ces quelques femmes, de ces quelques jeunes personnes, de ces quelques hommes qui sont encore forts, parce qu'ils sont vraiment chrétiens.

« J'ai connu une jeune personne du pensionnat de Carouge qui, en sortant à dix-huit ans de cette maison, m'a demandé une seule idée, un seul conseil, une seule résolution. Soyez forte et généreuse, lui répondis-je. Elle me comprit, et elle le fut. Elle rentrait dans une famille sans religion et sans mère, dans un courant de mondanités détestables, dans une société d'hommes et de femmes qui en voulaient faire une victime amusante. Elle fut calme, réfléchie, d'une patience à toute épreuve, d'une piété sagement ordonnée; sa charité pour les pauvres, l'indulgence de ses jugements lui gagnèrent tous les cœurs. Elle convertit son père, elle forma à la vertu et à l'amour de Jésus-Christ les jeunes personnes qui naguère se moquaient de sa gravité..... Je n'en puis dire davantage, mais toujours est-il que mon unique conseil aidé de la puissance de Dieu a fait de cette élève si bien préparée au pensionnat, une âme forte, dévouée, influente et dont la vie se passe à conquérir des palmes pour le jour du triomphe et de la radieuse éternité. »

Ces paroles, mieux qu'une appréciation personnelle, nous font comprendre quel était l'apostolat de M. d'Aulnois à Carouge. Lorsque les élèves quittaient le pensionnat il leur recommandait de participer aux bonnes œuvres des lieux qu'elles devaient habiter. Si quelqu'une d'entre elles se destinait à la carrière de l'enseignement, il la prémunissait contre les dangers qu'elle allait rencontrer, et s'efforçait de prendre des renseignements sur la famille dans laquelle elle devait vivre.

Il insistait surtout pour qu'aucune ne prît d'engagement pour aller dans des villes où le culte catholique n'était pas organisé. Nous savons quels services il a ainsi rendus à ces jeunes filles et plus d'une, dans la suite, lui en a témoigné sa reconnaissance.

M. Greffier, curé de Carouge, invita plusieurs fois M. d'Aulnois à prendre la parole pour la distribution solennelle des prix au pensionnat. Les parents groupés autour de lui ont pu, dans ces circonstances, apprécier son talent d'éducateur. — Avec autant de tact que de force il signalait les défauts à éviter dans l'éducation. Si dans ses leçons il ménageait avec délicatesse son auditoire, il n'en laissait pas moins paraître la connaissance profonde qu'il avait du cœur de la femme.

Voici une de ces remarquables allocutions qu'il prononça à la distribution des prix de 1857. Nous venions, à cette époque, d'être nommé aumônier de cet établissement, et le souvenir de ce jour nous est encore présent. On nous saura gré de la reproduire ici ; M. d'Aulnois, d'ailleurs, s'y révèle tout entier comme éducateur de la jeunesse catholique.

Le silence s'étant fait, au milieu de l'assemblée, M. l'abbé d'Aulnois prend la parole en ces termes.

« Mesdames et Mesdemoiselles,

« J'obéis aux vœux exprimés par M. le Curé de Carouge en venant apporter quelques paroles d'instruction et d'encouragement au milieu de cette fête de famille, au sein de ces triomphes modestes et pacifiques que les sentiments les plus légitimes vivifient et que la religion bénit.

« Je dois parler à cette gracieuse et intelligente jeunesse, qui a écouté naguère avec une si pieuse attention la parole sacrée que je lui ai annoncée au nom de Jésus-Christ ; elle attend de moi aujourd'hui, je le sais, quelques pages où s'allie à la force de la vérité cette délicatesse de l'expression qui en accroît la valeur et les charmes.

« J'ai à parler devant toutes ces mères de famille qui espèrent trouver quelques enseignements utiles dans la bouche d'un homme qui a passé de longues années de sa vie dans la difficile carrière de l'éducation.

« J'ai à parler devant ces dignes maîtresses qui trouvent,

dans leur sainte vocation, dans leurs fortes études, et dans cette étude perpétuelle du cœur de leurs élèves, les grâces surnaturelles et les aptitudes les plus étendues et les plus sûres qu'on puisse chrétiennement et humainement désirer dans une maison d'éducation. Enfin, j'ai à parler devant ces vénérables prêtres qui veulent que j'exprime leurs pensées en disant ce que la religion demande d'une éducation qui doit donner un jour à leurs paroisses des femmes de tact, de jugement et de foi.

« A tous je ne voudrais exposer qu'une seule idée peu méditée de nos jours : c'est que l'éducation est une œuvre très-complexe, très-difficile, qui demande de la part des élèves, des parents, des maîtresses et des prêtres de Jésus-Christ, une entente complète des besoins de la nature humaine, de la famille, de la société et de la religion. J'espère déposer, dans l'esprit de chacune des personnes qui m'écoutent, un germe fécond de réforme nécessaire, de progrès certains et de bonheur assuré. Nous établirons donc en premier lieu la nécessité de l'harmonie dans l'éducation.

« Les éducations privées ont sans doute de grands avantages, surtout pour les jeunes personnes, mais à la condition que les parents auront les qualités et les connaissances désirables ; qu'ils pourront consacrer tout leur temps à leurs enfants ; qu'ils ne subiront pas les préjugés et les habitudes de cette ignorance ou de cette frivolité mondaine si funestes à l'éducation : à la condition aussi que servantes, amis, maîtres et maîtresses, en un mot tout l'ensemble des relations qui agissent sur une jeune fille, concourront simultanément au bien avec la volonté éclairée des parents. Or, il m'a été démontré par une observation attentive des éducations privées dans plusieurs contrées de l'Europe, que cette éducation manque souvent d'ensemble ; de force et de science. L'éducation, comme je la conçois, et comme tous les grands maîtres dans l'art d'élever la jeunesse l'ont conque, l'éducation est une œuvre qui comprend plusieurs buts se combinant et s'harmonisant. Dans l'éducation privée, combien trouve-t-on de parents qui aient sérieusement réfléchi sur cette vérité capitale, sur cette notion première qui doit cependant diriger toute leur manière de faire à l'égard de leurs enfants, et cela depuis le berceau jusqu'à l'âge de dix-huit et de vingt ans ?

« Si une mère (et je parle ici pour toutes les conditions sociales), si une mère n'est douée que d'imagination, ce sera la faculté de l'imagination qu'elle forcera chez son enfant, sans même s'en douter ; si la faiblesse du caractère domine chez elle, elle la communiquera à sa jeune fille ; si la futilité est l'élément ordinaire de son existence, elle ne donnera à sa complaisante imitatrice que ce qu'elle a, la futilité même ; si l'amour du gain, de la fortune, l'entraîne avant tout, que de desséchantes inspirations elle inoculera à cette pauvre nature si facilement impressionnable ! Si cette mère a adopté, par ses lectures incohérentes ou par l'étroitesse de son esprit, la méthode de faire dé ses enfants de petits phénix littéraires pour les donner en spectacle à un monde adulateur ; si l'instruction est chauffée à la vapeur au détriment des facultés du cœur, au détriment du caractère, et surtout au détriment de la conscience et de la vraie piété ; si la violence domine, la discorde éclatera, la paresse l'emportera, la cajolerie énervera tout ; oui, je le répète avec conviction, ces mères ont entièrement ignoré ou méconnu cette vérité fondamentale : « L'éducation est une œuvre complexe « très-difficile. »

« Je n'ai pas à dérouler ici la longue chaîne des illusions et des déceptions à cet égard : je ne suis en ce moment ni un Montaigne, ni un La Rochefoucault, ni un La Bruyère. — Mais toujours est-il que, si dans l'éducation d'une jeune personne, vous ne développez qu'une faculté, qu'un sentiment, qu'une habitude, vous avez, non-seulement manqué votre vocation et la sienne, mais vous avez combattu les lois mêmes de la nature, de la Providence et de la Rédemption.

« Combien de fois n'ai-je pas rencontré dans le monde ou dans des pensionnats de ces éducations étiolées! Combien de jeunes personnes qui, soumises à un système exclusif, n'avaient jamais appris, par exemple, la destinée mêlée de souffrance, de travail et de sacrifice qui les attend! Combien de jeunes personnes qui n'avaient été pétries que de l'espérance des succès de la vanité! Puis, arrivées à l'âge des réalités de la vie, devenir malheureuses, déplacées, ennuyées et ennuyeuses, sans espoir et sans consolation. J'ai vécu à Paris dans un temps où cette grande ville abondait de maisons d'éducation de toute sorte : il y avait des maisons pour les filles de militaires, on élevait ces filles très-militairement, il n'y manquait que le tambour et le casque : il y avait des maisons pour les princesses, les duchesses, les comtesses de l'Empire, ces demoiselles faisaient leurs thèmes et leurs versions non par la crainte d'un *pensum*, mais dans l'espoir d'une calèche à quatre chevaux et d'un hôtel au faubourg Saint-Honoré. Il y avait des maisons pour les filles de banquiers, d'autres pour les filles des académiciens, d'autres pour les humbles marchands de la rue Saint-Denis, mais la plupart avaient une seule idée, un seul but, c'est-à-dire une seule folie. Alors les maisons d'éducation étaient des maisons de commerce semblables à ces magasins où d'heureux et habiles marchands font momentanément fureur pour telle coupe d'habit, telle forme de chapeaux ou telles rares épices des colonies.

« Non, Mesdames, non, Mesdemoiselles, ce n'est pas là l'éducation chrétienne, ce n'est pas là ce que vous trouverez dans cette bonne maison du pensionnat de Carouge; où l'ensemble des exigences de l'éducation d'une jeune fille se concilie avec les détails, et les détails avec l'ensemble; où chaque nécessité soit de l'éducation privée, soit de l'éducation publique est comprise et mise à sa place.

« La nature, la Providence et la foi sont ici d'accord. Ah ! qui donc voudrait élever aujourd'hui une jeune personne en dehors de ces influences suprêmes qui doivent dominer toutes les existences ? Qui donc voudrait se borner à l'éducation physique des mahométans énervés ou des matérialistes du XVIIIe siècle qui faisaient de la femme une marchandise ou une *chose*? Qui donc voudrait en faire un bel esprit sans cœur, une liseuse de romans ou une coureuse de salons sans élévation d'âme, sans force de volonté et sans religion solide ?

« Ce que veut la nature humaine telle que Dieu l'a faite, ce que veulent les familles, la société, ce que veut l'âme chrétienne telle que Jésus-Christ l'a consacrée et sanctifiée par sa divine doctrine, c'est l'harmonie dans l'éducation pour répondre à toutes les lois qui sont dans la nature humaine, dans les lois de la Providence et dans les préceptes de la foi.

« J'arrive à l'application pratique de ce principe : l'homme est appelé à une vie corporelle, à une vie intellectuelle, à une vie de sentiments, à une vie de famille, à une vie sociale, à une vie spirituelle, enfin à une vie éternelle. Mais toutes ces vies ont un rapport entre elles, une liaison inséparable.

« La femme qui, en particulier, doit participer à tous ces genres d'existences, a de plus une vie spéciale, des droits et des devoirs spéciaux, des souffrances et une mission spéciales.....

« La jeune personne passe aussi à travers des sentiments, des illusions, des dangers qui lui sont propres; et elle a des obligations diverses qui sont d'une délicatesse infinie, obligations que la nature indique, que la Providence protége, que la religion divinise et embellit.

« La jeune personne, la femme, l'homme chrétiens vivent en outre dans une localité, une ville, un lieu circonscrit; ils vivent dans des relations de famille, d'amitié, d'affaires plus ou moins favorables; ils vivent dans un temps plus ou moins imprégné de vertu ou de vice, de foi ou d'indifférence. Il en résulte que chaque nature comme chaque personne reçoit une infinité d'influences ou délétères ou fortifiantes.

« La bonne éducation sera donc celle qui, prenant l'enfant d'Adam tel qu'il est, la femme telle que sa vocation l'a faite, la jeune fille telle qu'elle doit être, prenant les circonstances de lieux et de temps, comme elles se dessinent dans des milieux inévitables, la bonne éducation sera celle qui cherchera à former une jeune personne de manière que tous les développements concordent et concourent au développement de ses facultés, se soutiennent et se fortifient les uns par les autres.

« Ainsi, une jeune enfant, une jeune fille a reçu de Dieu la vie corporelle; mais cette vie corporelle isolée de la vie intellectuelle, de la vie chrétienne, ne représenterait que la vie des plantes éphémères qui paraissent le matin et se fanent le soir. Les soins intelligents du corps et de la santé auront donc leur place dans une éducation bien entendue; parce que le corps est le frère de l'âme immortelle. Tout se lie dans les existences : et telle jeune personne qu'on aura élevée dans une boîte de coton, avec toutes les énervantes complaisances de la mollesse et de la sensualité, verra plus tard son pauvre esprit absorbé par ses nerfs, sa volonté enchaînée par toutes les ouates possibles, et sa foi désarmée par la crainte d'une égratignure ou la privation d'un parfum.

« Mais, si dans l'éducation des facultés vous donnez une attention soutenue au développement de l'esprit sans nuire aux facultés du cœur; si vous donnez à ce développement sa vraie place et sa vraie valeur, si le jugement et le bon sens ne sont pas sacrifiés à l'esprit léger, si la demi-science orgueilleuse ne vient pas, au détriment de la vérité et de la simplicité, aider toutes les suffisances et toutes les fiertés; si le cœur n'est pas desséché par le vernis d'une petite littérature phraseuse ou estropiée, par la dureté des reproches et des châtiments ; si vous avez su faire germer tous les nobles et purs sentiments : l'amour filial, la compassion pour toutes les infortunes, la véritable amitié, l'esprit du désintéressement, l'indulgence patiente et douce, l'esprit de dévouement l'abnégation de soi-même..... oh ! alors que d'harmonie dans cette intelligence et dans ce cœur, que de trésors pour la vie sociale, que de victoires preparées sur les vulgarités de la vie mondaine, sur les dangers, sur les tromperies et sur les illusions du monde !

« En second lieu : nécessité de la hiérarchie dans l'éducation. Ce qui m'a toujours singulièrement frappé dans mes voyages et mes expériences de l'éducation, c'est l'inconcevable aberra_tion de certaines mères, de certains systèmes qui oublient la hiérarchie des divers buts de l'éducation. N'ai-je pas entendu une mère dire tout haut devant sa fille de dix-sept ans et devant vingt personnes : « Pourvu qu'elle soit belle ; que me « fait alors qu'elle soit bête ? » N'ai-je pas rencontré une mère me dire sérieusement : « Si ma fille savait faire des « vers comme Delille, je mourrais heureuse, alors même « qu'elle serait toute sa vie incapable de tenir le ménage de « son mari. »

« Oui, Mesdames, oui, Mesdemoiselles, permettez-moi de vous le dire avec l'autorité que me donne quelque expérience à cet égard : le mal fatal, le mal sérieux de l'éducation, c'est qu'on ne réfléchit pas à l'importance qu'il y a de mettre chaque chose à sa place. Il y a beaucoup de mères de famille et beaucoup de théories d'éducation qui, pardonnez-moi cette expression, *mettent la charrue avant les bœufs*. S'il faut développer en même temps tous les moyens d'éducation en raison des diverses fins de l'homme, de la femme, de la jeune personne, il faut aussi que parents, maîtres, maîtresses, soient convaincus que plus la fin est élevée, plus la partie de nous-mêmes qu'il s'agit de former doit obtenir d'importance et de soin.

« Ainsi, la fin principale de la créature raisonnable, ce n'est pas la vie du corps, la vie de sens qui ne sont que d'un jour éphémère; ce n'est pas la vie de l'intelligence si bornée et parfois si obscure ; ce n'est pas la vie du cœur, si souvent amère; ce n'est pas la vie de famille où la faux du temps frappe sans cesse ses inexorables coups; ce n'est pas la vie du monde dont on se lasse si vite : la fin principale c'est la vie de l'âme, la vie spirituelle, la vie des vertus, la vie de la foi, la vie chrétienne.

« Et pourquoi? Mesdames et Mesdemoiselles, comprenez-moi bien. Non-seulement parce que celle-là est la vraie vie, la vie immortelle, la vie de nos rapports avec la Divinité, la vie de notre ressemblance et de notre union avec Jésus-Christ, la vie qui sanctifie, qui fait les élus, la vie sans laquelle tout est vanité et affliction d'esprit; la vie hors de laquelle tout est perdu sans ressources; la vie qui nous rend parfaits, qui nous rend heureux, qui nous ouvre le ciel et qui prépare notre absorption dans le sein même de la félicité suprême; mais encore parce que cette vie spirituelle, cette vie de la grâce est l'âme de toutes les autres vies, de toutes les autres fins de l'homme.

« Ah! de quelle prodigieuse abérration et en même temps de quelle faute grave se rendent coupables les parents, les instituteurs de la jeunesse, qui dans les maisons d'éducation ne donnent à leurs élèves qu'une religion de cérémonie, qu'une très-petite part de religion, qu'une religion de mode, qu'un vernis de religion, ou qui refusent à la religion la première place dans l'éducation, en la reléguant ignominieusement après l'éducation du corps, après celle de l'esprit et du cœur! Et quoi, vous ne voyez pas que par cette hiérarchie renversée, vous faussez le jugement des enfants, vous ouvrez la porte à tous les sophismes et vous déplacez Dieu? Ne voyez vous pas que dans vos sollicitudes pour l'éducation corporelle de vos enfants, sans la religion comme frein et comme lumière, vous allez développer la vie des sens hors mesure? Ne voyez-vous pas que, sans la religion, les connaissances de l'esprit vontdonner naissance à l'orgueil et au doute, qui sont les plus cruelles maladies de l'intelligence.

« Monde! viens nous dire ce que produisent le cœur, l'imagination de l'homme, de la femme, de la jeune personne sans la religion! Que deviennent la famille, la société sans la vie de l'Evangile dans les âmes! Hélas! une espèce d'abâtardissement de la race humaine, un abaissement continu sous le niveau de la médiocrité au milieu de l'arène de toutes les passions et de toutes les erreurs.

« Combien donc sera admirable, précieuse et recherchée une méthode d'éducation où seront respectées et comprises toutes les fins que la nature, la Providence et la foi se sont proposées! où seront harmonisés tous les moyens que l'art, la science et l'expérience ont progressivement multipliés! où, surtout, la hiérarchie des destinées des êtres sera sentie et appliquée!

« Vous, mes chères enfants, soit que vous deviez continuer à vivre dans cette sainte maison, où une telle éducation vous est donnée, soit que vous y receviez pour la dernière fois les honneurs du lauréat, sachez bien que le plus grand bienfait que vous ayez jamais reçu de vos parents, ce n'est pas la vie du corps, ce ne sont pas des sacrifices auxquels ils se condamnent pour votre avenir temporel, c'est, mes très-chères enfants, de vous avoir placées dans un pensionnat où vous recevez la vie intellectuellle de l'esprit, la vie morale du cœur, les soins de la vie du corps, sous l'empire vivifiant et fécond de la vie spirituelle de l'âme.

« Ah! laissez-moi vous le dire, nous les confidents de toutes les souffrances de l'esprit et du cœur, nous les médecins et les consolateurs des âmes : les amertumes de la vie, dont vous n'avez pas même encore l'idée, surpassent ses douceurs, et, au milieu des inquiétudes et des orages parmi lesquels votre nacelle sera inévitablement jetée, reportez souvent vos pensées vers ces heureuses années où vous vous doutiez si peu du mal et de l'avenir ; où vous receviez des leçons et des exemples qui devaient un jour vous servir de voiles et de gouvernail.

« Et vous, Mesdames, vous mères de famille, vous louerai-je jamais assez d'avoir écouté si bien la voix de Dieu, la voix de vos consciences, la voix de vos cœurs, en plaçant ici vos enfants ? Dieu vous récompensera, et vos enfants un jour comprendront la grandeur de vos sacrifices et l'intelligence de votre amour maternel. Vous avez vu dans le monde, où nous avons avons vécu vous et moi, et où nous vivons encore, tout ce qu'il y a d'énervant, de médiocre, de rapetissé, de sensuel dans les habitudes, les sentiments et les caractères et vous avez voulu donner une trempe plus forte à l'âme de vos filles qui vont se trouver tout-à-l'heure en face de tant de frivolités et de froide indifférence. Ah ! quand une fois elles auront, ces chères enfants, retrouvé le toit paternel, aidez de toute votre sagesse et de toute votre tendresse leurs premiers pas dans le monde ; qu'elles ne voient pas s'éteindre, au premier souffle de la stérile et fade mondanité et de la religion bâtarde et factice des gens du siècle, les nobles et fortes résolutions qu'elles emportent de cet asile de l'innocence, de la solide foi et de la vraie science. Vous les aviez confiées, ces chères enfants, aux anges de Dieu sur la terre, aux saintes épouses de Jésus-Christ ; celles-ci vous les rendent ornées d'instruction, de piété et de vertus ; soyez de nouveau, mères de famille, lss anges protecteurs de ces âmes privilégiées de Dieu. Votre salut et votre bonheur sont attachés à la conservation de ces plantes confiées à votre culture maternelle. »

CHAPITRE XVI

**M. l'abbé d'Aulnois. L'Œuvre de Sainte-Blandine.
Les Tabernacles.**

Des œuvres dont M. l'abbé d'Aulnois fut l'instigateur ou le directeur temporaire passons à celles qui furent l'objet constant de sa sollicitude jusqu'à sa mort. Nous placerons en première ligne l'association des domestiques, autrement nommée de Sainte-Blandine. A son début, elle ne fut qu'une classe matinale, tenue de quatre à cinq heures, par une Sœur de Charité, qui donnait aux domestiques ou aux ouvrières des leçons d'écriture, de lecture et de calcul. Chaque premier lundi du mois, un ecclésiastique de la paroisse y faisait une instruction. Au commencement, le chiffre des élèves fut de quarante à cinquante ; en 1845, il y eut cent vingt-neuf inscriptions.

Le 23 octobre de la même année, M. d'Aulnois, ayant cet élément sous la main, jeta les bases de la Société de Sainte-Blandine, en proposant l'avis suivant à M. Dunoyer :

« 1° Les inscriptions seront toujours autorisées par l'un
« de MM. les ecclésiastiques. Il s'informera de la position
« sociale de la personne qui demande à être admise et refu-
« sera celle dont la conduite serait douteuse.

« Je ferai l'instruction tous les premiers lundis du mois et tous les lundis de l'Avent et du Carême. Ces jours, on pourrait faire :

« 1° La lecture de la vie des saints ; 2° la prière du matin ; « 3° donner communication des faits intéressants ou des « avis.

« Je mettrai cette œuvre sous le patronage de saint Joseph « et de sainte Blandine, et ces jours de fête je dirai la sainte « messe pour les associées. M. le curé viendrait visiter la « réunion, et y ferait une allocution. On pourrait aussi for-« mer entre les personnes qui feraient partie de cette œuvre « une société mutuelle de secours. L'une d'elles serait dési-« gnée pour recevoir les avis des places vacantes et les de-« mandes des domestiques qui cherchent à se placer.

« Chacune de celles qui voudraient former cette société « mutuelle donnerait chaque mois une petite rétribution : « alors on viendrait au secours des membres de cette société « pendant un certain nombre de jours où elles n'auraient « pas de place.

« Si cette œuvre des domestiques prend bien cette année, « l'année prochaine nous en retirerons des fruits de salut « très-abondants.

« Patience, prudence, confiance. »

Ce plan si bien conçu, devint une réalité, l'année suivante, au mois de mai.

Témoin des angoisses des pauvres servantes, qui étaient exposées à marchander avec leurs maîtresses pour obtenir la permission de remplir leurs devoirs religieux ou à rester sans place, M. l'abbé d'Aulnois profita de la présence du R. P. Nampon, qui prêchait le Carême à Saint-Germain, pour organiser à l'église une réunion spéciale de domestiques. Les ayant vues nombreuses autour de la chaire, le missionnaire les bénit et leur dit : « Soyez unies ; vous avez ici votre directeur, » et il montra M. l'abbé d'Aulnois qui était à la chapelle de Saint-François. Celui-ci prit la parole, et déclara accepter ce mandat, en offrant cinquante francs de sa bourse pour l'ouverture de l'asile. Écoutons-le racontant avec simplicité à ses bonnes filles les débuts de leur association.

« Quand je vis ces maux, ces souffrances, ces dangers de
« toute nature compromettre à chaque instant le bonheur,
« l'innocence et le salut de tant d'âmes rachetées par le sang
« de Jésus-Christ, de tant de ces délaissées de la fortune,
« Jésus-Christ, qui est le bon Dieu, me parla au cœur. Je
« demandai direction, autorisation à mes supérieurs ecclé-
« siastiques. Sans autres fonds que ceux de la divine Provi-
« dence, aidé d'une vieille domestique et plus tard d'une
« autre personne qui est morte à la peine, et qui voulut bien
« se charger de la charitable fonction de directrice, je louai
« un local bien modeste; je louai des lits, je fis un règle-
« ment, j'annonçai des réunions mensuelles pour les domes-
« tiques seules, et au bout de quelques mois des centaines
« d'entre elles s'étaient associées et m'avaient elles-mêmes
« désigné celles qui, par leur valeur morale, pouvaient être
« dizainières. Nous avions déjà des malades faisant partie de
« notre association à l'hôpital catholique, que notre caisse
« était encore à sec. Successivement nous augmentâmes
« notre petit mobilier; nous arrivâmes à la fin de l'année à
« posséder quatre chaises de paille; mais enfin les filles sans
« place avaient un asile, une mère pour les diriger et un
« père pour les instruire, les ramener à la pratique de la reli-
« gion et des vertus de leur sexe et de leur état [1]. »

Ce fut bien en effet le vrai rôle de M. l'abbé d'Aulnois auprès de ses chères filles de Sainte-Blandine. Toutes le vénéraient comme un père; elles allaient à lui avec la confiance d'un enfant. Elles recevaient ses conseils avec une docilité

---

1. Avis aux domestiques. 1865.

parfaite. Aucun de leurs intérêts ne lui était étranger. S'agissait-il de placer leurs épargnes, il leur donnait de sages directions, et leur expliquait les précautions à prendre pour que leur argent ne fût pas exposé. Il se chargeait même de leur comptabilité, et il est à Genève plusieurs domestiques qui, grâce à ses soins, possèdent aujourd'hui un joli capital.

M. l'abbé d'Aulnois avait le don de rendre intéressantes toutes les réunions qu'il présidait. Il y apportait la grâce de son esprit, les délicatesses d'une éducation exquise et tout l'entrain de la plus aimable gaîté ; mais nulle part il ne se montrait plus enjoué que dans les réunions mensuelles de l'association de Sainte-Blandine, qui se tenaient le troisième dimanche du mois. Dans des causeries familières, il initiait ces bonnes enfants à toutes les nouvelles qui intéressaient la religion et la paroisse. Il n'était pas un événement un peu important qu'il ne portât à leur connaissance, mêlant à ses récits des leçons appropriées à leur condition et à leurs besoins. Il groupait celles qui avaient de la voix, et leur apprenait des cantiques, qu'il accompagnait sur l'harmonium. Sans être musicien, M. l'abbé d'Aulnois avait l'oreille juste et des notions d'harmonie qui lui permettaient de toucher de cet instrument. De temps à autre il organisait une petite loterie, dans laquelle se plaçaient de bons écrits, des histoires intéressantes, et souvent, il invitait les prêtres de la paroisse à venir unir leur parole à la sienne pour donner plus de variété aux allocutions.

Ces réunions étaient pour les associées de Sainte-Blandine de véritables heures de joie. Aussi y venaient-elles avec le plus vif empressement.

Outre ces instructions familières adressées aux domestiques, M. l'abbé d'Aulnois avait l'habitude de leur distribuer chaque année, le dimanche après la Purification de la Sainte-Vierge, une série d'avis, en forme de petits mandements. Il avait soin d'y rendre un compte exact de la marche de la société, des recettes et des dépenses. Il traitait ensuite un sujet particulier, tel que l'attachement à la religion, les devoirs des domestiques envers leurs maîtres et maîtresses, leurs obligations envers leurs compagnes. Une année il choisît pour la matière de ses avis la sanctification du dimanche, une autre année la confession et la sainte communion. Habituellement il s'attachait aux sujets les plus analogues aux circonstances. Ainsi, lorsqu'en 1855, parut un ignoble pamphlet contre le culte de la Sainte-Vierge, M. l'abbé d'Aulnois vengea, l'année suivante, Marie des attaques dirigées contre elle, et rétablit la croyance catholique d'après la sainte Écriture et la tradition.

Dans ses avis le pieux directeur revenait souvent sur les qualités d'une bonne domestique : la discrétion, l'esprit d'ordre, la probité poussée jusqu'à la délicatesse, l'amour du travail. Il les composait autant pour les maîtresses que pour les domestiques, tenant à justifier dans ses écrits la religion et à la montrer aux protestants sous son véritable jour. Il recommandait à ses chères filles de ne pas craindre de faire lire ces petites feuilles, et, en 1859, il traça le portrait d'une bonne maîtresse et d'une bonne domestique. Ces avis forment une précieuse collection, qui, à elle seule, dénote tout le tendre intérêt de M. l'abbé d'Aulnois pour cette œuvre qu'il dirigea jusqu'à la fin de sa vie.

Personne ne pourrait dire quels services M. l'abbé d'Aulnois a rendus par cette association aux domestiques, à leurs familles et à la religion. Combien de pauvres filles protégées, sauvées, placées ou renvoyées dans leur pays ! Sans compter les effets moraux produits par tant et de si saintes instructions, par la fréquentation des sacrements et la prière, au point de vue matériel la société de Sainte-Blandine a procuré à ses membres d'immenses avantages. En dix ans le compte-rendu accuse 22,617 journées d'asile et 8,185 journées d'hôpital.

M. l'abbé d'Aulnois était justement fier de l'association des domestiques de Genève. Il en parlait dans les villes où il alla plus tard porter la parole sainte comme missionnaire ; il disait les fruits précieux de sanctification qu'elle avait produits, l'ardeur des excellentes dizainières, si actives pour faire des recrues et propager leur œuvre, et presque partout où il prêcha des carêmes il fonda l'association de Sainte-Blandine. Dans plusieurs villes de France des prêtres, excités par son zèle, fondèrent cette œuvre en adoptant le règlement de l'association de Genève. Nous sommes heureux de dire que, fidèle à son institution, la société de Sainte-Blandine s'est maintenue dans les mêmes sentiments depuis la mort de son zélé fondateur. Aujourd'hui encore, les bonnes domestiques ont leurs assemblées mensuelles, et cette œuvre aura toujours les sympathies des prêtres de la paroisse.

Ce n'était pas assez pour M. l'abbé d'Aulnois d'empêcher que rien ne restât en souffrance pour le service de la paroisse, il fallait y maintenir la piété et l'accroître sans cesse. « C'est « là, écrivait-il un jour à Mgr Pierre-Tobie Yenni, le secret « du succès dans la lutte contre le protestantisme ; il ne nous « suffit pas de ne pas décliner, il faut *marcher* et *avancer*. » Aussi se mit-il à organiser une œuvre spéciale pour faire pénétrer plus profondément dans les âmes pieuses l'amour de Notre Seigneur Jésus-Christ dans la sainte Eucharistie, en les appelant à travailler pour les églises pauvres. C'est l'abbé Mermillod, au retour de ses prédications à Paris, qui en suggéra l'idée au cher abbé d'Aulnois.

La première pensée de l'Œuvre des Tabernacles, à Genève, fut émise le 12 du mois d'août 1853, jour où l'Église célèbre la fête de sainte Claire. On ne pouvait mieux choisir pour inaugurer cette œuvre, car sainte Claire fut une des âmes les plus dévouées à Notre-Seigneur dans son saint tabernacle. Toute sa vie elle avait travaillé à décorer la maison de Dieu. Durant sa maladie son unique consolation était de pouvoir encore filer de la toile pour les corporaux. L'œuvre naissante fut placée sous son patronage.

M. l'abbé d'Aulnois avait toujours la main heureuse, lorsqu'il choisissait des coopératrices pour les œuvres. Elles se rangeaient sous sa direction avec la docilité la plus parfaite. Telles furent les dames et les jeunes personnes qui se présentèrent pour faire partie de l'Œuvre des Tabernacles. Il fut facile à M. d'Aulnois de stimuler leur piété en leur présentant cette œuvre comme un moyen d'expiation pour des vols sacrilèges qui venaient d'être commis dans plusieurs églises du canton. Il leur montra de plus l'église de Notre-Dame en construction, et ses besoins futurs.

En quelques semaines l'association fut constituée avec une présidente, une trésorière, une secrétaire et deux coupeuses. M. l'abbé d'Aulnois resta le directeur de cette œuvre à laquelle il s'associait par ses encouragements, ses visites et ses générosités. Immédiatement on fit l'emplette de 20 aunes de toile fine pour la confection des manuterges, purificatoires et corporaux. La première réunion régulière se tint le second dimanche d'octobre de l'an 1853. M. d'Aulnois, comme prêtre plutôt que comme directeur, voulut ce jour offrir à la Sainte-Vierge une charmante couronne de fleurs, premier hommage de la société naissante à la Reine des vertus. Cette délicate attention qui témoignait de sa piété filiale envers la Sainte Vierge, décida plusieurs autres personnes à faire des dons d'une autre nature.

A son début, la société des Tabernacles tenait ses réunions les seconds dimanches du mois, de deux à quatre heures. On comprit bientôt la nécessité de les placer pendant la semaine, pour que le travail pût s'opérer en commun sans nuire à l'édification des offices de paroisse. Elles furent fixées au second jeudi du mois. Voici l'ordre des séances. On commençait par la prière. La présidente donnait connaissance des demandes qui lui avaient été adressées et la trésorière rendait compte de l'état de la caisse. Une lecture de piété se faisait en commun et le directeur adressait aux membres présents les avis qu'il jugeait convenables.

M. l'abbé d'Aulnois en assistant à ces intéressantes réunions y portait sa douce gaîté. Il n'avait que des paroles gracieuses, et, au milieu de ses joyeux récits, il faisait passer de son âme tout enflammée d'amour pour Jésus-Christ dans l'âme des associées l'activité dont son cœur débordait. Parlant de la charité de Notre-Seigneur, il dépeignait le divin Captif attendant des vêtements, des adorations et des prières. Au retour de ses missions il racontait les besoins des églises qu'il avait visitées, et l'on voyait qu'il souffrait de l'incurie qui entretenait le désordre et la malpropreté dans certains pays. Il se faisait alors l'avocat de ces pauvres curés qui étaient réduits à gémir sur la pauvreté de leur fabrique et il était toujours d'avis qu'il fallait travailler avec ardeur pour répondre avec générosité à toutes leurs demandes. Quelquefois il faisait à la réunion de délicates surprises, tantôt en distribuant de saintes images, tantôt en faisant tirer au sort des objets de piété. Aux réunions générales, ordinairement très-nombreuses, et en face d'un autel orné avec goût de fleurs, de lumières et des emblèmes eucharistiques, il adressait à son auditoire des paroles enjouées, invitant toutes les bourses à se vider dans la main des quêteuses. Son appel était ordinairement très-fructueux.

A chacune de ces séances. M. l'abbé d'Aulnois lisait une *Nouvelle*, toujours attendue et écoutée avec le plus vif intérêt. C'était un récit naïf ou une touchante allégorie parée de toute la fraîcheur de la poésie. Alors, et on peut dire alors seulement, M. d'Aulnois mettait de l'apprêt dans son style. Il le peignait et l'ornait de toutes les fleurs de la littérature. Il se montrait poëte à la façon de saint François d'Assise, qui chantait sa pensée, s'adressant aux rayons des astres, aux oiseaux du ciel. On aurait dit entendre une page des poëmes franciscains connus sous le nom de *Fioretti*, ces délicieuses fleurs toutes parfumées de fraîcheur, qui ravissaient d'enthousiasme le regretté professeur de la Sorbonne, Frédéric Ozanam, trop tôt enlevé à la littérature et aux arts.

Comme son saint de prédilection, M. l'abbé d'Aulnois se transportait en imagination auprès d'une fontaine, image de Jésus-Christ, la source de toute eau vive. Il prêtait un langage aux fleurs, il entendait des voix qui disaient : « Aimez Jésus ! aimez Jésus ! »

Il savait découvrir dans la nature la toute-puissance de Dieu, et recueillir des notes dans son harmonie pour en composer un cantique à la louange du Créateur. De même, dans l'Eucharistie, sa foi lui montrait la miséricorde cachée de Dieu pour l'homme, et ému par ce double sentiment qu'éveillaient en lui les merveilles de la création et les prodiges de l'amour divin il composait des sortes de poèmes religieux où le théologien n'exclut pas le poète.

Nous ne saurions mieux faire, pour en donner une idée, que de citer en entier, dans le chapitre suivant, celle de ses compositions qu'il a intitulée lui-même : Les trois Sanctuaires.

Des accents tels que ceux que l'on va entendre ne pouvaient rester sans echo ; aussi la foi de M. d'Aulnois allumait-elle l'amour de Jésus-Christ dans les âmes.

« Si je n'avais pas la foi à la présence de Jésus-Christ, « nous disait un jour une dame qui le vit faisant son action « de grâces, la vue seule de M. d'Aulnois me la donnerait. »

Aussi l'Œuvre des Tabernacles de Genève sous la direction de M. l'abbé d'Aulnois rendit-elle aux paroisses pauvres de la Savoie et de la Suisse de très-grands services. Il est des dons qui sont allés au delà de l'Océan, dans les îles lointaines, réjouir le cœur des pauvres missionnaires, heureux de pouvoir célébrer avec une chape ou un ornement confectionné par les associées des Tabernacles à Genève. La dernière lettre de remercîment adressée à la directrice de l'œuvre venait des îles Séchelles. Elle fut communiquée à M. d'Aulnois peu avant sa mort. Il en fut touché et bénit Dieu de lui avoir inspiré la pensée d'établir cette œuvre à Genève.

CHAPITRE XVII

Les Trois Sanctuaires.

Genève, le 5 décembre 1856.

PREMIÈRE CONTEMPLATION

LE MONT BRÉVENT

Je gravissais, il y a vingt-cinq années, les flancs escarpés de la chaîne de Brévent, dans la vallée de Chamounix. Je m'éloignais des habitations des hommes, et je dépassais les limites des sombres forêts de sapins ; je n'entendais déjà plus l'eau frémissante de l'Arveiron sortir de son antre de glace et se précipiter à travers les rochers et les bois. Ah ! comme ces foules nomades que je venais de quitter se rapetissaient devant moi et devenaient presque imperceptibles ! Comme ces villages ressemblaient bien à des jouets d'enfants ! Comme ce torrent sinueux ne semblait plus qu'un étroit ruban jeté au hasard sur les prairies ! Mais quelle immensité que ces sommets gigantesques découpés par une main si puissante ! Ne grandissent-ils pas à mesure que je m'élève par delà les débris de la montagne déchirée par le feu et l'eau du ciel ! Quelle chaîne de glaciers ! que de pics audacieux ! Et puis quel calme dans toute cette nature ! à moins que le tonnerre de l'avalanche ne vienne parfois faire vibrer les échos des monts.

J'étais là seul...... Mon âme fatiguée du passé de la vie trouvait dans ces inénarrables moments la surprise de l'inconnu, le sentiment du néant du monde et de l'homme, et comme une extase d'admiration en présence de ces magnificences qui saisissaient et mes yeux et tout mon être. Ainsi l'œil de l'homme, ce frêle et mystérieux organe s'empare avec une sûreté, une rapidité, un charme indicible des colosses de la création ; il saisit les détails et l'ensemble du spectacle préparé pour lui par le souverain Maître de l'univers ; il s'élance encore au delà de la terre, et voilà que, d'un seul bond, ce cristal fragile prend possession de mille et mille mondes : le voilà qui franchit des espaces incommensurables, qui concentre la lumière, ses rayons, ses centres, ses orbites, ses constellations de soleils, de planètes, de satellites : il les accepte, il les refuse, il les reprend, il les laisse ; et, dans sa téméraire puissance, il plonge jusque par delà les sphères de la création, et va comme s'emparer des splendeurs du ciel, des gloires du paradis et jusqu'à s'approcher des ineffables clartés de l'Éternel lui-même.

Ah ! comme l'âme chrétienne s'inonde incessamment de jouissances pures dans ces rares instants où elle peut voir Dieu à travers ses splendides ouvrages ! Il lui vient comme un avant-goût du repos, de la paix, des délices des célestes parvis. Comme la prière devient facile alors ! comme elle s'épanche abondamment ! comme on se sent détaché de tout et de soi parce qu'on se sent plus près de Dieu ! Comme les larmes viennent pieusement, et pour implorer le pardon, et pour exprimer le ravissement de l'amour ! comme l'humilité, comme la pureté, la droiture, la vérité de l'âme se dilatent à l'aise ! On tombe à genoux, on écoute, on entend à travers le silence des régions aériennes, la voix, la miséricorde, l'amour du Seigneur pour sa chétive créature ; l'âme est entrée dans cette mélancolie, sainte, parce qu'elle est en Dieu, et toutes ses facultés s'harmonisent pour savourer largement et les harmonies de Dieu, et le Dieu des harmonies.

O homme ! que tu es insensé lorsque tu éteins la lumière que le Seigneur a mise dans tes yeux et dans ton âme, lorsque tu voiles les ouvrages du Créateur des tristes ombres du mal ! Venez à mon secours, anges des vallées et des torrents, cieux, dites à mon âme les splendeurs que je vois et celles que je ne vois pas. O Dieu de l'univers, je contemple vos ouvrages qui me racontent votre sagesse, votre puissance et votre gloire ; je vous adore dans le temple dont le firmament est la voûte, la terre le pavé, les montagnes la merveilleuse architecture ; et avant de quitter ces grandes scènes et ces grandes et religieuses émotions, laissez-moi, Seigneur, me prosterner encore, vermisseau animé, pour renouveler mes anéantissements en présence de votre immensité. La terre est mon exil, le ciel ma patrie, l'espérance ma force, l'amour ma vie.

DEUXIÈME CONTEMPLATION

LA CHAPELLE DE SERVOZ

Ainsi je redescendais lentement et avec regret de ces chères solitudes que ma mémoire et mon cœur d'aujourd'hui ne peuvent oublier ; Dieu y avait parlé à son petit serviteur. Et encore après vingt-cinq années, le seul nom du Brévent rend à mon âme de délicieuses impressions. Le soleil était déjà cou-ché derrière les *Aiguilles Rouges*, les ombres allaient gagner le fond des vallées ; je m'égarais dans les sentiers des forêts, et je ne voyais plus autour de moi que des sapins séculaires et des abîmes où retentissait l'eau des cascades ; lorsque je fus saisi par la vue de l'incendie général de la grande chaîne des Alpes. C'était comme une bande de feu qui dessinait tous les contours, les glaciers scintillants devenaient comme des mers de diamant ; les pics n'étaient plus que de noires che-minées d'où allaient sortir des volcans. Les yeux attendaient les flammes, l'embrasement ; dans un calme universel, plus grand encore que celui du jour, la lune sortit de son lit d'ar-gent et vint apporter à toute la nature des clartés et des ombres indéfinissables. Protégé par ces lueurs bienfaisantes j'arrivai au pittoresque village de Servoz ; j'avais peur d'y trouver de ces touristes insupportables qui ont des yeux et qui ne voient pas, qui ont des oreilles et qui n'entendent pas, qui ont des cœurs et qui ne sentent pas ; aussi je me jetai précipitamment dans la jolie petite église du hameau qu'é-clairait à peine la lampe du sanctuaire. J'étais seul ; quelques enfants venaient tour à tour faire leurs courtes prières, l'angelus retentissait dans la vallée et je mêlais ma voix à tous ceux qui invoquaient Marie.

Ah ! bhère petite église ! mais tu es la maison de Dieu ; tu es la maison de la prière ; le très-saint sacrifice est offert chaque jour sur ces blanches nappes ; et quelle victime ! Venez donc, ô vous les anges du Seigneur, m'aider à chanter le cantique de la reconnaissance ; venez me parler de ce Jésus que vous accompagnez chaque matin du ciel au saint autel ; venez me redire mille fois le nom de Celui qui habite en ce moment dans cette chapelle solitaire, dans ce tabernacle si pauvre ! Eh ! quoi, le Dieu de Nazareth, de la Cène et du Calvaire, vous êtes bien ici ? Dix-huit siècles d'ingratitudes et d'iniquités de la part des hommes ne vous ont pas fait fuir cette terre désolée ! Quoi ! vous ne vous contentez pas des basiliques majestueuses, il vous plaît de demeurer avec les pâtres des montagnes, au milieu des plus modestes églises... Quoi donc ! encore, vous êtes là, ô mon Dieu, toutes les heures de la nuit et tant d'heures du jour sans adorateurs, sans amis, sans frères ! Quoi ! vous entendez retentir à quelques pas de vous les ricanements du voyageur indifférent, les blasphèmes de l'incrédule ; et vous vous taisez, Seigneur. Vous m'attendiez ; et vous me permettez de venir vous parler cœur à cœur. Mes yeux ne voient plus vos magnifiques ouvrages, ils se ferment à toute lumière extérieure, ils s'emparent de la croix, ils ouvrent le tabernacle. Ah! quelles autres ravissantes beautés pour les yeux de l'âme ! Astres du jour et de la nuit, je ne vous veux plus ; merveilles de la nature, silence, solitude des monts que vos voix sont donc faibles ! Laissez-moi donc voir, entendre Jésus qui est là, qui m'attire, qui me voit, qui m'entend. Eh ! quoi, Seigneur, vous êtes ici avec toute votre gloire, toute votre charité ! Et vous m'avez donné une âme, et vous ne vous êtes caché dans votre sacrement que pour unir ces deux cœurs, le cœur du Dieu d'amour avec le cœur de l'homme infirme et pécheur ! Quoi! vous m'aimez et vous voulez me le faire comprendre, à moi, pèlerin sans valeur ; et votre voix sort du tabernacle, et c'est elle qui vient me dire : « Mais, oui je t'aime, tu es mon ami, mon frère, je t'at-« tends, je te bénis, je te relève, je mets dans ton âme ma « grâce, ma lumière, ma vie. Je ne me suis fait homme que « pour habiter avec les hommes par amour, je n'ai versé « mon sang sur le Calvaire que par amour, et je ne suis pré · « sent et caché dans les sanctuaires des cathédrales et des « chapelles les plus humbles que pour dire à jamais aux « hommes, aux pécheurs, à mes ennemis même. Voyez « comme je vous aime ; ah ! voyez aussi comme vous devez « m'aimer.... » Et j'entendais ce cri de Jésus qui perçait mon cœur de tristesse et de joie. Oui, de tristesse, puisque j'avais si mal aimé le Dieu d'amour, puisqu'il est si peu aimé sur la terre. Oui, de joie, car un instant passé dans vos tabernacles, Seigneur, vaut mieux que mille ans dans le palais des mortels. J'appelais au secours de mon pauvre cœur qui aurait voulu briser son enveloppe pour tout sentir et tout dire, j'appelais les anges, les chérubins, les séraphins ; j'appelais les saints qui ont tant aimé et servi Jésus-Christ dans l'Eucharistie. Je lui offrais, dans mon extrême impuissance, toutes les adorations, de la très-sainte Reine du ciel et de la terre, et puis, ne sachant plus qu'offrir et que dire au Dieu d'amour, je répétais cent fois la prière de Samuel et la prière de saint Paul : Seigneur, parlez, votre serviteur écoute,.... Seigneur que voulez-vous que je fasse ?......

TROISIÈME CONTEMPLATION

L'AME

Ce matin, j'ai célébré la sainte messe dans une église de village, j'ai reçu dans mon âme Jésus-Christ mon Sauveur et mon Dieu. Près de six cents personnes ont eu ce même bonheur aujourd'hui, dans cette même église; un million de catholiques peut-être, répandus dans l'univers, ont également participé à ce banquet sacré. Partout Jésus-Christ s'unissant aux âmes. Ah! le voilà le sanctuaire que le Dieu d'amour préfère et aux sanctuaires de la création et aux sanctuaires des basiliques! le voilà, le vrai tabernacle, le voilà, le véritable autel, le véritable amour. Splendeur des monts, mystère des temples sacrés, vous n'êtes que les parvis de la maison de Dieu, c'est l'âme du chrétien, de cette femme chrétienne, de cette enfant innocente et pure, où Jésus-Christ veut faire ses délices. . . . . Voyez-vous, ô vous qui aimez la communion, qui aimez Jésus-Christ, voyez-vous ce roi du ciel, comme il s'incarne dans les mains du prêtre? comme il se laisse enfermer dans le tabernacle sacré: c'est sa prison, il espère en sortir incessamment pour être admis dans la maison de votre âme. Voyez-vous comme à votre commandement, âme fidèle, il se laisser tirer de sa solitude, comme il descend les marches de l'autel, comme il s'approche, comme il se place sur vos lèvres, comme il s'unit à vous, comme il vous donne tout son être, toute sa vie, toute sa grâce, toute sa beauté, toutes ses perfections, toute sa divinité, tout son amour. Et cet amour, c'est l'amour qui unit le Père et le Fils avec l'Esprit-Saint ; car cet amour il est éternel, il est immense, il est infini. Ah ! Seigneur, est-il possible ? mais quoi ! ne savez-vous donc plus d'où vous venez, d'où vous êtes ? Ne voyez-vous pas qui je suis, mais oubliez-vous ce que j'ai été ! O moments solennels et sublimes de la communion ! ô silence, ô solitude, venez à mon secours, ô anges des tabernacles redoublez vos ardeurs, chantez, chantez plus fort vos cantiques, que je les entende, que j'y joigne mes trop faibles soupirs. Quelle transformation, quelle vie, quelle élévation, quelle force, quel trésor, quel feu !... Ah ! sainte Catherine de Sienne, je devine vos langueurs. Ah ! saint François d'Assise, j'entends retentir vos extases, ah ! saint François de Sales, j'écoute délicieusement vos délicieux colloques. Pourquoi donc ne savons-nous pas ce que nous sommes, chrétiens infortunés ! Que faisons-nous de nos cœurs ? Hélas ! que de serpents nous y nourrissons, que de taches nous y renouvelons, que de glaces nous y entretenons ! Mais que faisons-nous de ce trésor de Dieu, de ce temple de Dieu ? Dieu aime plus nos âmes que l'univers entier, plus que toutes les richesses et toutes les gloires de la terre. Et nous ne savons pas même ce que c'est qu'une âme ; nous la traitons comme une esclave, comme une ennemie, comme une étrangère ; au lieu de l'orner des pierres fines des vertus, des grâces, nous l'insultons, nous l'outrageons par d'indignes souillures, nous la méprisons, nous la blessons, nous lui arrachons la vie divine, nous la livrons aux horreurs de Satan. O âme malade ou âme sans vie que vous êtes à plaindre ! O âme, sanctuaire préféré de Jésus-Christ, que vous êtes heureuse et glorifiée ! Celui qui a compris ce que c'est qu'une âme, ce que c'est que Jésus-Christ, ce que c'est que la communion, celui-là a tout compris, il a tout trouvé, il est riche, il est grand, il est fort. La foi, quelles profondeurs elle découvre dans l'Eucharistie ! L'espérance, quelle immensité elle y aperçoit! La charité, quelle ardeur elle allume même dès cette vie! l'humilité, quels anéantissements elle comtemple! La pureté, quelles harmonies elle embrasse! Lyres des anges, harpes des chérubins, chœur des vierges, cantique des martyrs, retentissez dans les tabernacles de l'éternité, attirez-nous par vos mélodies ravissantes..... Encore un peu de temps cette âme que Jésus-Christ vivifie par l'Eucharistie, ce Jésus que l'âme possède par la communion vont être unis au ciel, encore un peu de temps et le voile du temple va être déchiré, l'enveloppe matérielle va tomber; tombez donc, terre et monts vieillis par les siècles, tombez temples de pierre, tabernacles de bois corruptible ; terre ancienne faites place à la terre nouvelle, au ciel nouveau. Soleils, vos lumières s'éteignent devant la splendeur des âmes ; le Soleil de justice leur communique son éclat ; le temple immortel s'e-lève et chaque âme embrasée du feu et de l'éclat de la charité éternelle de Jésus-Christ entre à sa place dans l'édifice de la Jérusalem céleste : la communion devient permanente, visible, resplendissante, et l'ineffable concert des anges et des âmes retentit dans le sein même de Dieu pour ne cesser jamais.

Ainsi, gloire à Dieu, pour la magnificence du temple de la nature ; ainsi, reconnaissance insatiable pour la suavité des tabernacles sacrés, ainsi, amour toujours croissant pour les merveilles que le Dieu d'amour opère dans le temple de l'âme.

Et vous, ouvrières bénies des tabernacles de Jésus-Christ, et vous, adoratrices zélées de Jésus-Christ dans ses tabernacles, travaillez, priez, aimez, car Jésus-Christ a travaillé, il a prié, il a aimé pour vous; vos âmes il les sauve, il les sanctifie, il les nourrit, il les aime : que Jésus-Christ possède vos âmes, que vos âmes possèdent à jamais Jésus-Christ!

CHAPITRE XVIII

M. l'abbé d'Aulnois. L'Observateur et les Annales.

Malgré la part que prenait M. l'abbé d'Aulnois au ministère actif de la paroisse de Genève par ses prédications, par
les nombreuses confessions qu'il entendait et par la direction
des œuvres, il trouvait encore du temps pour écrire. Ce
n'était pas seulement la correspondance avec le Nonce et la
cour de Rome qui l'occupait, mais encore la direction du
journal catholique qui paraissait à Genève.

Depuis très-longtemps on sentait le besoin d'un organe
pour éclairer la population catholique du canton sur les
graves questions qui se débattaient en Suisse entre les conservateurs et les radicaux. M. Vuarin avait suppléé à cette
lacune jusqu'en 1840 par ses mordantes brochures, qu'il
faisait pleuvoir à temps et à contre-temps sur le camp ennemi. Il avait saisi toutes les circonstances où le catholicisme
était en jeu. Chaque article du *Fédéral* insultant pour notre
foi provoquait sa verve et amenait une réponse. Les discours
prononcés au Grand Conseil subissaient sa critique. Ce vaillant champion prenait corps à corps ses antagonistes, et sa
plume leur infligeait souvent de sanglantes blessures. C'était
sa tactique. Pendant les années qui suivirent sa mort, des
Avis aux Catholiques furent de temps à autre publiés pour

les éclairer sur la situation. Enfin arriva la fondation d'un journal.

En 1844, M. l'abbé d'Aulnois en avait compris la nécessité et tracé tout un programme à cet égard.

Il écrivait à cette époque : « Oui, je ferai un journal catho-« lique à Genève, quelques difficultés qui se présentent, et « je persévérerai. Oui, je m'armerai des sentiments les plus « généreux pour la cause de Dieu, lors même que je serais « seul, lors même que je ne réussirais pas. Ce journal, ajou-« tait-il, ne traitera pas de politique. Il devra former un « centre, une union, une prédication catholique charitable. » Ce projet était assurément louable, mais le moment marqué par la Providence n'était pas encore arrivé. M. l'abbé d'Aulnois dut calmer ce généreux élan et en remettre l'exécution à un autre temps. La fondation d'un journal catholique à Genève présentait de grandes difficultés. Il fallait avant tout un éditeur responsable, un rédacteur capable qui connût le pays ; il fallait des capitaux et des abonnés. Sans calculer toutes ces chances, quelques laïques se mirent à l'œuvre en 1846, et publièrent une feuille hebdomadaire sous le titre de *Sentinelle catholique*. La rédaction partait d'un pensionnat établi à Onex, où plusieurs professeurs français et suisses donnaient leur concours au chef de cet établissement, dont l'existence fut trop tôt compromise. Le radicalisme triomphait en Suisse ; il venait de remporter un avantage à Genève. Les rédacteurs de la *Sentinelle* crurent faire acte de bonne politique, en appuyant les nouvelles doctrines et en faisant chorus avec les adroits meneurs qui soutenaient à Genève les droits des catholiques, tout en les écrasant dans les cantons primitifs, où s'était formée la ligue, dite du *Sonderbund*. Cette marche ne put être approuvée ni par le clergé, ni par les catholiques influents de l'époque. Plusieurs articles même excitèrent un mécontentement tel qu'il fut question de formuler en haut lieu un désaveu de la *Sentinelle*, tant la rédaction semblait contraire aux intérêts religieux du canton.

Au lieu d'augmenter en nombre les abonnés firent défaut et la *Sentinelle* sombra avec le pensionnat d'Onex, qui finit par une déplorable catastrophe. Cette chute eût été un véritable opprobre pour le catholicisme, si l'œuvre n'avait pas été personnelle. On savait que le clergé y avait peu contribué. Les difficultés n'atteignirent donc que ceux qui s'étaient jetés imprudemment dans cette aventure. L'idée d'un journal ne devait cependant pas disparaître. Il se fonda une société anonyme pour en publier un, sous un autre nom. On choisit celui de la *Voix catholique*. Ici encore l'autorité ecclésiastique resta en dehors, se réservant seulement que le journal n'insérerait aucune communication, lettre ou réclamations signées par des prêtres du diocèse sans l'autorisation de leurs supérieurs. Cette mesure était d'une extrême sagesse au moment où se discutaient à la Constituante les plus graves questions sur le culte catholique. La *Voix catholique* commença à paraître au mois d'août 1847. Elle eut à signaler à l'Europe les violences exercées contre les cantons concordataires, à l'époque de l'invasion des troupes fédérales. Elle eut à consigner le manifeste des opprimés, les proclamations de la Diète fédérale au peuple suisse, et la triste issue de la lamentable campagne contre Fribourg et sa capitulation. On y retrouve sur l'invasion du Valais et la prise de Lucerne des détails précieux qui pourront servir de documents pour l'histoire de la Suisse en l'année 1848. La *Voix catholique* avait des correspondants qui la mettaient au courant de toutes les iniquités du pouvoir imposé aux Fribourgeois, sous l'appui des baïonnettes fédérales. Elle ne pouvait à cause de cela manquer d'attirer sur elle la vindicte du gouvernement radical. Aussi, le gérant de ce journal fut-il assigné à Fribourg pour y faire connaître le nom de l'auteur d'un article incriminé, comme prévenu d'un délit de presse.

Il était évident que l'on voulait en finir à Fribourg avec ce journal qui gagnait chaque jour des abonnés, et faisait une rude guerre au *Confédéré*, ou en le frappant d'une amende onéreuse, ou en retenant le gérant sous les verrous. Les rédacteurs de la *Voix catholique* se retirèrent. — (24 juin 1848.)

Quinze jours plus tard, paraissait l'*Observateur de Genève*, dont la direction fut confiée à M. l'abbé d'Aulnois. Les rédacteurs de la *Voix catholique* avaient fait preuve de dévouement et de courage. Ils avaient défendu sous le feu du radicalisme le plus avancé les principes d'ordre et de liberté ; ils avaient noblement vengé la vérité opprimée. Ils pouvaient se retirer avec le témoignage d'avoir servi l'Église. Plusieurs restèrent les collaborateurs de M. l'abbé d'Aulnois, et lui prêtèrent vaillamment le concours de leur plume.

Au moment où l'*Observateur* fit son apparition, l'horizon était gros d'orage. L'Italie frémissante commençait à s'agiter. Pie IX avait donné *motu proprio* une constitution aussi libérale que possible à son peuple, mais par de continuelles ovations les révolutionnaires en l'encensant cherchaient à le pousser dans l'abîme. La France venait de renverser le trône de Louis-Philippe: elle s'était constituée en république. En Suisse on était en fièvre de nouveautés. Tout y était mis en question, la liberté de la presse, la liberté des cultes, la liberté d'enseignement, la séparation de l'Église et de l'État, la liberté d'association. On voulait à Berne une révision du Pacte de 1815, pour constituer un pouvoir central et fort. A Genève on mettait sur le tapis les projets de loi les plus excentriques sur l'instruction publique. Le moment était assurément grave. Il fallait défendre les précieux établissements des Frères de la Doctrine chrétienne et des Sœurs de la Charité. Telle était la tâche qui incombait aux rédacteurs de l'*Observateur*. Ils s'en acquittèrent avec un dévouement au-dessus de tout éloge. Voici quel fut leur programme :

« Lorsque la liberté de la presse laisse à tout parti la fa-
« culté d'émettre ses opinions, les catholiques resteront-ils
« spectateurs muets et inactifs, sans organe qui défende
« leurs droits et réclame contre toute oppression ? Ils com-
« prennent la nécessité d'un journal et l'*Observateur de Ge-*
« *nève* vient répondre à ce besoin. Autour de nous la société
« est en poussière, l'anarchie est presque en permanence,
« parce qu'on a voulu faire de l'ordre sans Celui qui en est
« le principe, parce qu'on a exilé Dieu de la société. Son ab-
« sence s'est manifestée par des coups terribles. Ces coups
« rendront-ils la vue aux aveugles ? Nous l'ignorons, mais il
« est clair pour qui veut réfléchir qu'aucune organisation ne
« résistera si Dieu et son Église n'y sont appelés. C'est lui
« que les peuples attendent comme seul remède à leurs mi-
« sères de la *veille* et du *lendemain*. Lui qui est le protecteur
« de la liberté et le frein de la licence.

« Notre époque, dit-on, a des analogies avec le siècle de
« dissolution de l'empire romain. Alors le monde semblait
« pencher vers sa ruine. Un grand génie prononçait à Hip-
« pone cette parole que nous reproduisons volontiers :
« *Levons la tête et portons nos regards vers Celui dont le règne*
« *ni ne chancelle, ni ne finit, car je ne vois sur le continent ni*
« *homme, ni assemblée capable de sauver l'empire.* C'est là
« notre situation actuelle. Quand, aujourd'hui toute mau-
« vaise doctrine trouve un soldat à son service, il sera per-
« mis à des gens de cœur d'user de la liberté pour défendre
« la cause de Dieu, et ramener son souvenir au milieu des
« idées humaines. Nos efforts peuvent demeurer sans succès.
« Qu'importe ? Nous les confions à la garde de la Providence,
« du moins ils ne seront pas perdus à ses yeux. »

Qui ne reconnaît à ces nobles sentiments si fermement exprimés, la plume d'un jeune athlète, qui, alors, ne faisait
que débuter dans la carrière sacerdotale et qui, plus tard, sut
conquérir dans la chaire chrétienne une des places les plus

glorieuses? M. l'abbé Mermillod donna le concours le plus actif à son ami, M. l'abbé d'Aulnois, et lorsque plus tard, parurent, à l'occasion des idées de M. Scherer, les remarquables articles sur le protestantisme, personne ne se méprit sur leur origine : c'étaient les premiers coups de clairon de M. Mermillod. M: l'abbé d'Aulnois se chargeait spécialement des questions d'économie politique, de droit international. Il répondait aux journaux de la localité, et il fut l'auteur de la plupart des articles sur le mariage, sur l'instruction publique. Nous croyons aussi sorties de sa plume les *Mœurs industrielles à Genève*. L'*Observateur* tenait alors sa place dans la presse. Ses revues politiques, dues à un honorable laïque de notre ville, étaient d'une remarquable précision. Les hommes et les événements étaient parfaitement jugés. C'est à ce même écrivain que sont dues les revues des expositions de peinture, où l'on retrouvait tout à la fois le sens esthétique joint à une judicieuse critique des tableaux exposés. Ce journal eut à enregistrer toutes les pièces relatives à l'exil de Mgr Marilley et à sa détention à Chillon. Il ne présenta pas moins d'intérêt par tous les détails de la fuite de Pie IX à Gaëte, et des actes solennels qui y signalèrent son séjour. Il soutint les catholiques dans leur attachement à l'autorité de l'Église, et les éclaira sur les dangers et les piéges tendus à leur foi. Elle fut longue la guerre faite par l'*Observateur* au déplorable système des écoles mixtes inauguré par le fameux règlement du conseiller d'État Pons. S'il a été abandonné plus tard, ce n'est pas sans avoir subi les attaques de la presse.

L'*Observateur* eut quatre ans d'existence. Il finit par tomber, comme la *Voix catholique*, sous le coup des condamnations du fisc de Fribourg. Une sommation nouvelle força les rédacteurs à adopter un nouveau titre pour leur journal, celui de *Spectateur*, mais on ne put échapper à l'amende. On voulait à tout prix sa mort. Pour avoir parlé en termes vigoureux des soulèvements de Fribourg, il reçut une seconde et une troisième citation. Il était impossible de lutter contre les oppresseurs de la liberté de la presse. Les combattants se retirèrent dans leur tente, non sans avoir livré de rudes batailles.

Au *Spectateur* succédèrent les *Annales catholiques de Genève*, revue mensuelle, qui a vécu dix années. Notre nom a figuré trop souvent dans cette revue pour qu'il nous soit permis d'en faire l'éloge. Nous dirons cependant qu'elle a mérité l'attention du P. Péronc, qui, dans son grand ouvrage sur la *Règle de Foi catholique*, y a fait de nombreux emprunts. Les articles principaux furent de M. l'abbé Mermillod, qui plaça son nom à la tête des *Annales*. Il fut encouragé dans cette œuvre par Mgr Marilley et Mgr Rendu. L'un et l'autre reconnurent la nécessité d'opposer la bonne doctrine aux erreurs répandues de toutes parts. Nous citerons aussi comme faisant partie de cette collection les nombreux articles de M. l'abbé Martin, curé de Ferney, devenu chanoine de Belley et curé de Ceyseriat. Le savant ouvrage qu'il a publié sur l'avenir du protestantisme fut ébauché dans les *Annales*, heureuses et fières de publier ses lettres sous le pseudonyme du *Solitaire du Jura*. Hélas! la mort l'a enlevé à l'Église et à son diocèse, dont il est une gloire. M. l'abbé d'Aulnois ne resta pas étranger aux *Annales*. Il eut à répondre aux lettres de M. Gaussen touchant l'authenticité de la Bible, et donna plusieurs articles sous le titre de *Falsifications des Bibles protestantes*. Plus tard, il exposa la doctrine du libre examen d'après les protestants eux-mêmes, et ses conséquences pour la foi. Ce fut lui qui s'occupa de la controverse religieuse à Genève, et qui fit une étude sur le plymoutisme, le darbysme et sur les doctrines de plusieurs pasteurs en renom de notre ville.

Les *Annales catholiques* n'ont pas été sans mérite, quoiqu'on ait pu leur reprocher un manque réel d'unité dans l'ensemble des articles. Cela tenait principalement à ce qu'elles n'avaient pas de rédacteur en chef responsable, et que les bonnes volontés étaient mises à profit sans plan déterminé. Peu à peu, les hommes dévoués qui avaient prêté leur concours à cette œuvre se découragèrent : les *Annales* cessèrent bientôt de paraître. Mais à peine furent-elles tombées qu'on se prit à regretter les services qu'elles rendaient : cependant ce fut trop tard, car les sympathies dont on entoura alors les hommes dévoués qui y avaient travaillé ne purent les décider à reconstituer leur œuvre.

CHAPITRE XIX

M. l'abbé d'Aulnois, missionnaire. Premier plan des missions. Vie du presbytère.

Chacune des prédications quadragésimales du R. P. Nampon à Genève avait été accompagnée de fruits abondants de salut. Il arrivait par les enfants au cœur des parents, et rarement les exercices spirituels qu'il prêcha laissèrent les populations indifférentes. M. l'abbé d'Aulnois fut frappé de ses succès et il eut à ce sujet avec lui de nombreuses conférences. Il étudia sa méthode, et, désireux d'amener un plus grand nombre d'âmes à Dieu, il se dévoua au ministère apostolique de la prédication, qu'il exerça spécialement les dix dernières années de sa vie. Avant de se consacrer aux missions extérieures, il débuta par celles du canton, qu'il évangélisa avec ses collègues à l'époque du Jubilé de 1852.

Déjà, en 1849, il était préoccupé de fonder dans le diocèse une société de prêtres, qui iraient exercer l'œuvre de l'apostolat dans les paroisses. Nous en trouvons la preuve dans les résolutions qu'il prit à cette date dans une retraite faite le 9 juillet au presbytère de Veyrier. « Il y a une pensée qui « m'occupe depuis longtemps. Il y a combat en moi entre « les habitudes prises, d'après l'évidente volonté de Dieu, « qui m'a placé où je suis, et l'idée de former dans le diocèse « une société de prêtres dans la main de l'Évêque, soumis

« à des vœux et à une règle, se livrant aux études, aux
« missions et à l'enseignement. Je note ici cette pensée, et je
« demande à Dieu de l'anéantir ou de la faire fructifier, en
« me bornant à dire : Que votre volonté soit faite, Seigneur,
« que voulez-vous que je fasse? Seigneur, parlez ; votre
« serviteur écoute[1]. »

C'était sous notre toit hospitalier que M. l'abbé d'Aulnois
consultait ainsi Dieu sur cette nouvelle œuvre de zèle. Il
communiqua sa pensée à l'illustre exilé de Divonne, qui
déclara qu'une association de cette nature ne pouvait qu'être
utile aux paroisses, d'autant plus que la Constitution fédérale,
en frappant les Jésuites et les Liguoriens, privait la Suisse de
ses plus dévoués missionnaires. Muni de cette approbation,
M. l'abbé d'Aulnois adressa un appel à tous ses confrères, en
leur demandant leur concours pour créer une association de
prêtres, ayant pour but d'offrir leurs services à MM. les
curés pour les exercices des Quarante-heures, triduums,
retraites, missions et jubilés. Quinze répondirent à son appel.
C'était un élan généreux, un dévouement bien louable, mais
qui ne pouvait avoir qu'une durée transitoire.

Dans la pensée de M. d'Aulnois, l'association devait avoir
son supérieur, son conseil, son règlement et ses séances
régulières. Elle devait se maintenir prête à voler au secours
des curés de chaque paroisse. Nous ne savons pas si toutes
les idées généreuses de M. l'abbé d'Aulnois reçurent leur
accomplissement, mais nous trouvons les règles de conduite
suivantes dressées par lui et adoptées pour le temps des
missions.

1. Les prêtres missionnaires auront soin de se tenir unis à
Dieu par la prière, afin d'attirer sur leurs travaux les bénédictions célestes. A cet effet : *a)* Ils feront chaque jour au

1. Retraite de 1849.

moins une demi-heure de méditation en commun, si c'est possible. *b*) Ils réciteront de la même manière, le soir de bonne heure, *Matines* et *Laudes* pour le lendemain. *c*) La prière du soir et l'examen de conscience se feront également en commun. *d*) Dans toutes les prières, et spécialement à la sainte messe, ils demanderont à Dieu la conversion des pécheurs et l'heureux succès de la mission.

2. Chaque ecclésiastique s'appliquera à conserver avec ses collaborateurs l'union la plus cordiale, évitant toute contestation, tout blâme, toute parole de critique ou de reproche, supportant charitablement leurs défauts et partageant volontairement leurs charges et leurs peines.

3. Il aura pour le supérieur de la mission la plus grande déférence, et ne pourra prendre aucune mesure relative aux exercices, ni traiter un sujet différent de celui qui lui aura été assigné.

4. Le supérieur fera de son côté tout ce qui dépendra de lui pour entretenir la bonne harmonie parmi ses confrères. Il se concertera avec eux toutes les fois qu'il y aura une mesure sérieuse à prendre ou un cas grave à décider.

5. Les prêtres missionnaires n'oublieront pas qu'ils ne sont que des auxiliaires, destinés à seconder le zèle du curé de la paroisse où ils sont appelés, et à travailler sous ses ordres à la sanctification des âmes dont il est chargé.

6. Ils ne se mêleront en rien de ce qui concerne l'administration de la paroisse, s'abstiendront même de tout blâme ou critique à ce sujet, et n'établiront aucune dévotion ou confrérie dans une paroisse, sans avoir obtenu l'agrément du curé.

7. Pendant la durée des exercices d'une mission ou d'une retraite, ils ne feront aucune visite dans la paroisse, à moins qu'elle ne soit jugée utile par le curé et dans l'intérêt de la mission, et n'accepteront aucune invitation à dîner dans les maisons particulières de la paroisse.

Mgr Marilley approuva ces règles particulières le 18 février 1851. Elles étaient, en effet, pleines de sagesse, et si nous les avons citées, c'est que nous y retrouvons l'esprit de M. d'Aulnois et sa ligne de conduite dans les nombreuses missions qu'il prêcha plus tard.

Cette association rendit de très-grands services aux paroisses du canton de Genève à l'époque du Jubilé, accordé par S. S. Pie IX en 1852. Plusieurs escouades se formèrent ; la première sous la direction de M. d'Aulnois, supérieur de l'association, la seconde présidée par M. l'abbé Delétraz, vicaire de Chêne, et la troisième par M. Moglia, curé de Versoix, enfin, une quatrième confiée à M. l'abbé Mermillod, vicaire de Genève. Avant de commencer leurs travaux, tous les prêtres de l'association firent un pèlerinage aux Allinges, pour se placer sous la protection de l'apôtre du Chablais. La première mission s'ouvrit à Compesières le 20 décembre, et se termina le jour de la fête de saint Sylvestre. M. l'abbé d'Aulnois eut dans cette localité pour collaborateurs M. Fleury, alors curé de Veyrier, et M. Pictet, curé de Meynier. Il n'entre pas dans notre pensée de raconter les fruits consolants de salut que les ouvriers de la parole de Dieu recueillirent dans cette grande et belle paroisse, dirigée par M. Chavin. Qu'il était heureux ce bon et vénérable curé, trop tôt enlevé à l'affection de son troupeau, lorsque son église se remplissait d'hommes et de jeunes gens pour écouter la parole animée de M. d'Aulnois et les excellents conseils qu'il leur donnait ! On aimait surtout à entendre les conférences dans lesquelles il exposait les difficultés populaires. Il n'y avait rien de trivial dans son objection. Lorsque la solution avait été donnée, il la résumait habilement pour en faire saisir toute la force à ses auditeurs.

Quant à ses instructions, M. d'Aulnois ne s'astreignit jamais à les écrire. Il commençait par lire des traités sérieux sur la matière dont il s'occupait. Il parcourait surtout la

Somme de saint Thomas et la démonstration évangélique.
Il consultait ensuite les saintes Écritures. Après s'être pénétré de son sujet, il dressait de larges canevas qui lui servaient
de jalons et aidaient sa mémoire. Parfois il était très-heureux
dans son expression; on lui reprochait cependant quelques
répétitions inévitables à l'improvisateur. Son débit était vif,
souvent agité. Sur la fin de sa vie, il se possédait dans la première partie de son discours; mais toujours l'ardeur du missionnaire finissait par l'emporter. « Au début de sa carrière
« sacerdotale, dit l'auteur de sa biographie que nous avons
« déjà eu l'occasion de citer, et pendant les premières années,
« M. d'Aulnois prêchait à son tour dans la paroisse. Il avait
« en chaire de l'aisance, une certaine facilité, un accent de
« conviction, mais aucune des facultés qui constituent l'ora-
« teur dans la grande et ordinaire acception du terme. Cepen-
« dant, par la force de l'exercice, un véritable talent pour la
« parole s'était développé en lui, si bien qu'il lui était possi-
« ble d'improviser et de déployer une action oratoire d'une
« certaine force. » M. l'abbé d'Aulnois brillait surtout dans
les avis donnés aux pères et aux mères de famille, aux jeunes
gens et aux jeunes personnes. On reconnaissait alors l'homme
d'expérience qui avait étudié la société et ses besoins. Tous
les prêtres qui ont partagé ses labeurs, lui ont rendu cette
justice. Sous ce rapport, dès le début de sa carrière de missionnaire, il se montra très-supérieur.

Ce qu'il avait été à Compesières, il le fut encore dans la
paroisse de Vernier, dont le sol semblait être plus aride, mais
qui avait à sa tête l'excellent et bon curé M. Jacquier, que la
mort a également frappé. Cette paroisse, détachée de la
France et voisine de Fernex, avait besoin d'un apostolat spécial. M. l'abbé d'Aulnois y aborda quelques-uns des préjugés
populaires contre la religion, et les réfuta avec un vrai succès.
Là encore nous fûmes son auxiliaire avec M. l'abbé Déruaz;
aujourd'hui curé de Lausanne. Tels furent les premiers tra-

vaux de M. l'abbé d'Aulnois comme missionnaire. Il les continua dans diverses localités. Voici le témoignage rendu par un de ses amis au zèle de M. d'Aulnois : « Il avait abordé « cette existence de missionnaire après cinquante ans, à un « âge où, pour l'ordinaire, les hommes, sans aspirer au repos définitif, s'imposent la formule d'une vie réglée. Notre « ami procéda tout autrement. Chaque année il augmentait « ses occupations. Son zèle débordant ne savait ni refuser « une demande ni éviter l'occasion de faire du bien. »

Ses collègues évangélisèrent encore Versoix, Veyrier et Soral.

Après cette campagne, où la plupart des paroisses subirent un remarquable mouvement religieux, chacun des ouvriers rentra dans sa demeure. L'association ne fut pas dissoute, mais elle n'eut plus ses séances régulières. Il fallait, d'ailleurs, laisser un peu de repos aux populations. Divers membres se prêtèrent encore à quelques invitations particulières pour des triduums ou les Quarante-heures. Mais celui qui resta le plus longtemps sur la brèche fut M. l'abbé d'Aulnois, à qui sa position de prêtre auxiliaire à Genève permit des excursions assez fréquentes à l'extérieur. M. l'abbé d'Aulnois put s'étonner de cet isolement; mais c'était la conséquence naturelle de la position de chaque prêtre dans sa paroisse. Les fidèles ne pouvaient qu'être édifiés de voir MM. les curés ou vicaires se prêter en temps de Jubilé un mutuel appui, mais ils n'auraient ni compris ni approuvé leur déplacement habituel.

Quelque convaincu que pût être M. l'abbé d'Aulnois qu'il était à la place marquée par la divine Providence, fatigué par les occupations extérieures, il se prenait de temps en temps à rêver la solitude ou la vie de communauté sous la loi de l'obéissance, qui lui paraissait l'idéal de la perfection. « Ah! « disait-il alors, qu'il ferait bon vivre dans une grotte, loin « du monde, pour y prier! »

Il y eut un moment où il pensa sérieusement à se retirer aux Chartreux de Lyon, pour s'associer aux travaux des missionnaires de cette maison. Il se rendit même chez eux au mois de mai 1858 pour y faire une retraite. Dieu permit qu'il y fût souffrant. Il ne put que consulter M. l'abbé Desgeorges, supérieur de cet établissement, qui lui dit : « Retournez à votre poste de Genève. C'est là que Dieu vous veut.» Écoutons M. d'Aulnois nous exposer ses luttes intérieures aux Chartreux de Lyon. « Je remercie mille fois le Seigneur d'être venu « passer quelques jours dans cette chère solitude, et d'y avoir « été malade. La maladie est une grâce de Dieu. Quels bienfaits « que la solitude, le silence, la prière, les bonnes lectures et les « fervents entretiens avec un homme de Dieu! L'abbé D. est « pour moi une trouvaille, et si je restais avec lui, j'aurais un « immense bonheur à me laisser diriger par lui comme un « enfant. J'ai lu avec délices la Vie de Mme Louise de France, « sœur Thérèse de Saint-Augustin, la Vie de Mgr Flaget, « quelques instructions de Mgr de Poitiers, un ravissant traité « inédit de l'oraison par M. D. J'ai commencé la Vie du P. « Muard, puis l'Évangile de saint Jean et l'*Imitation*. Il me « semble que je serais resté des années à ne m'occuper ainsi « que de Notre-Seigneur et de ses saints. Aussi une vieille « tentation de quitter tout à fait le monde pour embrasser la « vie régulière est-elle venue m'assaillir plus forte que jamais. « Au fond de cette pensée il y a du bon et du mauvais ; il y a « du pauvre enfant d'Adam ; il y a aussi un désir de mieux « servir le bon Dieu, de me préparer à la mort et d'expier les « fautes de ma vie passée. Mais pour en finir avec cette tenta- « tion ou cet attrait, j'ai soumis toutes choses à M. Desgeor- « ges, et il ne veut pas que je m'arrête un moment désormais « à la pensée de quitter Genève. J'avoue que j'avais besoin « d'éclairer une bonne fois mon esprit et ma conscience à « cet égard, et je prends la résolution de chasser à l'avenir « toute idée de changement. Je fais en ce moment à Genève

« la volonté de Dieu ; autre part je ferais la mienne et je ne
« me sauverais pas. Aussi, arrière à l'avenir, toute pensée de
« solitude [1]. »

Ce fut donc un parti pris de rester à Genève, mais avec la
réserve de continuer l'apostolat de la parole et de ne rien être
sinon l'enfant de l'obéissance. Voici les résolutions prises par
M. l'abbé d'Aulnois dans cette retraite : *a*) Me dévouer plus
que jamais à l'œuvre de Genève. *b*) Rester dans la pure et
droite volonté de ne jamais *rien être,* à moins d'y être forcé
par l'obéissance. Ne rien désirer, ne rien demander. *c*) Ne
refuser aucune occasion de prêcher, faire des retraites ou des
missions sans nuire à l'œuvre de Genève. *d*) Me débarrasser
petit à petit de toutes les affaires temporelles ou finan-
cières qui pourraient prendre mon temps ou dissiper mon
esprit. *e*) Ne jamais boire de vin, de liqueur ou de café,
à l'exception d'une ou deux fois par mois par condescendance. La pénitence corporelle trois fois la semaine.

En se proposant cette ligne de conduite, M. l'abbé d'Aulnois ne faisait que confirmer son règlement général le jour
où il entra comme vicaire à Saint-Germain.

Tracer un règlement est chose facile, mais s'y astreindre
tous les jours de sa vie, voilà la difficulté sérieuse. Pour nous
qui avons eu le bonheur de vivre durant quatre années auprès
de l'excellent abbé d'Aulnois, nous pouvons certifier qu'il
accomplissait à la lettre chacune de ces prescriptions.

A cinq heures du matin, hiver comme été, M. l'abbé d'Aulnois quittait sa couche. A peine son réveille-matin avait-il
frappé les derniers coups qu'on l'entendait sortir de son lit et
faire les apprêts de sa toilette. A cinq heures et un quart, il se
mettait à son prie-Dieu, où il restait à genoux durant toute
sa méditation et sa préparation à la sainte messe. Quelques
minutes avant six heures, nous l'entendions marcher avec

1. Retraite aux Chartreux de Lyon, 3 mai 1858.

rapidité dans sa chambre, et de là il descendait à l'église où, après une courte adoration aux pieds de Notre-Seigneur, il s'habillait pour dire la sainte messe qu'il célébrait avec piété. Après son action de grâces il s'informait s'il y avait quelque personne auprès de son confessionnnal, et si quelqu'un l'y demandait il s'y rendait avec empressement. Avant de remonter dans sa chambre il prenait pour déjeuner une tasse de café au lait. Pour que le temps n'en fût pas perdu, il l'utilisait en lisant les nouvelles du jour ou de la veille dans quelque gazette de la localité. Son déjeuner terminé, il redescendait à l'église pour y lire ses petites heures et confesser. Vers huit heures et demie, il remontait pour vaquer au travail. Les dernières années de sa vie la matinée était consacrée à la préparation de ses instructions pour les stations du Carême, les retraites et Jubilés.

Régulier dans tout, M. l'abbé d'Aulnois l'était même pour l'heure des repas. Au signal donné il était à la salle à manger, toujours prêt à faire une petite guerre amicale aux confrères moins diligents que lui. « Deux heures de salle de police, disait-il quelquefois aux retardataires. On n'agit pas ainsi au régiment. »

Pour ses repas M. l'abbé d'Aulnois était d'une excessive sobriété. Il n'outrepassait jamais un régime sévère, et durant plusieurs années, il ne but que de l'eau. S'il modifia à la fin son genre de vie, ce fut par les ordres du médecin. Personne ne soupçonnait alors que ce fût de sa part un acte de mortification. « Jeune, disait-il, je n'ai jamais pris de vin dans mes repas. » A table M. l'abbé d'Aulnois se montrait affable envers tous ses confrères, gai et même enjoué. Il aimait, pour piquer la curiosité, à poser des questions qui n'avaient d'autre but que d'exciter l'hilarité.

Pour animer la conversation, il avait par devers lui une série d'histoires amusantes, qui revenaient régulièrement à certaines époques. Messieurs les anciens vicaires, les lui avaient entendu raconter vingt fois; ils ne se montraient pas moins ravis d'entendre l'aimable conteur.

Après le repas, M. l'abbé d'Aulnois remontait immédiatement dans sa chambre sans prendre aucune récréation, il récitait ses vêpres et sortait pour visiter les malades qui réclamaient le soin de son ministère. C'était ordinairement de bonnes âmes qu'il dirigeait dans les voies de la perfection, et il savait obtenir d'elles par ses douces exhortations la patience, la soumission à la volonté de Dieu et l'abandon à ses desseins adorables.

En sortant comme en rentrant, M. l'abbé d'Aulnois allait saluer Notre-Seigneur dans son tabernacle; sa visite était courte mais régulière. On l'entendait prononcer ces mots : « O mon doux Jésus ! ayez pitié de nous! O mon doux Sauveur, pardon et miséricorde. » C'était surtout lorsqu'il allait visiter quelque personne éloignée des sacrements, qu'il adressait à Notre-Seigneur cette prière; puis il invoquait l'ange gardien du malade, le conjurant de le préparer à sa visite.

La politesse, que M. l'abbé d'Aulnois s'était promis d'avoir pour tout le monde, fut le trait distinctif de ses rapports avec le prochain. Il charmait par ses manières pleines de distinction, éloignées de la raideur autant que de l'afféterie; il attirait par son grand air de bonté, peint sur toute sa physionomie. Avec les pauvres, il se montrait affectueux, et après avoir écouté le récit de leurs misères il donnait avec générosité le surplus de ses revenus. Entrait-il dans quelque mansarde enfumée et malpropre, il conseillait des réparations qu'il se chargeait de payer. Dieu seul connaît toutes les aumônes qu'il a versées dans le sein des indigents; car ce que faisait sa droite, sa gauche l'ignorait. L'époque spécialement signalée par ses générosités fut l'année qui précéda sa mort. Il commençait à retirer le fruit d'un héritage que lui avait laissé une de ses tantes. Juqu'alors les droits élevés de réparation d'une maison l'avaient privé de ses revenus. Vint l'anniversaire de son entrée dans le sacerdoce. Alors il donna beaucoup aux pauvres, et même dans une *tombola* qu'il organisa à la cure, il voulut mettre à la disposition de chacun de ses confrères une certaine somme pour les pauvres.

Son détachement des richesses était absolu. Il soignait avec une extrême fidélité tout ce qu'il avait gagné par son travail, jamais il ne se permit la moindre dépense pour lui-même, mais lorsqu'il fallait obliger le prochain, il se montrait généreux.

Le demandait-on pour une prédication, il refusait tout honoraire, il prenait même à sa charge les frais de voyage. Plus d'une fois, dans les localités pauvres qu'il avait évangélisées, il contribua à l'érection d'une croix en souvenir des pieux exercices.

Lorsque des sommes étaient fixées par les fabriques des églises pour les prédications de Carême, il les acceptait, mais à son retour il en versait une partie dans la caisse paroissiale de Genève, au profit de la construction de l'église de Notre-Dame, et consacrait l'autre à de bonnes œuvres. A son retour de Mâcon où il avait prêché le Carême, il fit une large offrande pour les zouaves pontificaux. Après ses prédications d'Auxerre, il versa entre les mains de Monseigneur le Nonce du Pape, une somme pour le trésor pontifical.

Que dirons-nous de l'emploi de son temps ? Jamais M. d'Aulnois ne perdit un seul instant. Il en était avare, et lorsqu'on venait lui parler ou lui demander des conseils, il répondait en peu de mots, allant droit au but et il congédiait poliment ses visiteurs. Ce n'était qu'au confessionnal qu'il se montrait prodigue de son temps. Il y donnait de longs moments, recevait tous ceux qui se présentaient et à toute heure de la journée. Pour une âme à sauver, il quittait tout, même son bréviaire, laissant un signet au psaume commencé qu'il reprenait après avoir confessé.

Parfois, cependant, il se permettait une innocente récréation, c'était quelques minutes avant le souper. Écrasé par le travail, il ouvrait son piano et jouait avec entrain ou une cavatine de Bellini, ou quelque réminiscence de Donizetti, telle que la Muette de Portici. Nous l'entendions de notre appartement, et nous pouvions dire : M. l'abbé d'Aulnois est fatigué.

Après la prière du soir faite en communauté, M. l'abbé d'Aulnois se retirait immédiatement dans sa chambre mais ce n'était pas pour s'y livrer au sommeil. Il faisait encore une lecture de piété, il mettait à jour sa comptabilité à laquelle il donnait un soin spécial. Chaque soir il réglait non-seulement ses propres comptes, mais ceux de la société de Ste-Blandine et ceux de la paroisse. Il choisissait habituellement pour sa tenue de livres l'heure qui précédait son sommeil. Ayant pour maxime de ne jamais renvoyer une chose au lendemain. Aussi lorsqu'il tomba malade, n'eut-il pas un chiffre à modifier, pas une ligne à ajouter dans ses livres de compte. L'ordre le plus complet y régnait, et au milieu de ses nombreux registres où figuraient les noms des associés des œuvres qu'il dirigeait, leurs versements, les recettes et les dépenses, on chercherait en vain une rature.

Nous pouvons dire la même chose des livres de comptes de la paroisse qui furent entre ses mains, à l'époque de la construction de Notre-Dame. C'est là surtout que M. l'abbé d'Aulnois se montra comptable habile et expérimenté, et qu'il fit éclater ses qualités d'administrateur.

Il présidait avec intelligence au roulement des fonds, pendant que MM. Dunoyer, Mermillod, Caillat, Gignoux et d'autres quêteurs sillonnaient l'Europe, sollicitant la charité pour Notre-Dame de Genève. « Cette seconde église, dit « l'auteur de la *Notice sur M. d'Aulnois*, si nécessaire et si « impatiemment attendue fut livrée au culte le 4 octobre « 1857. Ce fut un grand événement pour la paroisse catho-« lique. »

CHAPITRE XX

M. l'abbé d'Aulnois membre du Tiers-Ordre de Saint-François.

Si M. l'abbé d'Aulnois aspirait à la vie religieuse, c'était pour y atteindre plus sûrement la perfection à laquelle il tendait toujours. Ses directeurs lui déclarèrent qu'il pouvait être religieux dans le monde et en avoir l'esprit tout en continuant à exercer le ministère à Genève. Un colloque qu'il eut avec le R. P. Provincial des Capucins de Chambéry le confirma dans cette pensée ; il lui proposa de faire partie du Tiers-Ordre de saint François d'Assise, institué en faveur des personnes vivant au milieu du monde. Cette idée sourit à M. l'abbé d'Aulnois, qui était homme à se lier par la règle la plus sévère et à accomplir la loi de la pénitence. Il se présenta comme novice du Tiers-Ordre et, le 31 août 1851, il fut librement admis à la profession. M. d'Aulnois avait, en effet, depuis longtemps satisfait aux exigences de la règle ; sa foi était pure et entière ; il était, comme le requiert saint François d'Assise fils soumis de l'Église, il n'avait aucun embarras d'argent et il était disposé à la pratique de tout ce qui peut contribuer à l'édification du prochain.

On voit par les notes de M. l'abbé d'Aulnois qu'il se regarda dès lors comme obligé à une vie plus intérieure, plus morti-

fiée et plus humble. Se rendant l'année suivante à la retraite
d'Annecy, il alla d'abord à l'église de la Visitation mettre
ses pieux exercices sous la protection de saint François de
Sales et de saint François d'Assise. Lorsqu'il fut dans sa
cellule au grand séminaire il s'écria : « O mon Dieu, parlez
« à mon âme. Quelle douceur déjà que la solitude et le si-
« lence ! Je suis venu ici pour trouver Jésus, pour retremper
« mon âme dans l'oraison, pour m'animer à une vie plus
« parfaite comme prêtre et comme religieux profès du Tiers-
« Ordre de saint François d'Assise. Ce que je cherche c'est :
« l'amour intérieur de Notre Seigneur Jésus-Christ, la vie
« d'oraison, la vie du dévouement sacerdotal absolu, la vie
« pénitente. Ce sont là mes vœux et quelque loin que j'en
« sois, j'y tendrai du moins par mes désirs dans cette re-
« traite.

« Si je ne me fais pas illusion, le bon Dieu m'a donné le
« désir de tout faire pour sa gloire, pour la défense de son
« Église, et pour le salut des âmes. Ni l'ambition, ni l'inté-
« rêt ne me dirigent. A Dieu seul la gloire, et si la vanité,
« la vaine gloire viennent porter atteinte à la pureté d'inten-
« tion, c'est l'objet de toutes mes craintes, de tous mes re-
« grets et de tous mes combats. »

Dans cette retraite, M. l'abbé d'Aulnois emprunte à saint
Thomas les considérations les plus élevées des diverses voies
de l'âme. Il excite d'abord dans son cœur le plus grand désir
de s'avancer dans la vertu et d'arriver à la perfection, et il se
dit : « Je suis la créature de Dieu ; je suis dans l'Église de
« Dieu ; je suis prêtre et religieux. Il faut mourir à l'orgueil
« et renoncer à tout désir de paraître. » Passant de là à l'humilité, il scrute les profondeurs de sa conscience pour la
purifier de tout ce qu'il pourrait y avoir d'humain dans
ses œuvres, et considère ensuite les avantages du détachement par la pauvreté, les grandeurs et les joies de la chasteté.

C'est véritablement le parfait religieux que nous avons sous les yeux. Comme il est transporté d'amour pour Notre Seigneur Jésus-Christ lorsqu'il médite sur ce passage des Livres Saints : *Nuntiate dilecto quia amore langueo !* Il dit avec Richard de Saint-Victor : « Quand l'âme est devenue languis-
« sante par l'excès de son amour, rien ne peut la satisfaire
« que Dieu seul. Elle n'aime que Dieu ; elle ne soupire qu'a-
« près Dieu. Que peut-on aimer quand on dit tous les jours
« la sainte messe. Comment ne pas languir de douleur en
« pensant à ses péchés, à son peu d'amour, à cette froideur
« en présence de Jésus crucifié, de Jésus se donnant à nous
« dans l'Eucharistie avec un amour indicible, qu'il faudrait
« communiquer de manière à fondre votre cœur dans son
« cœur !

« O Marie, vous avez bien eu cet amour languissant toute
« votre vie et surtout au pied de la croix. O saint François
« de Sales, ô saint François d'Assise, vous étiez fondus dans
« cet amour de Dieu. Pour moi, je bégaye, j'entrevois, je
« vous adore et je languis de vous aimer comme vous voulez
« être aimé. Amen. »

Poursuivant la même matière dans une autre méditation, il se pénètre des trois propriétés de l'amour de Dieu selon saint Thomas. 1° Il fait de grandes choses et les estime très-petites. *Operatur magna et reputat parva.*

2° Il fait beaucoup de choses et il croit ne faire que peu. *Operatur pauca et reputat nulla.*

3° Il travaille longtemps et il n'estime qu'un moment tout le temps qu'il a travaillé. *Operatur diù et reputat breve.*

« Quelle précieuse méditation ! Quelles réelles et sages
« antithèses ! Oh ! qui ne sentirait ce qu'il y a de vrai et
« de bon dans l'état d'une âme qui a ce véritable amour
« agissant à la manière de Notre Seigneur Jésus-Christ et des
« saints !

« C'est encore pour moi non un amour semblable que je
« possède, mais un voile levé et un désir d'arriver à cet
« amour.

« Cette méditation a éclairé mon esprit, et m'a fixé sur
« ces tentations de déserter le poste, la vie agissante que Dieu
« et mes supérieurs m'ont donnée. Seulement il faut purifier
« toutes les intentions et ne rien faire que par amour, comme
« cause, comme motif, comme force et puis ne jamais oublier
« le *parva*, le *pauca* et le *breve*. »

Cependant, comme s'il avait senti le besoin de se pénétrer
aux sources mêmes du véritable esprit de saint François, il
choisit, en 1854, le couvent des Capucins de La Roche pour
y faire sa retraite, prenant pour compagnons de solitude
l'Évangile de saint Luc, la Pastorale de saint Grégoire-le-
Grand, le traité de saint Bernard aux prêtres et la vie de
saint François d'Assise. Ce qu'il se propose surtout d'acquérir, c'est l'esprit d'oraison et l'esprit de pénitence.

Sa première méditation roule sur la présence de Dieu :

« Combien le silence et la solitude y prêtent ! J'ai sous les
« yeux, continue-t-il, toutes les splendeurs d'une magnifique
« vallée et de majestueuses montagnes, qui inspirent de graves
« pensées, qui racontent la gloire de Dieu, et reposent l'âme
« et les yeux. Je n'entends que le bruit du torrent qui sem-
« ble précipiter le temps, et le chant des oiseaux, innocent et
« pur, qui contraste avec ces mille paroles du monde, qui
« fatiguent et usent l'âme en la distrayant de Dieu. Aussi,
« Notre-Seigneur cherchait la solitude des montagnes. Saint
« François d'Assise parlait avec les oiseaux, ou plutôt il
« trouvait Dieu dans la solitude.

« La présence de Dieu ! Mais après l'Eucharistie, la grâce
« et l'oraison ; n'est-ce pas un des plus grands biens pour
« l'âme, n'est-ce pas un des plus grands moyens de vertu, de
« perfection et de salut ? Ne faut-il pas s'y réfugier le plus
« souvent possible pour rafraîchir le cœur, l'imagination ?

« Le mal du monde n'est-ce pas que Dieu n'y est plus pré-
« sent, qu'on s'en passe, qu'on n'en veut plus ? Et l'homme
« alors ne tombe-t-il pas aussitôt en présence de lui-même,
« qui n'est que péché, orgueil ? ou en présence de toutes ses
« illusions qui l'aveuglent et l'égarent !

« O mon Dieu, que ma retraite actuelle soit un exercice
« continuel de votre présence. Je ne cherche que vous, je
« ne veux que vous. Je n'aime la solitude et le silence que
« parce que je vous y trouve. Éclairez ma conscience, purifiez-
« la ; donnez-moi une nouvelle jeunesse de zèle, de générosité
« pour ma propre sanctification et pour travailler au salut
« des âmes. Amen. »

Ici encore, M. l'abbé d'Aulnois examine la fin du prêtre :

« La fin du prêtre, s'écrie-t-il, c'est Jésus-Christ. Le con-
« naître, l'aimer ; le servir ; le faire connaître, aimer et servir,
« l'imiter, le suivre ; continuer sa vie, son œuvre, le repré-
« senter ! S'unir à lui tous les jours, tout faire pour lui seul.
« Intelligence, cœur, corps, vie, ministère, tout lui est con_
« sacré ; en tout avoir Jésus-Christ pour fin.

« La fin du prêtre, c'est l'Église à glorifier, à défendre, à
« servir ; ce sont les âmes à sanctifier, à édifier, à instruire, à
« guérir, à faire avancer dans l'union avec Dieu et dans la
« vie chrétienne et même parfaite. »

Il passe ensuite à la fin des religieux du Tiers-Ordre :

« C'est toujours Jésus-Christ, mais plus entièrement, plus
« immédiatement. C'est chercher à le suivre dans la voie des
« conseils évangéliques ; c'est avoir une sainte affection pour
« les trois vœux de religion ; c'est aimer d'un attrait divin la
« sainte et délicieuse chasteté qui rend l'homme semblable
« à Jésus et à Marie, aux anges, qui lui donne la vraie liberté,
« qui dégage son cœur, ravit tout son être et qui est une
« source des plus ravissantes jouissances de l'âme. »

Il se demande ensuite ce qu'il doit faire dans la position
où Dieu l'a placé à Genève, pour marcher dans le chemin de

la perfection religieuse. Et il ne voit rien de mieux que l'union intime avec Jésus-Christ :

« Je mettrai mes délices à toujours étudier Jésus-Christ, « je ne prêcherai, je ne confesserai que pour faire connaître « et aimer Jésus-Christ. Toute la vie du prêtre est là ! Arrière « le monde et le *moi* pour établir en soi et autour de soi, le « règne et l'amour de Jésus-Christ. Amen [1]. »

Ainsi rajeuni dans la retraite M. l'abbé d'Aulnois pouvait aller parler de Jésus-Christ aux âmes ferventes, les aider à marcher dans la voie de la perfection et former des chrétiennes généreuses et capables de sacrifices. C'est la tâche qu'il accomplit en cherchant à développer à Genève et dans les localités voisines le Tiers-Ordre de saint François d'Assise.

Déjà M. l'abbé d'Aulnois, à cette époque, dirigeait un grand nombre de personnes pieuses dans les voies de la sanctification. Lorsqu'il en trouva d'aptes à mener une vie d'humilité, de pénitence, il les engagea à se ranger comme lui sous la règle des Tierçaires. Bientôt il vit cette association s'accroître, et en qualité de sous-directeur, il lui voua ses soins les plus affectueux.

S'il nous était donné de plonger dans l'intime des consciences, nous y verrions tout ce qu'a eu de fructueux pour les âmes le zèle de M. l'abbé d'Aulnois ; combien furent relevées du péché et mises sur la voie de la pénitence. Combien d'égarées, ramenées dans les sentiers de la vertu ! Combien d'âmes pures consolidées dans l'innocence, la pureté et la fidélité à la prière !

M. d'Aulnois était un directeur prudent et éclairé. Il ne poussait pas ordinairement à la vie religieuse du cloître ou du monastère, mais il portait ses pénitentes à la prière, à l'esprit de renoncement et à l'amour de Notre Seigneur Jésus-Christ dans l'Eucharistie. Il propageait le plus possible le culte du

1. Retraite de 1854.

Sacré-Cœur, et recommandait surtout la réception de la sainte Eucharistie. C'est ainsi qu'il vivifiait les âmes et soutenait les œuvres dont il était le directeur.

L'association du Tiers-Ordre lui fournit l'occasion de conduire un bon nombre de ferventes chrétiennes dans le chemin de la perfection. Il les guidait d'une main ferme, sans leur permettre de donner trop de temps à la confession. Il était bref, mais toujours onctueux. Ses directions se résumaient en quelques mots, accompagnés de deux ou trois pratiques. Il les engageait à faire partie des associations établies dans la paroisse, telles que l'archiconfrérie du Sacré-Cœur de Marie, où l'on prie spécialement pour la conversion des pécheurs, la congrégation de la Bonne mort, l'Adoration perpétuelle et l'œuvre des Tabernacles.

Trouvait-il des âmes inquiètes et portées au scrupule, il fixait leurs incertitudes en les entendant une fois ou deux avec longanimité et patience, et leur interdisant toute redite inutile. Il leur traçait sur un carré de papier leur ligne de conduite, en exigeant la promesse qu'elles ne s'en écarteraient jamais.

Il avait quelquefois à retenir des imaginations ardentes, qui eussent voulu d'un bond arriver à la perfection : « Patience, patience, répétait-il à l'exemple du P. Ronsin qui avait dû brider son élan, ne vous inquiétez pas, on arrive petit à petit. A chaque jour son œuvre. »

M. d'Aulnois donnait encore chaque mois une instruction générale aux Tierçaires de Saint-François, qu'il réunissait dans la chapelle au-dessus de Saint-Germain. Là, il leur faisait part des nouvelles religieuses les plus saillantes, en cherchant à raffermir toutes les sociétaires dans la foi, le désir de la perfection et l'esprit de pénitence.

M. l'abbé d'Aulnois mettait toujours sur une carte les sujets qui formaient la matière de ses avis. Il les donnait avec poids, méthode et gravité, laissant de côté l'enjouement qu'il réservait pour les catéchismes de persévérance et ses bonnes domestiques. Tout était sérieux dans ces réunions, qui respiraient l'esprit religieux et se passaient dans le calme, nous pourrions dire dans un mystérieux silence, car longtemps elles furent ignorées.

Lorsque la mort frappait une des sœurs du Tiers-Ordre, on priait pour le repos de son âme, et le directeur communiquait les détails qu'il avait recueillis sur sa vie et sur sa mort. Ordinairement ils étaient d'une édification remarquable, et on avait le tableau d'une chrétienne éprouvée par une longue maladie mais toujours soumise et patiente. Que d'âmes pures appartenant à cette association déjà se sont envolées aux cieux ! !

M. l'abbé d'Aulnois était trop ami des retraites spirituelles pour ne pas les conseiller à ses pénitentes. Quelques-unes, plus libres par leur position, choisissaient chaque année cinq ou six jours, qu'elles passaient dans une des maisons de la Visitation du voisinage. Il appelait de deux en deux ans tous les membres du Tiers-Ordre à des exercices spéciaux qu'il prêchait lui-même et qui duraient de quatre à cinq jours.

En 1854, la retraite eut lieu dans la chapelle du pensionnat de Carouge. Nous trouvons parmi nos documents la note suivante, rédigée par une des sœurs qui la suivirent.

« L'année dernière, le Tiers-Ordre de Genève avait joui
« pour la première fois de la faveur d'une retraite. Cette
« grâce avait été accueillie avec bonheur, car une retraite est
« un acte important pour tout chrétien, mais surtout pour
« les âmes désireuses avant tout de travailler à l'affaire de
« leur salut et de se consacrer à Dieu. Aussi lorsque notre
« vénéré directeur annonça que cette grâce nous serait ac-
« cordée dans le courant de septembre, tous nos cœurs s'é-
« panouirent de reconnaissance.

« Le mardi 6 septembre, au soir, nous étions déjà une
« trentaine de sœurs réunies à la chapelle du pensionnat de

« Carouge, tout heureuses de nous retrouver dans ce saint
« asile, dont nous avons gardé un si doux souvenir.

« Ce fut M. l'abbé d'Aulnois, notre dévoué et zélé vice-direc-
« teur, qui nous annonça la parole de Dieu. Il ouvrit le jeudi
« les exercices de la retraite par la célébration du saint sa-
« crifice pour les sœurs trépassées ; 70 à 80 de nos sœurs par-
« ticipèrent aux saints exercices, et nous avons remarqué
« avec édification le silence et le religieux recueillement qui
« ont continuellement régné même le dernier jour, où nous
« nous trouvions réunies au nombre de 135. »

Ces exercices étaient bénis de Dieu, et les personnes qui les
avaient suivis retournaient à leurs occupations journalières
plus généreuses et plus dévouées aux devoirs que la Providence leur imposait dans leur condition respective.

Voici quelques conseils donnés par M. l'abbé d'Aulnois aux
membres du Tiers-Ordre sur la manière dont elles doivent
pratiquer la charité et l'humilité :

« Les sœurs seront toujours bonnes dans leurs familles ;
« elles sauront se plier, lorsque le devoir et les circonstances
« le demanderont. Elles se rappelleront qu'elles doivent se
« faire *tout à tous*, et même quitter momentanément leurs
« exercices de piété, quand un plus grand bien le de-
« mandera.

« La charité des sœurs doit être intérieure. Qu'elles chas-
« sent de leur cœur et de leurs pensées ce qui est au désavan-
« tage du prochain ; qu'elles se pénètrent de cette vérité,
« qu'elles sont les *moindres de toutes*.

« La charité des sœurs doit être dans leurs paroles. Elles
« tâcheront de cacher et d'excuser les fautes du prochain.

« La charité des sœurs doit s'ingénier à soulager les
« pauvres et les visiter.

« Les sœurs aimeront à donner aux pauvres non-seulement
« la nourriture du corps, mais surtout celle de l'âme, par des
« paroles instructives, et celle du cœur, en leur montrant la

« part qu'elles prennent à leurs peines, de quelque nature
« qu'elles soient.

« Afin d'avoir plus de temps pour visiter les malades, elles
« se priveront quelquefois de leurs récréations permises. Au-
« près d'eux, elles seront comme des mères tendres ; elles ne
« craindront pas de panser leurs plaies ; elles leur adresse-
« ront des paroles de consolation.

« Les sœurs se montreront aussi compatissantes envers les
« pécheurs ; elles prieront pour eux, les plaindront intérieu-
« rement et ne diront jamais rien qui puisse leur nuire ; elles
« tâcheront plutôt de les attirer au bon Dieu par la douceur
« de leur parole.

« Les sœurs qui en auront la facilité n'oublieront pas la
« veuve et l'orphelin ; elles les aideront dans leurs besoins.

« Les sœurs pratiqueront l'humilité, en cherchant à dé-
« truire en elles la susceptibilité ; elles supporteront, si ce
« n'est avec joie, au moins avec patience, ce qu'on pourrait
« dire à leur désavantage et ce qui serait pour elles un sujet
« d'humiliation.

« Si quelquefois elles sont peinées et peu comprises même
« par ceux qu'elles affectionnent le plus et de qui elles ont
« légitimement droit d'attendre des attentions, c'est aux
« pieds de Notre Seigneur Jésus-Christ qu'elles iront déposer
« leurs peines et chercher de la consolation. »

Tel est l'abrégé des doctrines qu'adressait M. l'abbé
d'Aulnois aux membres du Tiers-Ordre soit dans ses avis
particuliers, soit dans ses retraites.

Non content d'avoir établi le Tiers-Ordre à Genève, M. l'abbé
d'Aulnois le propagea partout où il eut l'occasion de prêcher. Ainsi dans le pays de Gex, il eut une colonie très-fer-
vente, qu'il réunissait dans la chapelle de la Visitation. En
1864, il leur développa les combats d'une bonne Tierçaire
contre elle-même, contre le monde, contre les souffrances et
contre le découragement.

Lorsqu'il eut l'occasion d'annoncer la parole de Dieu à Thonon ou à Annecy, il enrôla plusieurs personnes pieuses.

Ce bien réel dans les âmes, M. l'abbé d'Aulnois le faisait sans éclat, dans le silence de l'humilité, donnant aux autres l'exemple de ce qu'il préchait. Personne ne parla publiquement à Genève du Tiers-Ordre de Saint-François jusqu'à la mort de M. l'abbé d'Aulnois. Pour la première fois les sœurs se produisirent avec le voile noir de la pénitence, lorsqu'elles suivirent en larmes leur pieux directeur à sa demeure dernière.

En tout temps, M. l'abbé d'Aulnois contribua généreusement à l'ornementation des autels, mais dans les dernières années de sa vie, il se préoccupa spécialement de la chapelle de Saint-François, à Saint-Germain. C'est là qu'il avait résolu de se consacrer au Seigneur ; c'était là qu'était son confessionnal et qu'il avait absous tant de pécheurs et consolé tant d'âmes affligées. Il en fit un sanctuaire intime, qu'il orna des statues de saint Germain, patron de l'église et de saint François d'Assise, réservant le tableau de l'autel à saint François de Sales. C'est lui qui de ses deniers personnels paya nonseulement le vitrail de la chapelle, mais l'autel sculpté en bois de chêne et le charmant tableau représentant le saint évêque donnant la communion à Anne-Jacqueline Coste, dans la cave de l'hôtellerie, où elle servait à Genève. Ce tableau est dû au pinceau de notre regretté peintre suisse, Paul Deschwanden. C'est un souvenir qu'il voulait laisser à ses chères filles, les associées de Sainte-Blandine. La fête de l'inauguration fut des plus intéressantes ; elle a laissé un profond souvenir dans la mémoire des catholiques qui en furent les témoins.

CHAPITRE XXI

M. l'abbé d'Aulnois missionnaire apostolique.

Les changements qui s'opérèrent dans la paroisse de Genève en 1857, époque où l'église de Notre-Dame fut ouverte, ne changèrent en rien la position de M. l'abbé d'Aulnois. Il resta à Saint-Germain auprès de M. Dunoyer, curé de Genève, dont il continua à être le bras droit, jouissant de sa confiance et de son amitié. M. l'abbé Mermillod, qui avait puissamment contribué par ses prédications éloquentes au succès des quêtes faites en France pour la construction de ce magnifique édifice, fut chargé de la nouvelle paroisse avec le titre de recteur de Notre-Dame. Cette période de transition pour l'église de Genève ne s'opéra pas sans secousse. Les œuvres que dirigeait M. l'abbé d'Aulnois en subirent le contre-coup, et ce fut le moment où il proposa, comme nous l'avons dit, la fusion des catéchismes de persévérance et de l'association de Sainte-Élisabeth. Plusieurs autres sujets de tristesse vinrent jeter le trouble dans son âme. Son cœur souffrait surtout de ce que Dieu était si peu aimé. Dans une de ses heures d'abattement, il s'écriait :

« Que j'aurais besoin de repos, de tranquillité spirituelle !
« Le monde est si malade, les âmes sont si languissantes ! Il
« y a tant de crimes sur la terre, tant d'infortunes et tant de
« souffrances morales ! Par combien de tristesses j'ai passé

« depuis quelque temps, en voyant le ravage du mal dans
« les âmes, les maux de l'Église, les déceptions de tous les
« jours, les illusions qui s'en vont une à une ! Comme on
« voudrait sortir de ce chaos, de cette arène où il y a si peu
« de bien et une si grande somme de mal. Mon âme est triste
« jusqu'à la mort [1]. »

Ces mêmes angoisses, M. l'abbé d'Aulnois les avait déjà
éprouvées deux ans auparavant et à un si haut degré, qu'il
était parti pour la retraite de Fribourg avec l'intention bien
arrêtée de demander à son Évêque son changement.

« Toutes sortes de tristesses, de troubles, de projets, de
« froissements, de tentations m'ont assailli depuis deux mois,
« et je suis venu à la retraite avec l'intention de demander à
« Monseigneur de modifier ma position [2]. »

Mais ses peines avaient été calmées par les sages conseils
du P. Milanta, son ami, qui lui recommanda de s'en tenir à
l'abandon entier à Dieu et de pratiquer l'indifférence à l'égard
des changements de situation qui semblaient l'atteindre.

Ce n'était pas que M. l'abbé d'Aulnois eût désiré une
position plus élevée ou qu'il eût envié l'élévation des autres ;
mais il était poursuivi par le besoin de la paix ; moins pour
fuir le travail que pour assurer à ses cinquante-six ans une
tranquillité d'âme qui lui semblait nécessaire à sa sanctification personnelle. Il avait comme le pressentiment des luttes
qui allaient se renouveler à Genève, il en avait peur, car sa
nature y répugnait. « Je voudrais, disait-il, à la fois une vie
« plus cachée et plus solitaire pour me préparer à la mort,
« et une vie apostolique pour consacrer davantage mes der-
« nières années au salut des âmes. Grâce à Dieu, je ne désire
« ni place, ni titre, ni distinction ; j'en ai peur et j'en suis
« incapable ; je ne tiens nullement à l'argent ni à l'oisiveté ;

1. Retraite de 1860, faite à Choulex.
2. Retraite de 1858.

« ma nature est antipathique au repos, mais elle aime la
« paix. Ma vie, c'est le travail pour Dieu. Cette volonté ne
« s'est pas affaiblie. Prêtre à quarante-deux ans pour Dieu
« seul, aujourd'hui à cinquante-six, je voudrais vivre et mou-
« rir en missionnaire, les armes à la main. »

Cette destinée de labeurs pacifiques et zélés Dieu la réservait à son fidèle serviteur, qui revint bravement au poste
de Genève, pour y continuer ses travaux jusqu'à la mort.

« Mon Dieu, dit-il, faites de moi ce que vous voudrez.
« Si vous voulez que je reste où je suis, je vais me dévouer
« plus que jamais; l'obéissance à mes supérieurs me fera
« prendre patience. En travaillant à prêcher aux environs de
« Genève je réponds à ma vocation de missionnaire aposto-
« lique. Eh bien tant mieux! Tout pour votre gloire. Je ne
« refuserai jamais le travail, à moins que mes supérieurs me
« le défendent. Courage, confiance en Dieu, dévouement,
« humilité, vie cachée en Dieu. Vive la croix, vive Jésus [1] »

M. l'abbé d'Aulnois avait, en effet, reçu du Saint-Père le
titre de missionnaire apostolique et ce fut un nouveau motif
de courage pour son zèle. « Ah! disait-il, je voudrais être
« missionnaire jusqu'à la fin et dans toute la force du
« terme. »

Dès ce jour, en effet, il fut à la disposition de ses confrères
pour toutes sortes d'exercices : premières communions, Quarante-heures, triduums, retraites et missions.

Nous ne pouvons entrer dans tous les détails de cette laborieuse existence, ni entreprendre le récit de toutes les courses
que lui inspira son désir de faire aimer et mieux connaître Notre
Seigneur Jésus-Christ. Ces détails nous conduiraient trop
loin, ils seraient d'ailleurs empreints de monotonie. Nous nous

---

1. Retraite de 1858.

contenterons de citer les principales stations que fit M. l'abbé d'Aulnois et les fruits de salut qui les ont couronnées [1].

Une des villes de Savoie où M. l'abbé d'Aulnois fut le plus souvent appelé fut Chambéry. S. E. le cardinal Billiet aimait et admirait le zèle de cet apôtre, dont la parole n'avait pas l'apprêt ordinaire des prédicateurs de la station de Carême, mais qui avait le don de remuer les âmes.

D'autres orateurs plus distingués que lui et dont la phrase était peut-être plus correcte n'avaient réuni autour de la chaire évangélique que quelques pieux auditeurs. Mais le fervent missionnaire s'oubliant à toute heure pour se faire tout à tous, passait de la chaire au confessionnal et multipliait les exercices du Carême, tantôt pour les enfants, tantôt pour les domestiques. Dans ses conférences, il abordait des sujets spéciaux pour les hommes, et ses discours empreints d'un profond accent de conviction, groupaient autour de sa chaire un auditoire extrêmement sympathique et distingué. Le barreau suivit ses instructions et M. d'Aulnois vit avec bonheur son Carême couronné par de nombreuses communions.

[1]. Voici, par ordre de dates, les lieux évangélisés par M. l'abbé d'Aulnois en Suisse, en France et en Savoie.

1856. — Genève. Retraite des enfants, 13 janvier. — Divonne. Retraite de six jours, 5 octobre. — Belley. Retraite saint Anthelme 30 novembre, 7 décembre. — Aux Bernardines. — Aux Dames de la Miséricorde.

1857. — Genève. Retraite Sainte-Élisabeth, 25 janvier, 29 dit. — Belley. 2e retraite saint Anthelme, 18 juin. — Chambéry. Retraite Sœurs Saint-Joseph, 7 octobre. — Genève. T. O. Immaculée-Conception, 30 novembre au 8 décembre.

1858. — Genève. Retraite Sainte-Élisabeth, 24-29 janvier. — Retraite des enfants, 7 février. — Carouge. Jubilé, 28 février. — Pensionnat, 1re communion, 28 mai. — Boëge. Retraite du Jubilé, 4 juillet. — Genève. Retraite du Tiers-Ordre, 25 juillet. — Bulle. Mission, exercices spirituels, 5 novembre. — Treyvaux. Mission, 9-12 novembre. — Compésières. Jubilé. 21 novembre. — Annecy. Visitation, retraite aux Enfants de Marie, 8 décembre.

1859. — Chézery. Quarante-heures, 13 février. — Genève. Carême à Notre-Dame. — Bulle. Retraite, 25 mai. — Saint-Etienne, 5 juillet. — Lyon. Octave saint Vincent de Paul au Bon-Pasteur, 24 juillet. — Divonne. Retraite, 3 novembre. — Carouge. Pensionnat. Retraite, 16-20 novembre.

1860. — Bottens, Polliez-Petit, février. — Chambéry. Carême. — Notre-Dame. Visitation. — Lyon. Aux Chartreux. — Genève. 1re commu-

Déjà en 1860, M. l'abbé d'Aulnois avait prêché avec succès, le Carême à Chambéry, dans l'église de Notre-Dame, où il avait été lui-même ému de la piété des bons habitants de cette ville. L'année suivante, il fut invité à se faire entendre à la Métropole.

Pour tout autre prédicateur, c'eût été un écueil que de paraître deux années consécutives dans la même ville ; mais M. l'abbé d'Aulnois sut varier ses sujets, cette fois-ci il traita les vérités doctrinales. Recourant à de pieuses industries, il savait piquer la curiosité de ses auditeurs. Ainsi, dans sa retraite aux hommes, il terminait ordinairement les prédications du soir par ces mots : « Demain je prêcherai sur la religion des maîtres, des ouvriers, des soldats et des officiers, » et l'on voyait au rendez-vous des hommes de toutes ces classes, écoutant avec recueillement la parole sainte et le développement des devoirs du chrétien.

nion, 3 juin. — Saint-Étienne. Retraite. 16 juillet ; sermons détachés, 22 juillet. — Genève et La Roche. — Retraite du Tiers-Ordre, 28 juillet. — Carouge. Retraite à la Paroisse, 23 septembre. — Gex. Retraite. 1er novembre. — Annecy. Retraite. Pensionnat Saint-Joseph, 2 décembre.

1861. — Chambéry. Carême à Notre-Dame. — Pensionnat de Saint-Joseph, 13 février, 31 mars. — Bourg. Saint-Joseph, 9-14 avril. — Carouge. Première communion. 6 mai. — Versoix. Retraite, première communion, 12-19 mai. — Saint-Jean-de-Maurienne. Retraite ecclésiastique. 19-24 août. — Moûtiers. Retraite ecclésiastique, 25 août, 30 septembre. — Annecy. Saint-Joseph, 8-14 octobre. — Thoissey. Retraite, 22-27 octobre. — Évian. Pensionnat. 17-22 novembre. — Carouge. Pensionnat, 3-8 décembre.

1862. — Genève. Saint-Germain, les Dames de Charité, 20 février. — Saint-Jean de-Maurienne. Carême. — Villars-le-Terroir. Quarante-heures, 23-26 février. — Vernier. Première communion. — Genève. Notre-Dame, première communion. — Évian. Visitation, 20 juin. — Genève. Tiers-Ordre, 27-31 août. — Lyon. Sainte-Famille, 18-25 septembre. — Saint-Jean-de-Maurienne. Retraite, 16 octobre. — Carouge. Petites-Sœurs des Pauvres, 24 novembre. — Chambéry. Neuvaine de l'Immaculée-Conception, 29 novembre.

1863. — Assens. Quarante-heures, 8 février. — Annecy. Carême, 22 février. 5 avril. — Bourg. Sœurs Saint-Joseph, 14-20 avril. — Bulle. Retraite. 24-30 mai. — Rumilly. Retraite, 28 juillet. — Bourg. Sœurs Saint-Joseph, 15-22 septembre. — Saint-Jean-de-Maurienne. Retraite, 23-30 septembre. — Mâché. Retraite, 1-7 novembre. — Carouge. Pensionnat, 17-21 novembre. — Sion. Jubilé, 21-29 novembre. — Carouge. Petites-Sœurs des Pauvres, 3-6 décembre.

1864. — Bottens. Quarante-heures. 31 janvier. — Carouge. Carême, 14 février. — Fribourg. Mois de mai. — Annecy. Visitation, neuvaine.

M. l'abbé d'Aulnois n'oublia pas les domestiques qui sont, à Chambéry, groupées en association sous le patronage de sainte Marthe. Il les réunit trois jours de suite à cinq heures du matin, afin que le service de leurs maîtres ne souffrît en aucune manière de ces exercices.

Son zèle allait si loin dans ses Carêmes qu'il trouvait encore du temps à donner aux communautés religieuses ; c'est ainsi qu'il prêcha simultanément une retraite à la Visitation et aux Sœurs de Saint-Joseph, passant d'une chapelle à une autre, et de la chaire au confessionnal où il restait de huit à dix heures, heureux de réconcilier les pécheurs avec Dieu. Sa chambre même était ouverte aux hommes les plus éloignés de la religion. En y entrant, plusieurs faisaient à haute voix leur confession. Tous remerciaient M. l'abbé d'Aulnois de sa charité d'apôtre et retournaient contents à leurs foyers. En

21-31 août. — Lyon. Sainte-Famille, 16-22 septembre. — Chambéry. Immaculée-Conception, 29 novembre au 8 décembre.

1865. — Porrentruy, 6-19 janvier. — Chambéry. Retraite des domestiques, 1-5 mars. — Chambéry. Carême à Notre-Dame, 5-31 mars. — Sion. Jubilé et première communion, 11-21 mai. — Chaux-de-Fonds. Confirmation, 4-14 juin. — Thonon. Visitation, 1er juillet. — Fleurier. Jubilé, 16-23 juillet. — Genève. Tiers-Ordre, retraite, 30 septembre, 4 octobre. — Delémont, 8-15 octobre. — Bulle. Jubilé, 29 octobre, 5 novembre. — Neuchâtel. Jubilé, 26 novembre, 3 décembre. — Lausanne. Jubilé, 17-25 décembre.

1866. — Porrentruy, 7-10 mars. — Meyren. Pâques, 18-25 mars. — Annecy. Visitation. — Fribourg. Mois de mai. — Aoste. Retraite ecclésiastique. — Lyon. Sainte-Famille, 18-25 septembre. — Saint-Imier, 7-20 octobre. — Mâché, 1-8 novembre. — Carouge. Petites-Sœurs des pauvres, 2-7 décembre. — Genève. Enfants de Marie, 3-7 décembre. — Fribourg. Visitation, 8-13 décembre.

1867. — Genève. Enfants, 2 février. — Mâcon. Carême. — Delémont, mai. — Carouge. Première communion, 6 juin. — Carouge. Petites-Sœurs des Pauvres, 12 juillet, 6 septembre. — Thonon. Visitation. — Gex, 21 juillet. — Carouge. Fidèles-Compagnes, août. — Viviers. — Retraite des hommes, 15 septembre. — Genève. Tiers-Ordre, 29 septembre. — Lyon. Aux Chartreux. — Genève. Quelques homélies. — Carouge. Pensionnat, retraite, 4-8 novembre. — Evian. Pensionnat, 10-15 novembre.—Genève, N.-D. Petites-Sœurs, retraite, 25-29 novembre. — Annecy. Pensionnat Saint-Joseph, 3-8 décembre.

1868. — Hermance. Mission, 5-12 janvier. — Genève. Enfants, 9 février. — Auxerre. Carême. — Collonge-Bellerive. Première communion, 8 mai. — Moûtiers. Retraite, 24-31 mai. — Thonon. Visitation, 17-19 juin. — Gex, 19 juillet. — Carouge. Vieillards. Petites-Sœurs, juillet.

1866, M. d'Aulnois retourna une troisième fois à Chambéry pour y prêcher le Carême à Notre-Dame ; il y joignit une retraite au Carmel, et de fréquentes instructions aux prisonniers qui recueillirent aussi les fruits de ses prédications.

Nous mentionnerons de plus deux retraites paroissiales, prêchées durant l'Octave des morts dans l'église du faubourg Maché.

Ne soyons donc pas étonnés que la ville de Chambéry ait conservé un bon souvenir de l'abbé d'Aulnois. Lorsqu'on apprit sa mort, un service solennel fut célébré dans les églises de Notre-Dame et de Maché, pour le repos de son âme, et ce fut un vrai jour de deuil pour les prêtres et les fidèles qui l'avaient apprécié.

Voici ce que disait le *Courrier des Alpes* en annonçant ses prédications :

« En entendant sa parole énergique et convaincue, on sent
« qu'elle part du cœur, on voit qu'il est vraiment le prêtre
« du Christ et de l'Évangile.

« La parole de M. l'abbé d'Aulnois a fait un grand bien dans
« notre ville ; elle a ramené dans le vrai beaucoup d'égarés,
« elle en ramènera encore pendant les quelques jours, mal-
« heureusement trop courts qu'il va nous consacrer [1]. »

Une autre ville de la Savoie que visita souvent M. l'abbé d'Aulnois comme missionnaire, fut Saint-Jean de Maurienne. En 1861, il y avait déjà prêché une retraite ecclésiastique, à la grande satisfaction de Mgr Vibert et de tout son clergé. Il fut demandé pour le Carême de 1862.

En y arrivant, le 8 mars, M. l'abbé d'Aulnois écrivit les lignes suivantes que nous sommes heureux de reproduire, parce qu'elles indiquent la pensée de son apostolat :

« Mon Dieu, je viens ici faire votre œuvre et la mienne. La
« mienne, car c'est pour mon salut que je viens travailler à

____

1. *Courrier des Alpes*, mars 1865.

« votre vigne et non pour une inutile jouissance humaine, et
« encore moins pour chercher une gloire vaine et damnable.
« Je ne cherche et ne veux chercher que le salut des âmes et
« la gloire de la religion, de l'Église et de Notre Seigneur
« Jésus-Christ. Je désavoue d'avance toute pensée et toute
« tentation qui m'éloignerait cette ligne droite et sûre de la
« pureté d'intention.

« Je vais chercher : 1° à faire connaître et aimer Jésus;
« 2° à convertir les pécheurs; 3° à faire pratiquer les vertus
« évangéliques et la vraie piété. Je ne suis rien par moi-
« même. Je ne suis qu'un serviteur inutile, et j'ai grandement
« à craindre que par mon infidélité et ma profonde indignité,
« je ne nuise à l'œuvre de Dieu. Je mettrai ma confiance en
« Jésus, mon Sauveur et mon Dieu, qui m'a fait prêtre et
« qui m'a fait missionnaire ; j'invoquerai la très-sainte et
« très-compatissante Vierge Marie, qui priera pour moi et
« pour cette ville. Je me mettrai chaque jour sous la protec-
« tion de mon ange gardien, des saints anges de la paroisse,
« du diocèse, de ceux qui gardent ici Notre-Seigneur dans le
« Saint-Sacrement ; saint Charles Borromée, saint Antoine,
« saint François d'Assise, saint François de Sales et les saints
« de la Maurienne m'aideront de leur intercession et de leurs
« exemples. Mon Dieu, ayez pitié de votre pauvre prêtre qui
« n'est rien, qui ne peut rien sans vous. Répandez sur lui et
« sur les âmes les lumières, la force et le feu du Saint-Esprit.
« Oui, tout pour Jésus, tout pour Jésus! Amen [1]. »

Un tel instrument entre les mains de Dieu ne pouvait manquer de réussir. En l'entendant, les hommes les plus préve-
nus contre la religion étaient touchés de l'accent de sa profonde conviction. Ils venaient l'entendre et la grâce de Dieu
agissait dans leurs cœurs.

1. Retraite du premier vendredi du mois de mars 1862.

Lorsque la station du Carême fut achevée, Mgr Vibert, évêque de Saint-Jean, pour témoigner à M. l'abbé d'Aulnois sa vive reconnaissance lui conféra le titre de chanoine honoraire de sa cathédrale.

Voici le billet gracieux qui accompagnait sa patente, en date du 11 mars 1862 :

« Je prie M. l'abbé d'Aulnois de me faire l'honneur d'ac-
« cepter le titre ci-joint. Je le lui remets comme un témoi-
« gnage de ma haute estime, de mon affection particulière et
« de mon inaltérable gratitude.

« François-Marie,
« Évêque de Saint-Jean de Maurienne. »

M. l'abbé d'Aulnois, quelque honoré qu'il fût de cet acte de bienveillance de Mgr Vibert, ne se prévalut jamais de ce titre, mais pour payer la dette de sa reconnaissance, il s'engagea à retourner à Saint-Jean pour la fête des Morts. Il y prêcha, en effet, des exercices préparatoires à la plantation d'une croix colossale au-dessus de la grotte de Sainte-Thècle. En annonçant cette fête où devaient figurer deux Évêques et plusieurs personnages de distinction, Mgr Vibert prévenait ses diocésains que, pour donner à la cérémonie plus de solennité, il avait prié M. l'abbé d'Aulnois, du clergé de Genève, chanoine de la Cathédrale de Saint-Jean, dont la parole apostolique était chère à la ville épiscopale, de venir prêcher les exercices de la neuvaine préparatoire.

Ses prédications furent suivies avec un très-grand empressement, et à la clôture M. l'abbé d'Aulnois put jouir du magnifique coup-d'œil d'une plantation de croix faite à la cime d'une montagne, au milieu du concours de toutes les paroisses du voisinage.

De Saint-Jean M. l'abbé d'Aulnois passa à Moûtiers, où Mgr Gros l'accueillit comme un ami. Là il prêcha la retraite ecclésiastique en 1861, et il y retourna en 1868, au mois de mai, pour la clôture des pâques.

M. l'abbé d'Aulnois évangélisa aussi la ville d'Annecy. Outre plusieurs retraites données aux élèves du pensionnat de Saint-Joseph et au grand séminaire, M. d'Aulnois se chargea, en 1863, de prêcher simultanément le Carême à la Cathédrale et à Notre-Dame. Nul autre n'aurait assumé une pareille charge; mais M. l'abbé d'Aulnois ne reculait jamais devant la fatigue. Avant de se livrer à ses travaux apostoliques, il avait l'habitude de passer quelques jours en prière, dans l'isolement, il en sortait armé de généreuses résolutions telles que les suivantes :

« Je serai très-exact aux oraisons et aux examens. Je serai « infatigable au confessionnal, où j'apporterai la prudence « et la charité de Jésus-Christ. Je ferai à tout instant des orai-« sons jaculatoires pour me tenir dans la présence de Dieu.

« La *vérité* dans toutes mes paroles ; la *simplicité* dans mes « intentions ; l'*humilité* au milieu des approbations. A Dieu « seul la gloire. »

Mais c'est surtout à la Visitation d'Annecy qu'il aimait à faire entendre sa voix, auprès des reliques de saint François de Sales et de sainte Jeanne de Chantal. Il s'y trouvait attiré par les souvenirs du saint Évêque de Genève, sous le patronage duquel il tenait à placer ses travaux.

Là, il redisait les vertus de la fondatrice de la Visitation, ce qu'elle avait été comme femme du monde, comme mère, comme religieuse. Sur son lit de mort, il se préoccupait encore de la promesse qu'il avait donnée à la supérieure, et disait dans son délire : « Mes filles, mes chères filles, soyez religieuses de cœur. »

Nous ne pouvons passer sous silence ses travaux à Rumilly, à l'époque de la bénédiction de la chapelle de Notre-Dame de l'Aumône, ce gracieux monument érigé par les soins du vénérable curé de cette paroisse, M. Simon, dont les premières années de sacerdoce ont été consacrées à la paroisse de Genève.

Citons aussi les fréquentes pérégrinations de M. l'abbé d'Aulnois à Thonon, où il aimait à parler en face des Visitandines des beautés et des ardeurs du cœur de Jésus, et où l'on conserve un précieux souvenir de ses excellentes instructions.

Passons maintenant rapidement en revue les localités suisses qu'il a arrosées de ses sueurs.

Les années spécialement consacrées à la Suisse furent celles de 1865 et de 1866, durant lesquelles il se multiplia en quelque sorte pour suffire aux demandes de MM. les curés, qui le mirent à contribution pour le Jubilé. Il prêcha à Lausanne, à Sion, à Fleurier, à la Chaux-de-Fonds, à Saint-Ursanne, à Saint-Imier et à Porrentruy. Les exercices donnés dans cette dernière ville eurent un immense succès, et les fidèles manifestèrent par leur empressement soutenu la haute estime qu'ils avaient conçue pour ce saint missionnaire. Voici comment la *Gazette jurassienne* rendit compte, dans son numéro du 19 janvier 1865, du mouvement religieux produit par les prédications de M. l'abbé d'Aulnois.

« Nous n'aurions jamais osé nous attendre, après les bou-
« leversements politiques qui ont si profondément modifié
« notre vie sociale, au spectacle qu'a présenté notre ville
« pendant la semaine qui vient de s'écouler. Trois fois par
« jour, une foule immense, prise dans toutes les classes de
« la société et avide d'entendre les éloquentes prédications
« de l'orateur catholique, se pressait autour de la chaire de
« vérité. Jamais, on peut le dire, notre vieille église de
« Saint-Pierre n'avait vu affluence pareille. Que dire de
« la bénédiction des enfants de la paroisse, et comment
« retracer l'émotion de la multitude ? Comment dépeindre la
« cérémonie de la consécration à la Sainte-Vierge, au milieu
« des splendeurs de la plus brillante illumination ?

« Mais que sont ces cérémonies déjà si touchantes compa-
« rées à la communion générale du dimanche matin? Ceux-
« là qui prétendent que Porrentruy a oublié l'antique foi de
« nos pères, ceux-là n'ont pas vu se succéder pendant plus
« d'une heure à la table sainte les flots pressés des fidèles;
« ceux-là n'ont pas entendu les mâles accents de centaines
« d'hommes chantant les louanges du Seigneur ; ceux-là
« n'ont pas tressailli aux accents inspirés de l'orateur chrétien,
« célébrant les sublimes grandeurs de la religion catholique
« et retraçant devant un auditoire ému la dignité du chrétien. »

Pour perpétuer le souvenir de ce spectacle inouï dans les
annales de la ville, le Conseil des bourgeois vota l'érection
d'une croix commémorative du Jubilé, et M. l'abbé d'Aulnois
fut invité à en faire la bénédiction solennelle. Ce qu'il accomplit en effet le 15 mars 1866. Cette cérémonie lui fournit l'occasion de prêcher Jésus crucifié et de consolider le bien opéré
dans la précédente mission.

L'œuvre capitale de M. l'abbé d'Aulnois dans le Jura ber-
nois furent deux retraites ecclésiastiques prêchées à Delémont
le 18 septembre 1865. Elles avaient été annoncées par Mgr
l'Évêque de Bâle au clergé jurassien comme une faveur
inusitée. C'était en effet la première fois que, dans son diocèse, les prêtres allaient se réunir pour se retremper dans
l'esprit sacerdotal.

Les exercices commencèrent le 15 septembre. M. l'abbé
d'Aulnois fut à la hauteur des espérances de Mgr Lachat. Il
retraça la dignité du prêtre, ses devoirs et sa mission de manière à édifier et à émouvoir son auditoire. Il fit du bien à
tous ses auditeurs, dont il admira le recueillement et
l'esprit sacerdotal. Avant de clore la retraite, il voulut que
le clergé du Jura fît une solennelle consécration à la très-
sainte Vierge, et proposa à MM. les curés de signer une
adresse à leur Évêque pour le remercier de sa sollicitude
pastorale, en protestant de leur soumission à son autorité et

au chef suprême de l'Église. Tous lés bons prêtres du Jura ont emporté de ces exercices le meilleur souvenir, et tous ont proclamé qu'ils avaient vu et entendu un homme de Dieu, ne se recherchant pas lui-même, mais cherchant la seule gloire de Celui dont il était l'envoyé et l'organe.

Fribourg n'a pas été privé d'entendre la parole de M. l'abbé d'Aulnois. Il fut appelé à y prêcher les exercices du mois de mai 1864, et put faire du bien aux âmes pieuses de cette ville ; mais ce genre d'apostolat n'était pas celui qui convenait à son zèle de missionnaire. Il lui fallait par des avis, des prédications multipliées, des cérémonies, et tout un ensemble qui entraîne, ramener les pécheurs plutôt que consoler les justes.

Nous pourrions encore mentionner d'autres localités, telles que Lyon, Belley, Bourg, où il s'est dépensé pour le bien des âmes. Mais nous avons hâte de parler des deux derniers Carêmes qu'il prêcha en France, et où il dépassa la limite des forces ménagées à un homme par la Providence, à savoir à Mâcon et à Auxerre, et qui hâtèrent la fin de cette existence mûre pour le ciel.

Le 25 février 1867, le vénérable curé de Saint-Pierre, M. Naulin, écrivait de Bourg à M. l'abbé d'Aulnois :

« Nous arrivons à la sainte quarantaine, et nous nous
« réjouissons dans la pensée de vous posséder bientôt parmi
« nous. »

Le 10 du mois de mars, M. l'abbé d'Aulnois ouvrait sa station, en annonçant qu'il serait à la disposition de tout le monde pour les confessions, le matin depuis six heures et demie et le soir de trois à six heures, et qu'il se proposait de donner aux domestiques et aux enfants des instructions spéciales. En effet, le dimanche suivant il préludait à ces divers exercices ; à six heures du matin il parlait aux domestiques de leurs devoirs, le soir à une heure il convoquait les enfants, leur apprenant à prier et à se tenir convenablement à l'église.

C'était par les enfants que M. l'abbé d'Aulnois commençait à remuer une population. Il les convoquait tous, et leur apprenait des cantiques, en les invitant à prier pour leurs parents. Dans des allocutions vives, il savait les tenir suspendus à sa parole et attentifs à ses leçons. Pendant quatre jours consécutifs, il les réunissait pour leur recommander le travail, la fuite du péché et la crainte du mensonge. Le jeudi il organisait une fête, où il les bénissait avec solennité et leur distribuait de petites médailles. L'église alors était comble ; les parents étaient émus. Partout on savait la présence du missionnaire.

Venait ensuite le tour des domestiques, auxquelles il donnait chaque matin des instructions spéciales durant une semaine. Pendant ce temps-là déjà, il encourageait les bonnes œuvres, en réunissant les associées de l'œuvre des Tabernacles, auxquelles il recommandait la dévotion au Saint-Sacrement, et en visitant les classes d'adultes confiées aux soins des Sœurs de Saint-Charles, enseignant aux élèves la reconnaissance et la piété. Il n'oubliait pas la confrérie des mères chrétiennes, qui reçurent aussi de sages leçons. Il en eut encore pour les jeunes personnes désireuses de garder leur honneur et leur pureté, en marchant sur les traces de la très-sainte Vierge.

Voilà comment M. l'abbé d'Aulnois débuta à Mâcon, parlant deux ou trois fois chaque jour avec un zèle sans pareil.

Le 1er avril, il commença une retraite destinée aux femmes et qui dura cinq jours. Le matin, il prêchait les vertus nécessaires à toute chrétienne : l'humilité, la charité pour Dieu et le prochain, et la piété. Le soir, il leur apprenait à régler leur intelligence, leur cœur, leur caractère et leurs discours.

Tout cela n'entravait en rien les prédications paroissiales, qui suivaient leur cours. Enfin arriva la retraite des hommes, où M. d'Aulnois traita de la famille, de l'Église, de ses doctrines et de la sanctification comme but de l'existence.

Ce simple résumé nous montre l'activité du missionnaire qui, en dehors de ses prédications à la paroisse, trouvait encore des heures nombreuses à donner aux communautés religieuses, à la Visitation, au pensionnat du Saint-Sacrement, à l'école normale et au collége. Il se dépensait sans mesure.

Ce que M. d'Aulnois avait fait à Mâcon en 1867, il le renouvela à Auxerre en 1868.

Là aussi, il électrisa les enfants par de joyeuses fêtes ; il réunit les bonnes domestiques, qui conservent le meilleur souvenir de ses excellentes leçons.

Apprenant que beaucoup de personnes pauvres prétextaient le mauvais état de leur toilette pour n'oser se présenter aux sermons, il les convoqua à une heure matinale et leur adressa des instructions spéciales.

Quand il se vit en face de plus de 400 jeunes personnes composant le catéchisme de persévérance, il ne put pas résister au désir de leur donner une retraite particulière.

La ville entière prenait part aux instructions du soir, et les nefs de la grande cathédrale s'emplissaient d'hommes de toutes les classes, avides de recueillir les enseignements qui tombaient du cœur et de la bouche de M. d'Aulnois. Les lettres qui lui ont été adressées depuis son retour d'Auxerre dénotent le bien qu'il a opéré au milieu de cette population avide de le revoir, et à laquelle il avait promis d'aller en 1870 porter de nouveau la parole de Dieu.

A travers ces missions accomplies avec tant d'enthousiasme, et de ferveur, M. d'Aulnois ne négligeait aucune de ses œuvres de Genève. Il aimait toujours à revenir à ses braves filles de Sainte-Blandine. Il donna chaque année son con-cours assidu aux séances qui se donnaient pour les hommes dans les combles de l'église de Saint-Germain ; il encoura-geait par des exhortations les dames qui s'occupent de l'œuvre des Tabernacles ; mais à ses dernières heures d'activité il te-nait par-dessus tout à se mêler aux réunions de la fraternité du Tiers-Ordre de Saint-François d'Assise, dont il pratiquait la règle et les austérités avec une stricte exactitude [1].

Des événements majeurs étaient survenus en 1864, et avaient changé l'état de la paroisse de Genève. M. Dunoyer qui avait plusieurs fois offert sa démission de curé à Mgr Ma-rilley, fit de nouvelles instances en demandant pour succes-seur M. l'abbé Mermillod, alors recteur de Notre-Dame. Le choix ne pouvait être plus favorable, car M. l'abbé Mermillod était connu par l'éclat de son talent, et le Souverain-Pontife avait déjà jeté les yeux sur lui pour l'élever à la dignité épis-copale.

Il connaissait les sollicitudes de Léon XII et de Grégoire XVI pour le rétablissement d'un siége épiscopal à Genève, et les motifs pour lesquels M. Vuarin l'avait désiré [2].

Ne considérant pas l'acte d'union des paroisses détachées de Chambéry au diocèse de Lausanne, comme un concordat, qui pût lier le Saint-Siége, il résolut de les confier à un administrateur spécial. Il consulta à cet effet plusieurs évê-ques de la Suisse et du voisinage. M. Dunoyer et M. l'abbé d'Aulnois firent un mémoire sur cette délicate question. L'importance de la ville de Genève, foyer du protestantisme et de la révolution, le nombre croissant des catholiques ; tout préoccupait Pie IX et lui rappelait la pensée de ses pré-décesseurs. Aussi fit-il appeler à Rome M. l'abbé Gaspard

---

1. *Notice sur M. d'Aulnois.*
2. Nous avons raconté ces sollicitudes dans le second volume de la vie de M. Vuarin.

Mermillod qu'il préconisa et qu'il sacra évêque de sa propre main.

M. l'abbé d'Aulnois avait vécu dans des rapports trop intimes avec M. l'abbé Mermillod, et il avait trop apprécié son talent pour ne pas applaudir à cette marque de haute considération donnée à son jeune ami. Cet acte pontifical accompli avec une prudente mesure fut accueilli par M. l'abbé d'Aulnois avec enthousiasme, parce qu'il y vit un moyen providentiel d'affermir et de développer la vie catholique dans ce pays qui garde contre l'Église depuis trois siècles des préjugés et des doutes sans cause. Il favorisa de tout son concours l'administration nouvelle qui fut la conséquence de ce changement, et qui amena l'établissement d'un Évêque auxiliaire à Genève.

Membre du Conseil ecclésiastique, il prêta l'appui de ses lumières, de son expérience pour toutes les questions qui intéressaient le triomphe du catholicisme à Genève.

Attaché à Saint-Germain où il avait travaillé avec un dévouement incomparable, dans la compagnie de M. Dunoyer, il voulut y rester encore, lorsque nous fûmes appelé comme recteur à ce poste. Tout en s'adonnant aux missions, il revenait au presbytère où il nous aidait de ses exemples et de son concours. Nous espérions le garder longtemps encore comme collaborateur et directeur des œuvres qu'il affectionnait.

Hélas ! Dieu dont les desseins sont toujours adorables, en a disposé autrement. La séparation s'est faite et c'est la mort qui l'a accomplie. Lorsque M. l'abbé d'Aulnois partit pour Auxerre, sa santé était déjà profondément altérée et nous tremblions qu'il ne pût achever son Carême. Il était atteint d'un violent rhume d'irritation, et nous lui fîmes observer que son état nous inquiétait. « Les missions, nous répondit-il, me guérissent. » Hélas ! celle d'Auxerre devait le tuer.

Lorsqu'il en revint, nous lui conseillâmes le repos. Nos remontrances furent vaines. Déjà il était attendu au confessionnal, et il alla droit à la chapelle de Saint-François pour y reprendre ses travaux de chaque jour.

« Chaque homme en ce monde, dit l'auteur de la *Notice sur la vie de M. d'Aulnois*, n'a qu'une modeste somme de forces à dépenser. A voir l'exubérante capacité de travail du vénérable prêtre, il semblait qu'il eût oublié cette loi de notre infirme nature.

« Rien ne fut moins calculé ni moins conforme aux règles de la prudence que le labeur évangélique de M. d'Aulnois, pendant les six dernières années de sa vie. Aller toujours, aller à l'extrémité, telle était sa coutume. Il devait briser son existence à un exercice si continu.

« Depuis plus d'un an ses amis, son médecin, s'apercevaient d'une détérioration sensible dans son aspect extérieur. Il demeurait sourd à toute instance qui avait pour but la diminution de son travail ou le soin de sa santé. Pendant le Carême qu'il prêcha à Auxerre, cette année 1868, il dépassa toutes les bornes de la fatigue. Au retour, c'est à peine s'il consentit à quelques précautions. Les fonctions de l'estomac étaient fort dérangées, il aurait fallu un changement complet dans son régime. Rien ne put à cet égard faire fléchir ses habitudes de stricte austérité. »

CHAPITRE XXII

Maladie de M. l'abbé d'Aulnois. Sa mort [1].

Malgré la souffrance qu'éprouvait depuis plusieurs mois M. l'abbé d'Aulnois, il continuait avec la même activité son travail habituel.

Au commencement du mois d'août, la chaleur fut accablante. Les courses en ville lui devinrent extrêmement pénibles, il dut suspendre la visite de ses chers malades.

L'époque de la retraite ecclésiastique étant arrivée, il se décida à partir pour Fribourg. « Qui sait, dit-il, si ce ne sera « pas la dernière ? En tout cas, pour être tout à Dieu dans « le recueillement, je veux faire ici ma confession générale. « Je fais cette retraite, ajouta-t-il, avec l'intention de me « renouveler dans la vie sacerdotale et l'amour de Notre « Seigneur Jésus-Christ. »

Il se mit en route le 2 août et logea au Grand Séminaire.

Ce cher et bon confrère ne manqua à aucun exercice. Le seul adoucissement qu'il se permit, fut de se placer près d'une fenêtre, afin de respirer un air plus frais. Il passa toutes les heures de récréation dans sa chambre, et tout son temps

1. Nous avons raconté en détail les incidents de la maladie de M. d'Aulnois dans une brochure spéciale, publiée en novembre 1868. Nous nous contenterons d'en donner les passages les plus saillants.

libre fut donné aux prêtres qui s'adressèrent à lui pour la confession.

Le vendredi 7, sa fatigue fut extrême et il manifesta le désir de rentrer à Genève. Il vint coucher le soir à Lausanne, et le samedi 8, il était à son confessionnal à Saint-Germain, malgré la fièvre dont il ressentait depuis plusieurs jours de violents accès. En rentrant à Genève, il écrivit ces mots : « Retraite « paisible, consolante, bonne préparation à la mort. Aban-« don à la volonté de Dieu. »

La veille de l'Assomption il confessa, suivant son habitude, toute la matinée et l'après-midi jusqu'à 7 heures du soir.

Le jour de la fête il célébra la première messe à 6 heures, mais il ne put distribuer la sainte communion, tant était grande sa faiblesse. En rentrant à la cure, il prit une tasse de thé et il se mit au lit pour ne plus se relever. Un rhumatisme articulaire se déclara bientôt et la goutte se produisit par l'enflure aux poignets et aux articulations des pieds. Des douleurs violentes s'ensuivirent et M. d'Aulnois commença à comprendre qu'il ne pourrait plus aller prêcher à Annecy l'octave de sainte Jeanne de Chantal, comme il l'avait promis à la supérieure de la Visitation. Les premiers jours de sa maladie, il s'était bercé de l'idée de pouvoir encore tenir sa promesse, et il avait envoyé arrêter sa place à la diligence pour le 21, mais le 19, il fit télégraphier à la supérieure de la Visitation que son état ne lui permettait pas de se mettre en route.

Ses douleurs devinrent très-violentes. Il eut de cruelles insomnies. Elles provoquaient ces mots cent et cent fois répétés : « Bon Jésus, ayez pitié de moi ! O mon doux Jésus, ayez « pitié de moi ! » Il passa des nuits entières sans fermer l'œil, n'ayant pas d'autre plainte à proférer.

Il y avait déjà trois semaines que M. d'Aulnois souffrait. Les douleurs rhumatismales combattues par les remèdes avaient disparu, mais l'estomac restait malade. Il se refusait à garder toute nourriture. Les docteurs conseillèrent la glace et le lait d'ânesse. Les vomissements cessèrent, mais l'atonie restait la même. Nous commençâmes à concevoir de vives inquiétudes, et il nous sembla bon de lui proposer de recevoir la sainte communion. Il accepta avec joie, tout en faisant remarquer qu'il n'était pas assez gravement malade pour communier en viatique. « En ce cas, ajouta-t-il, je prie toutes « les personnes de la maison de vouloir accompagner le « Saint-Sacrement, un flambeau à la main. » Ce qu'il avait demandé s'accomplit. Il réclama la belle étole brodée qu'il portait dans ses missions, et nous reçut les bras en croix. Il communia avec la foi la plus vive et s'étant recueilli il remercia Notre-Seigneur de sa visite.

L'état de sa santé fut stationnaire pendant dix jours. Le malade se soutenait avec quelques petits bouillons et deux tasses de lait par jour.

Il en fut ainsi jusqu'au 24 septembre, jour où il reçut une seconde fois la sainte communion, à minuit et cinq minutes, c'était la fête de Notre-Dame de la Merci.

Cependant, les forces diminuaient sensiblement, et notre cher malade était beaucoup plus abattu. Il sommeillait des heures entières, et en se réveillant, il divaguait, parlant d'aller bientôt à la campagne, et se promettant de pouvoir dire la sainte messe dans la huitaine.

La journée du 26 septembre avait été mauvaise. Le malade était tantôt agité, tantôt plongé dans l'assoupissement. Nous jugeâmes qu'il était à propos de lui administrer les derniers sacrements. Il ne fut pas nécessaire de le presser. « Je veux « bien, dit-il, avec calme, comme vous le voudrez. Que ce « soit ce soir et non demain. »

On avertit Messieurs les vicaires, et ils purent s'édifier du calme et de l'esprit de foi avec lesquels le malade reçut le saint viatique et l'extrême-onction. Il suivit toutes les prières de la sainte liturgie, et demanda à faire son action de grâces dans l'isolement.

Pendant une partie de la nuit, il réfléchit à l'action qui venait de s'accomplir, et il se demanda s'il était aussi malade qu'on l'avait cru. Ne pouvant pas se rendre compte lui-même de son état, il nous fit cette interrogation : « Maintenant que « tout a été réglé pour mon âme, comment cela va-t-il pour « mon corps ? Où en suis-je ? Ne craignez pas de me le dire. « Mes affaires sont réglées à la vérité, mais il y a quelques- « petites dispositions à prendre.» Il fallut lui révéler toute la gravité de sa maladie en affirmant cependant que tout espoir n'était pas perdu.

Le bruit de la maladie de M. d'Aulnois se répandit bientôt dans toute la ville, et y excita les alarmes les plus vives. On accourut de toutes parts à la cure, et une foule de personnes pénétrèrent jusqu'à lui. Il n'eut que des bénédictions à leur donner, en leur montrant le ciel, où il semblait dire qu'il allait les attendre.

Du dimanche au lundi, la nuit fut très-calme, mais à onze heures il était très-abattu. Il venait d'éprouver un léger évanouissement : nous crûmes tous qu'il touchait à son dernier moment, et nous commençâmes la recommandation de l'âme dont il suivit les prières, en tenant son crucifix dans ses deux mains jointes. Lorsqu'elles furent terminées, le malade crut que son âme allait obéir à l'appel : *Proficiscere, anima christiana*, et il nous fit les plus touchants adieux.

Il demanda les domestiques pour les remercier des soins qu'ils lui avaient prodigués durant le cours de sa maladie. Il les bénit et embrassa affectueusement son gardien.

M. le grand-vicaire Dunoyer arriva sur ces entrefaites. Il le pressa dans ses bras comme un tendre ami. Celui-ci chercha à suggérer au malade de pieux sentiments, en lui présentant le crucifix.

« Bon et cher ami, lui dit-il, vous êtes sur la croix avec
« Notre-Seigneur. » Le malade souriant fit un signe de tête,
comme pour dire : « Non, non, je ne souffre plus. » Puis,
offrant la croix aux prêtres qui étaient présents, il la leur fit
baiser pour leur faire comprendre qu'il leur restait un plus
grand lot de souffrance qu'à lui-même. Bientôt se rappelant
que M. le vicaire-général était le supérieur du Tiers-
Ordre, il lui demanda de bien vouloir lui appliquer l'indulgence de la Bonne mort, réservée aux membres du
Tiers-Ordre de Saint-François d'Assise. Son pieux désir fut
accompli.

Ce fut un moment solennel que celui où il dit à ses chers
confrères : Adieu, en leur montrant le ciel. Nous étions tous
émus jusqu'aux larmes.

A deux heures, il manifesta la volonté de recevoir une
dernière absolution. Cette demande montrait toute la sérénité
de sa belle âme, puis il demanda une pénitence.

Nous lui dîmes : « Ah ! cher ami, vous en faites une dure
« depuis un mois. Mais si vous en voulez une plus méritoire
« que toutes les autres, offrez à Dieu le sacrifice de votre
« vie, afin que nous ayons toujours à Genève de bons et
« zélés prêtres, capables de soutenir toutes vos œuvres. »

Il joignit alors les mains et levant les yeux au ciel, il fit de
tout son cœur le sacrifice de sa vie.

Sa figure s'anima. Il pria dans son âme et il s'écria : « La
« paix ! la paix ! qu'elle est grande ! En face de la mort,
« ajouta-t-il avec solennité, je vous le déclare : Je n'ai cher-
« ché que la gloire de Dieu. C'est pour lui et non pour les
« hommes que j'ai travaillé. » Il baisa plusieurs fois le crucifix, le plaça sur son front et s'assoupit. En se réveillant,
il fit un signe.

On crut qu'il souhaitait des paroles d'encouragement ;
mais bientôt il ouvrit ses bras, et il dit avec une vive énergie : « Que ma dernière pensée soit pour le Pape et pour

« l'Église... J'offre à Dieu mes souffrances et ma vie pour le
« triomphe de l'Église. »

« L'Église ! ajouta-t-il, oui, il faut bien l'aimer et bien la
« servir. »

Le prêtre qui l'assistait lui dit .: « Vous en avez été le fils
« soumis et dévoué toute votre vie. Notre-Seigneur va vous
« récompenser. »

— «Ah ! je n'ai été qu'un pauvre pécheur et un chétif servi-
« teur. Que Dieu me fasse miséricorde. »

— « Voulez-vous mourir dans le sein de l'Église ?

— « Oui, répondit le malade, je veux mourir enfant de
« l'Église, en chrétien, » et il baisa la croix et la pressa sur
son cœur.

« Eh ! bien, continua-t-il, je vais m'endormir dans le Seigneur. »

La nuit du 29 septembre fut bonne, M. l'abbé d'Aulnois
dormit tranquillement. Sur le matin, il conversa avec son
gardien, disant qu'il se trouvait mieux et qu'il allait étonner
ceux qui le croyaient mort.

On aurait dit qu'il était convaincu de sa guérison. Il répé-
tait : « Je me trouve mieux. Pendant la nuit, trois personnes
« m'ont dit que je guérirai ».

Ce fut un moment de joie pour toute la paroisse d'apprendre qu'une nuit calme avait succédé à des journées aussi
pénibles. Il semblait qu'on avait une lueur d'espérance,
et chacun redoubla de ferveur, de prières et de supplications.

Mgr d'Hébron était à Nîmes, où il prêchait une retraite
ecclésiastique. On le tenait journellement au courant de
l'état de notre cher malade. Son âme était torturée par
l'inquiétude. Il écrivit : « Je suis brisé de cœur. Je ne peux
« me faire à l'idée de la mort de notre cher et vaillant ami.
« Dites-lui que deux évêques le bénissent et prient avec tout
« un clergé en retraite pour qu'il soit rendu au bon service

« de l'Église. » Un télégramme par lequel Mgr d'Hébron envoyait au malade sa bénédiction et celle de Mgr Plantier précéda cette lettre. Quand on lui en fit part il dit : « Re-« merciez ces bons Évêques. Ce sont de bons combattants. »

Mais l'assoupissement recommença bientôt.

Les deux journées qui suivirent furent assez tranquilles. Il se produisit même une légère amélioration, mais le temps commençait à paraître long à notre vénéré confrère, qui avait eu durant sa vie une si grande activité. Cependant ces manifestations n'avaient rien de l'impatience. Il revenait toujours à sa maxime : « Que la volonté de Dieu s'accomplisse ! »

Le 3 octobre les associées de saint François d'Assise s'apprêtaient à célébrer, le lendemain, la fête de leur saint patron. M. l'abbé d'Aulnois ne l'oublia pas.

« Ah ! dit-il, ce serait un beau jour pour mourir ; saint « François me défendrait et me conduirait au ciel. » On lui fit observer qu'il n'en était pas là et que rien n'indiquait sa fin prochaine. Il revint encore à cette pensée : « Mourir le jour de saint François d'Assise ! Quel bon-« heur ! »

Durant toute la semaine les pieux fidèles de la paroisse Saint-Germain s'étaient pressés au pied des autels. On les voyait chaque jour nombreux à la table sainte, et le soir on les retrouvait encore à l'église en prières. Des cierges étaient allumés autour des statues de saint Joseph, de saint François d'Assise et de la très-sainte Vierge. C'étaient autant d'*ex voto* pour demander la guérison de notre cher malade.

Nous connaissons des personnes qui avaient promis à cette intention, l'une un pèlerinage à Notre-Dame des Ermites, l'autre à Notre-Dame de Fourvière. Tant était grande l'appréhension de voir se terminer une vie si bien remplie ! Il nous semblait que tant et de si ferventes prières ne pouvaient

manquer d'obtenir un miracle. A la vérité l'amélioration de
l'état du malade, la cessation de ses douleurs en étaient déjà
la récompense, mais la faiblesse ne faisait que s'accroître, car
il ne pouvait supporter aucune nourriture.

Chaque soir la fièvre était forte, et par moment le malade
semblait délirer. Alors sa tête se prenait de rêveries concer-
nant la chaire où le confessionnal. Il y avait une mission où
il était attendu, une fête à organiser ou des personnes à qui
il fallait donner l'absolution. On retrouvait dans ses paroles
les préoccupations de l'homme apostolique. Néanmoins, dès
qu'il s'agissait d'un acte religieux, il revenait à lui-même. La
cloche venait-elle à sonner, il faisait le signe de la croix et
récitait des *Ave Maria*. Chaque matin il faisait sa prière, et
s'il s'endormait, c'était encore en murmurant quelques actes.
Lui adressait-on des paroles d'encouragement, il prenait le
crucifix, toujours placé près de son oreiller.

A son retour de Nîmes, Mgr d'Hébron accourut auprès du
lit de ce fidèle ami et le trouva bien changé depuis son départ. Il lui dit que de loin il l'avait béni, de concert avec
Mgr Plantier, évêque de Nîmes, et qu'il avait prié pour lui
avec les trois cents prêtres qui avaient suivi les exercices de
la retraite, mais qu'il lui tardait de le bénir sur son lit de
souffrances.

— Après quelques instants, le malade répéta ce qu'il avait
déjà dit : « J'offre à Dieu toutes mes souffrances pour le
« triomphe de l'Église et du catholicisme à Genève.

— Vous les offrirez, ajouta Sa Grandeur, à mes intentions.

— Oui, Monseigneur, à vos intentions. »

Bientôt le malade retomba dans cet assoupissement qui
fut, pendant près de dix jours, son état habituel. Il avait,
cependant, des moments de parfaite lucidité. On en profita
pour lui proposer la sainte communion. Il fut heureux de la
recevoir, le 10, à minuit et quelques minutes.

16

Le 16 octobre, Mgr d'Hébron, préoccupé de la perte dont nous étions menacés, fit demander par le télégraphe au Saint-Père une bénédiction spéciale, et des prières en faveur d'un prêtre de Genève très-malade.

A trois heures et demie Pie IX, dans sa bonté, faisait répondre par Mgr Pacca qu'il bénissait celui qui avait été recommandé et qu'il priait pour lui. A six heures, le télégramme arrivait à Genève, et la nouvelle en fut transmise au malade qui dit : « Cent mille fois merci ; je n'en étais pas « digne. »

Toute la nuit du 17 octobre se passa dans des rêveries, au milieu desquelles se faisaient les apprêts de la fête du Sacré-Cœur. Il parlait de la grande communion qui devait avoir lieu le lendemain. Puis, se croyant au confessionnal, il faisait cette interrogation : « Mon enfant, n'avez-vous plus d'inquiétude ? »

« Vous direz, ajouta-t-il, pour pénitence, les actes de foi, « d'espérance et de charité, » et il bénissait, en murmurant à voix basse des mots latins comme une formule d'absolution.

« Mes enfants, disait-il encore, ayez confiance ; prenez « courage. Soyez résignés à tout ce que Dieu veut. » Plus tard, comme s'il parlait à des religieuses : « Soyez toutes à « Jésus-Christ. Une personne religieuse doit appartenir à « Notre-Seigneur non de tête, mais de cœur. Oui, soyez de « cœur à Jésus-Christ. »

Un instant il crut être à l'église : « Suisse, dit-il, mettez « de l'ordre ; qu'il n'y ait pas d'encombrement. » — Qui ne reconnaît là l'intrépide M. d'Aulnois.

Le 18 au matin, il demanda s'il ne pourrait pas aller dire la messe.

Le bonheur de ce bon prêtre était de monter de grand matin à l'autel, « C'est tout là, c'est tout là. Vous me sou- « tiendrez, dit-il. »

Durant la matinée le malade demanda son surplis. Il voulait commencer une mission ; « c'était l'heure fixée. » On lui répondit qu'il devait être calme. « Comme Dieu voudra. »

La nuit fut mauvaise. Il ressentait des tiraillements nerveux dans les membres, et parfois il éprouvait des piqûres pareilles à celles d'un instrument aigu. Un gonflement s'opérait sur le côté. Il lui semblait qu'il avait une ceinture dont il demandait à être débarrassé. « Mon Dieu, disait-il, ayez « pitié de moi. Ah ! ah ! mon Dieu, ayez pitié de moi. Pauvre « humanité ! Pauvre corps ! » Un instant après : « Prenons « courage, après tout il n'arrivera que ce que le bon Dieu « voudra. »

Le 20, l'abattement fut complet. Une toux sèche venait à tout instant secouer le malade. Je m'aperçus alors qu'il avait repris toute la lucidité de ses idées. J'en profitai pour l'exciter à la patience ; car il souffrait horriblement. Jamais il ne se refusait à un acte religieux quelconque, et il voulait toujours avoir près de lui son crucifix.

En vain des personnes dévouées avaient veillé nuit et jour au chevet de M. l'abbé d'Aulnois pour lui donner les soins les plus assidus. En vain le docteur Dufresne, son ami, avait épuisé en sa faveur avec la plus tendre sollicitude toutes les ressources de son art. La maladie combattue dans le principe avait fini par triompher. L'épuisement du malade était complet.

Il était inutile de parler à notre cher confrère de son état. Il avait fait dès longtemps son sacrifice, et il avait été muni de tous les secours de la religion. Il pouvait donc attendre avec calme l'heure dernière.

Il comprit d'ailleurs qu'elle approchait ; car Mgr d'Hébron étant venu à quatre heures du soir bénir une dernière fois ce vaillant ouvrier de Dieu en lutte avec l'agonie, il se recueillit un instant, et après avoir fait le signe de la croix, il formula ces mots, qui arrivèrent parfaitement à nos oreilles : « Plus

« d'illusion! Je sens que je ne puis aller plus loin que de-
« main. Adieu, ajouta-t-il, priez pour que je fasse une bonne
« mort. » Ce furent à peu près ses dernières paroles. Il
voulut qu'on lui passât autour du cou son scapulaire du
Tiers-Ordre et il chercha à goûter un peu de repos.

La journée du 21 ne fut qu'une longue agonie. La respira-
tion devenait plus difficile. Parfois le malade cherchait à
parler, mais il lui était impossible d'articuler un mot. Nous
restâmes auprès de lui, récitant de nouveau les prières de la
recommandation de l'âme. Ses lèvres se remuaient, comme
s'il eût dit : *Fiat voluntas tua.*

Il en fut ainsi jusqu'à une heure un quart du matin. Ce fut
l'heure suprême. Sans autre douleur que celle de la veille, le
malade poussa un soupir un peu plus long, et remit son
âme entre les mains de Dieu.

C'est ainsi que s'est éteint notre cher ami, M. l'abbé
Charles-Antoine-Augustin d'Aulnois, à l'âge de soixante-six
ans, nous laissant tous dans le deuil le plus profond.

A six heures le glas des cloches annonçait aux paroissiens
la douloureuse nouvelle. Elle circula rapidement dans la
ville, où elle suscita des regrets universels.

CHAPITRE XXIII

Funérailles de **M**. l'abbé d'Aulnois.

Quelque préparés que nous fussions à ce douloureux sacrifice, il ne put s'accomplir sans déchirement pour notre cœur.
Il nous semblait un instant que notre ami dormait; mais il
fallut constater la triste réalité. Son œil était éteint et le pouls
restait sans battements. Il était bien mort.

Nous récitâmes pour le défunt le *De profundis*.

« Si Dieu appelait à lui cette chère âme, nous avait écrit
« de Nîmes Mgr d'Hébron, il faudrait faire une chapelle
« ardente. J'y tiens absolument. L'abbé d'Aulnois est un
« saint prêtre. »

Les dispositions furent prises en conséquence, et, dès
l'aube du jour, on prépara l'antichambre de la cure, où se
trouve une partie de la bibliothèque, pour y déposer les restes
de M. d'Aulnois.

La salle fut tendue de draperies noires. Le lit funèbre en
occupait le centre. Au-dessus de la tête du défunt était un
grand Christ, dominé par une toile représentant Notre-Seigneur au jardin des Oliviers, soutenu par un ange en larmes.
C'était, avec six flambeaux, la seule décoration : elle était
par sa simplicité en harmonie avec notre douleur.

Dès que l'on permit au public de pénétrer dans la chambre
funéraire, les fidèles accoururent. Leur attitude pieuse et

triste à la fois montrait la vénération dont ils étaient pénétrés pour l'infatigable missionnaire arrivé à l'heure du repos.

Bientôt ses amis en larmes vinrent lui baiser les mains, et chacun désira lui faire toucher quelque objet pieux.

Durant la soirée de jeudi et toute la journée du vendredi, la foule fut plus nombreuse encore que la veille. Pauvres, riches, enfants, vieillards, jeunes gens, ouvriers, jeunes personnes, mères de famille, religieuses vinrent donner un dernier adieu à ce prêtre que tous louaient à haute voix et bénissaient dans leur âme.

C'est ici que se place un tragique incident, qui faillit nous plonger dans une désolation presqu'aussi grande que le deuil occasionné par la mort de notre vénéré confrère.

Les apprêts des funérailles étaient faits pour le lendemain. Le défunt, revêtu de ses ornements sacerdotaux, reposait sur un lit paré de tentures noires. Nous venions de nous retirer, lorsqu'un coup de vent souffla du dehors et fit voltiger un rideau qu'atteignit la flamme d'un cierge. En un instant, la draperie s'embrase, le feu s'étend rapidement pareil à une fusée. Vainement les deux Frères de la Doctrine chrétienne commis à la garde du défunt disputent aux flammes des lambeaux de draperie qu'ils arrachent et foulent aux pieds ; l'incendie se propage, et ils n'ont que le temps de sortir en criant : Au feu!...

Quel moment perplexe que celui où la maison tout entière fut éveillée par ce lamentable signal!!

Le feu s'activait, il gagnait les vernis, il embrasait les livres, il atteignait les boiseries, et toutes les draperies étaient dévorées.

La chambre ressemblait à une fournaise d'où sortait une fumée noire et épaisse. Le plafond tombait en éclats, et la chaleur était asphyxiante. Deux fois on chercha à y pénétrer ; deux fois il fallut revenir sur ses pas. Enfin un jeune homme courageux s'élance, et va droit à la fenêtre, qu'il parvient heureusement à fermer. Dès ce moment l'activité du feu diminue, et des secours, venus de l'extérieur au bruit du tocsin, facilitent l'extinction de l'incendie.

Qu'étaient devenus au milieu de cette fournaise les restes de notre vénéré ami? Nous nous le demandions avec terreur.

Grand fut l'étonnement de tous ceux qui étaient accourus à notre secours, et plus grande encore notre joie, lorsque nous vîmes notre cher défunt parfaitement intact et complétement respecté par le feu. Pas un cheveu de sa tête n'avait souffert, pas une étincelle n'avait touché son vêtement sacerdotal. Cependant la garniture du lit sur lequel il reposait était détruite. Le matelas avait été atteint par la flamme en huit endroits, et le coussin placé au-dessous de sa tête était à demi consumé.

Comment le corps avait-il été préservé? Nous ne saurions l'expliquer sans une protection spéciale de la Providence. Il fut constaté toutefois que le tableau de l'agonie de Notre-Seigneur était tombé sur le lit comme pour le couvrir de son ombre tutélaire. La toile tout entière fut crispée et détruite par la chaleur, mais elle avait protégé le corps de M. d'Aulnois.

En enlevant le plâtre tombé sur les mains du défunt, on s'aperçut qu'elles n'avaient rien du froid de la mort et que les doigts étaient flexibles. Il en était de même de chacun des membres, qui se pliaient sans la moindre raideur. On aurait pu croire que la chaleur avait rendu aux restes de M. l'abbé d'Aulnois cette étonnante élasticité, mais dès la veille elle avait été remarquée par les gardiens, qui avaient remis plusieurs fois en place le crucifix tenu par le défunt. Cette flexibilité des membres fut encore constatée le lendemain au moment où l'on plaça le défunt dans la bière.

Le samedi, à neuf heures, le glas funèbre annonçait les funérailles de M. l'abbé d'Aulnois. Un nombreux clergé pénétrait dans la cure et donnait un dernier adieu à ce confrère vénéré. Bientôt le cortége se mit en marche en défilant par la Grand-Rue et le Grand-Mézel, pour rentrer à l'église où l'office fut chanté avec une imposante solennité.

Au milieu de la nef s'élevait un catafalque, sur les faces duquel se lisaient les inscriptions suivantes, tirées des livres saints :

« JE ME SUSCITERAI UN PRÊTRE FIDÈLE QUI AGIRA SELON MON CŒUR ET MA PENSÉE. » (1 *Rois*, ch. ii, ⩩. 35.)

« JE M'EFFORCE DE PLAIRE A TOUS EN TOUTES CHOSES, NE CHERCHANT POINT CE QUI M'EST UTILE, MAIS AU GRAND NOMBRE, AFIN QU'ILS SOIENT SAUVÉS. » (I *Cor.*, ch. x, ⩩. 33.)

« J'AI CHERCHÉ AVEC ZÈLE LE BIEN, ET JE NE SERAI PAS CON-FONDU. » (*Eccl.*, li, ⩩. 24.)

« DONNEZ-MOI LES AMES, PRENEZ LE RESTE. » (*Gen.*, ch. xiv, ⩩. 21.)

C'était le résumé de toute la vie de M. l'abbé d'Aulnois. Aussi, en montant en chaire pour parler du défunt, Mgr Mermillod fit-il de ces textes une admirable paraphrase, dans laquelle il montra M. l'abbé d'Aulnois aimant Dieu, les âmes et l'Église.

Ils furent beaux assurément les accents de son âme émue. Il y avait tout à la fois la parole brillante de l'évêque, le cri du cœur de l'ami, le regret accentué du Pontife pleurant l'infatigable ouvrier, dont les bons services étaient ravis à l'Église de Genève. Mais combien furent éloquents les sanglots de l'auditoire, lorsque de touchants adieux furent adressés au défunt par l'orateur, au nom des Associations !

Prêtres et fidèles, nous pleurions tous, parce que tous nous sentions que la tombe allait se fermer sur un de ces hommes dont la Providence n'est pas prodigue.

Après cet hommage public rendu à la mémoire de M. l'abbé d'Aulnois, il ne restait plus qu'à le conduire à sa dernière demeure. Le cortége descendit la rampe de la Treille au milieu des rangs pressés d'une foule immense de spectateurs. Toutes les Associations qu'il avait fondées précédaient le cercueil. On voyait se dérouler en tête du convoi de longues files de jeunes personnes en voile et en robe blanche. C'étaient les enfants du Catéchisme de persévérance et les enfants de Marie. Venaient ensuite en toilette noire les Dames de Charité, les associés de Saint-François d'Assise, et les membres de l'Association des domestiques. Les Petites-Sœurs des Pauvres, dont il fut le bienfaiteur, avaient demandé une place dans le cortége. Elles marchaient devant les Sœurs de Charité, qui elles-mêmes étaient suivies des Frères de la Doctrine chrétienne et du clergé. Les prêtres du canton et du voisinage au nombre de cinquante-quatre, le surplis sur le bras, précédaient Mgr Mermillod, en manteau noir. Le cercueil, porté par huit hommes, dominait la foule qui se découvrait religieusement sur le passage. A sa suite on distinguait les prêtres de la paroisse, les membres de la fabrique, les sociétaires de Saint-Vincent de Paul, auxquels s'étaient adjoints les amis du défunt. Le convoi se terminait par les jeunes gens et les hommes de la paroisse.

Cette foule immense formait le plus beau panégyrique de notre vertueux ami, qui ne chercha jamais à paraître, et auquel Dieu a donné cette récompense. Il avait fui les honneurs ; en descendant à la tombe, il a obtenu un triomphe, d'autant plus complet qu'il a été spontané. Ses vertus le lui avaient mérité.

Nous ne pouvons mieux terminer ces pages écrites à la mémoire de notre ami, M. l'abbé Charles-Antoine d'Aulnois, qu'en donnant un fragment de ses dernières volontés.

« Je demande sans cesse à Dieu la grâce de mourir dans la « foi, l'espérance et la charité de Notre Seigneur Jésus-Christ,

« mon Sauveur et mon Dieu, et dans le sein de la sainte
« Église catholique, apostolique et romaine. Je le remercie
« à chaque instant de m'avoir fait l'honneur insigne et la
« grâce immense de m'appeler à la vocation sacerdotale mal-
« gré mon indignité. Je supplie le Seigneur, dans son infinie
« miséricorde, de me pardonner mes péchés ; je demande
« pardon aux prêtres de Jésus-Christ et aux personnes que
« j'ai pu mal édifier.

« Je me recommande bien vivement aux prières des âmes
« et des Associations que le bon Dieu m'avait particulière-
« ment confiées, et je leur promets de ne pas les oublier au
« ciel, si Notre-Seigneur daigne me recevoir dans son para-
« dis. »

La mémoire du juste ne périra pas. Celle de M. l'abbé
d'Aulnois vivra toujours dans nos cœurs. Les Associations
qu'il a fondées tiendront à honneur de mériter la protection
qu'il leur a promise. Elles seront sa gloire et sa couronne.

O saint ami, le Seigneur vous a donné, nous l'espérons, la
couronne de l'immortalité, juste salaire de vos longs travaux.
Demandez-lui que nous puissions continuer le sillon que vous
avez ouvert et arrosé de vos sueurs. Vos exemples nous sou-
tiendront et vos prières nous aideront.

TABLE DES MATIÈRES

Bourges. — Imp. Pigelet et Fils et Tardy, rue Joyeuse, 15.

Bourges. — Imp. Pigelet et Fils et Tardy, rue Joyeuse, 15.